Informatik-Fachberichte 172

Subreihe Künstliche Intelligenz

Herausgegeben von W. Brauer in Zusammenarbeit mit dem
Fachausschuß 1.2 „Künstliche Intelligenz und
Mustererkennung" der Gesellschaft für Informatik (GI)

G. Rahmstorf (Hrsg.)

Wissensrepräsentation in Expertensystemen

Workshop, Herrenberg, 16.-18. März 1987

Proceedings

Springer-Verlag
Berlin Heidelberg New York
London Paris Tokyo

Herausgeber

Gerhard Rahmstorf
IBM Fachbereich Lehre und Forschung
Bleichstraße 8, D–6100 Darmstadt

Veranstalter

IBM Fachbereich Lehre und Forschung, München

CR Subject Classifications (1987): I.2.4, I.2.7, I.2.10

ISBN-13: 978-3-540-19216-9   e-ISBN-13: 978-3-642-73641-4
DOI: 10.1007/978-3-642-73641-4

CIP-Titelaufnahme der Deutschen Bibliothek.
Wissensrepräsentation in Expertensystemen: Workshop, Herrenberg, 16.–18. März 1987 ;
proceedings / G. Rahmstorf (Hrsg.). – Berlin; Heidelberg; New York; London; Paris; Tokyo:
Springer, 1988
 (Informatik-Fachberichte; 172 : Subreihe künstliche Intelligenz)
 ISBN-13: 978-3-540-19216-9

NE: Rahmstorf, Gerhard [Hrsg.]; GT

Druck- und Bindearbeiten: Weihert-Druck GmbH, Darmstadt
2145/3140 – 543210

Vorwort

Wissensrepräsentation ist mit vielen Anwendungen der Künstlichen Intelligenz eng verbunden. Man könnte dieses Thema geradezu als den Kern der Künstlichen Intelligenz bezeichnen. Dennoch fügen sich Grundlagen, Methoden und Erfahrungen der Wissensrepräsentation heute noch nicht zu einem wohl etablierten Lehrgebäude zusammen. Das Gebiet ist durch eine Fülle von anscheinend auseinanderlaufenden Ansätzen und Methoden gekennzeichnet. Hinzu kommen Probleme mit der Umsetzung der theoretischen Arbeiten in die Praxis: Bei der Implementierung von Expertensystemen bildet das "Knowledge Engineering", zu dem die Wissensrepräsentation letztlich gehört, einen auffälligen Engpaß, der die laufenden Projekte belastet. Daher findet man auf den einschlägigen Veranstaltungen ein lebhaftes Interesse an Methoden und Vorschlägen zur Wissensrepräsentation.

Zur Bestandsaufnahme der gegenwärtigen Situation wurde von der IBM Deutschland vom 16. bis 18. März 1987 in Herrenberg ein Workshop über "Wissensrepräsentation in Expertensystemen" veranstaltet. Die eingeladenen Referenten von Hochschulen und Forschungszentren der IBM haben das Thema aus unterschiedlichen Perspektiven analysiert. Mit dieser Konferenz wurde die Reichweite und der interdisziplinäre Charakter der Fragestellung deutlich. Einige Überlegungen, die der Planung dieser Veranstaltung zugrundelagen und eine Einordnung der verschiedenen Referate ermöglichen sollen, werden in diesem Band in einem einführenden Beitrag des Herausgebers dargestellt.

Die Beiträge des Workshops betrachten das Thema aus der Sicht der Logik, theoretischen Informatik, Programmiertechnik und Anwendung. Es werden grundlegende Probleme, z. B. die Darstellung von räumlichem und zeitlichem Wissen, behandelt, Methoden, Sprachen und formale Strukturen, z. B. PROLOG und KL-ONE, sowie besondere Probleme, z. B. Vererbung, Konfigurationssysteme und Maschinelles Lernen.

An dem Workshop haben über 80 Informatiker, Linguisten, Psychologen und Repräsentanten anderer Fachgebiete teilgenommen. Die lebhafte Diskussion, die den Referaten folgte, konnte leider nicht in dieses Buch aufgenommen werden. Den Referenten, die ihr Manuskript zur Publikation ausgearbeitet und verfügbar gemacht haben, dem Herausgeber der Informatik-Fachberichte und dem Verlag ist dafür zu danken, daß ihr Beitrag hier einem größeren Leserkreis zugänglich gemacht werden konnte.

Das Buch wendet sich an alle, die sich als Forscher, Hochschullehrer, Systementwickler, "Wissensingenieure" oder Anwender mit den verschiedenen Problemen, Methoden und Ergebnissen der Wissensrepräsentation auseinandersetzen wollen. Es soll zu einem Überblick über den gegenwärtigen Stand der Wissenschaft und Anwendung verhelfen und neue Fortschritte in einigen aktuellen Fragestellungen der Forschung dokumentieren.

Darmstadt, Januar 1988   G. Rahmstorf

Inhaltsverzeichnis

Orientierung zur Wissensrepräsentation

G. Rahmstorf, IBM Fachbereich Lehre und Forschung

Seit einigen Jahren wird in weiten Bereichen der Informationsverarbeitung eine schnell wachsende Strömung sichtbar, die mit den Begriffen "Wissensbasierte Systeme" bzw. "Expertensysteme" bezeichnet wird. Diese Strömung hat ihren Ursprung in der "Künstlichen Intelligenz". Inzwischen werden wissensbasierte Systeme von vielen Herstellern, Forschungs- und Beratungsinstitutionen und Benutzern in unterschiedlichen Branchen und Anwendungsgebieten untersucht, erprobt und zunehmend auch mit wirtschaftlichem Erfolg eingesetzt. Wissensrepräsentation, ein charakteristisches Merkmal dieser Systeme, wird zunehmend zu einem zentralen Thema der Informationsverarbeitung.

Es ist überraschend, daß es trotz der Aktualität des Themas keine etablierte Theorie und Praxis der Wissensrepräsentation zu geben scheint, auf die sich diese Strömung übereinstimmend und verbindlich berufen könnte. Im Feld der Wissensrepräsentation zeigen Wegweiser in die verschiedensten Richtungen. Es gibt schwierige Pfade zu sehr hohen Aussichtspunkten, von denen die Einzelheiten der Landschaft nicht mehr so deutlich erkennbar sind. Andere Wege führen in ein dichtes Unterholz von Einzelproblemen. Orientierung ist gefragt, aber auch Hilfen und Maßstäbe, mit denen die Geradlinigkeit des Vorankommens in Forschung und Entwicklung gemessen werden kann.

Es ist daher angebracht, auch die Beiträge dieses Bandes in den Rahmen einer Betrachtung zu stellen, die das Gebiet der Wissensrepräsentation aus heutiger Sicht ein wenig zu ordnen versucht. Ein solches Unterfangen muß die Kräfte eines Einzelnen überfordern, da weitreichende Kenntnisse aus verschiedenen Gebieten und zusätzlich praktische Erfahrungen mit den einzelnen Methoden, Sprachen und Systemen der Künstlichen Intelligenz erforderlich sind. Die nachfolgenden Betrachtungen können daher nur einige wichtige Aspekte aus individueller Sicht präsentieren.

Ziele der Wissensrepräsentation

Das Gebiet der Wissensrepräsentation läßt sich schwer abgrenzen und definieren. Mit Wissensrepräsentation werden nämlich mindestens zwei sehr unterschiedliche Ziele verfolgt.

1. ist sie eine Methode der Informationsdarstellung und Informationsverarbeitung, die bei der **Entwicklung von bestimmten Programmen**, den "wissensbasierten Systemen", angewendet wird.

2. ist "Wissensrepräsentation" ein zentraler Begriff aus Theorien der **Psychologie**, die das intelligente, menschliche Verhalten einschließlich der damit verbundenen kognitiven Vorgänge beschreiben und erklären sollen.

Beide Betrachtungen hängen miteinander zusammen. Die technische Disziplin wird nun einmal "Künstliche Intelligenz" genannt, weil sich die Konstruktion von KI-Systemen zumindest funktional am Vorbild des intelligenten Verhaltens orientiert. So sollte sich ein Expertensystem z. B. für bestimmte Situationen, bei denen der Experte berät, analysiert, konstruiert usw., nach außen hin wie ein entsprechender Fachmann verhalten. Ziel der Entwicklungen ist hier, das Wissen eines Experten in dem relevanten Gebiet der Anwendung zu erfassen und so in einem System darzustellen, daß aus Fragestellungen, die sich mit diesem Wissen bearbeiten lassen, Problemlösungen abgeleitet werden können.

Die an der Beschreibung der kognitiven Fähigkeiten interessierten Psychologen verfolgen eine etwas andere Zielsetzung. Sie wollen auch ein bestimmtes Verhalten durch ein Computerprogramm nachbilden. Es geht primär um die Struktur und Arbeitsweise eines kognitiven Modells, das dieses Verhalten beim Untersuchungsgegenstand Mensch erklären soll. Das Programm sollte daher nicht nur das gewünschte Verhalten simulieren, es muß auch kognitiv adäquat sein, d. h. bestimmten Kriterien genügen, die in der Methodologie der Psychologie behandelt werden.

Modelle, die den Aufbau und das Funktionieren des Gehirns beschreiben, haben die Entwicklung von anwendungsbezogenen, wissensbasierten Systemen stimuliert. So kann ein kognitives Modell, das Perzeption, Sprachverarbeitung, Gedächtnis, logisches Schließen, Lernen, Handlungssteuerung und andere Funktionen in ihrem Zusammenwirken beschreibt, auch für die Architektur eines Anwendungssystems richtungsweisend sein. Beispiele aus dem Bereich der Robotersteuerung, des Bildverstehens und der Entwicklung von intelligenten Tutorsystemen können diese fruchtbare Wechselwirkung verdeutlichen. Auch im engeren Gebiet der Wissensrepräsentation stammen viele Ergebnisse und Vorschläge aus der Psychologie, so z. B. die Idee der semantischen Netze als Modell der Gedächtnisstruktur (Vgl. Quillian, 1968). Verschiedene kognitive Theorien der Wissensrepräsentation werden in (Tergan, 1986) beschrieben und diskutiert.

Die Psychologie wurde durch die Entwicklungen der Informationstechnik und der Künstlichen Intelligenz stark geprägt. Die informationsverarbeitende Maschine scheint das derzeit vorherrschende Paradigma der Allgemeinen Psychologie zu sein. Man kann die auf diesem Paradigma beruhenden Arbeiten aus der Psychologie, Linguistik und Nuerophysiologie als eine eigene Disziplin betrachten (Habel 1985). Dieses Fachgebiet wird im Englischen als "Cognitive Science" bezeichnet. Es bleibt abzuwarten, ob nicht in Zukunft verstärkt Fragen nach den Grenzen und den Implikationen dieser Ausgangshypothesen gestellt werden, vielleicht in besonderem Maße aus dem Kreis der Geisteswissenschaftler.

So fruchtbar der Blick auf die Nachbardisziplinen auch ist, das Gebiet der kognitiven Modellierung als Teil der Psychologie kann in einem Buch über "Wissensrepräsentation in Expertensystemen" nicht vertieft werden. Festzuhalten ist aber, daß sich die Ziele und Anforderungen der Wissensrepräsentation für kognitive Modellierung mit den Zielen und Anforderungen der Wissensrepräsentation für Expertensysteme oder andere Systeme der Künstlichen Intelligenz nicht oder doch nur teilweise decken. Was im Folgenden zum Verständnis des Themas "Wissensrepräsentation" gesagt wird, werden Psychologen zumindest nur in eingeschränkter Weise für ihre Arbeiten gelten lassen.

Abgrenzungen

Wissensrepräsentation in Expertensystemen soll hier noch weiter eingegrenzt und definiert werden.

Das Wissen gehört in der Regel zu einem sehr engen Gebiet. Das kann z. B. ein bestimmtes Spezialwissen sein, das ein Experte in einer bestimmten Aufgabenstellung in einem Unternehmen anwendet. **Expertensysteme** unterscheiden sich von der allgemeineren Klasse der wissensbasierten Systeme gerade dadurch, daß sie ein jeweils genau abgegrenztes, fachlich orientiertes Anwendungsgebiet haben.

Das Anwendungsgebiet kann Einfluß auf die Wahl des Formalismus haben, den der Systementwickler für die Wissensrepräsentation einsetzt. Neuerdings werden häufig **hybride** Systeme mit unterschiedlichen Darstellungsmöglichkeiten empfohlen, weil man sich mit ihnen flexibel den Anforderungen anpassen kann, die sich aus verschiedenen Anwendungen bzw. aus verschiedenen Arten von Wissen ergeben. (vgl. dazu v. Luck et. al. in diesem Band).

Charakteristisch für die gegenwärtigen Arbeiten in der Wissensrepräsentation ist, daß einerseits Expertensysteme mit individuellem Zuschnitt und andererseits natürlichsprachliche Systeme entwickelt werden. Bei der ersten Gruppe werden Wissenbasen für spezifische Anwendungen nach Maß geschneidert. Man kommt auf diesem Weg heute in planbaren Zeitabschnitten zu Ergebnissen und zum praktischen Einsatz. Die Wissensrepräsentation in natürlichsprachlichen Systemen ist dagegen eher ein Forschungsthema. Projekte, mit denen logisch-linguistische Grundlagen der Wissensrepräsentation erarbeitet werden sollen, müssen längerfristig angelegt sein. Man tendiert in diesen Grundlagenprojekten der linguistisch orientierten Wissenrepräsentation zu einer systematisch begründeten, anwendungsunabhängigen Darstellung des Wissens.

Dieser Anspruch auf **Anwendungsunabhängigkeit** der Wissensrepräsentation kann damit begründet werden, daß die natürlichen Sprachen und die Logiksprachen nicht auf bestimmte Anwendungen bzw. bestimmte Inhalte eingeschränkt sind.

Wenn die Wissensrepräsentation als konstruktives Fach der Informatik betrachtet wird, kann sie ihre Systemstrukturen im Hinblick auf schnell implementierbare und anwendungsgerechte Lösungen frei konzipieren. Langfristig dürfte sich jedoch eine stärkere Abstützung auf die theoretischen Grundlagen auszahlen, insbesondere wenn Expertensysteme mit verschiedenen Wissensrepräsentationsformalismen, die für unterschiedliche Anwendungen entwickelt wurden, einmal zu einem System zusammengefaßt werden sollen.

Ein weiteres Kriterium der Wissensrepräsentation ist zu nennen: Das Wissen wird in einem Expertensystem getrennt von der Verarbeitung in einer **Wissensbasis** gespeichert. Die Verarbeitung wird von einer Inferenzkomponente durchgeführt. Im Unterschied zur Wissensbasis sollte die Inferenzkomponente anwendungsunabhängig sein. In einem Expertensystem mit ″klassischer″ Systemstruktur ist die Inferenzmaschine nicht der jeweiligen Wissensbasis anzupassen (zur Struktur von Expertensystemen: Harmon und King, 1985; Waterman, 1985). Der ″Wissensingenieur″ kann sich daher stärker auf die Frage konzentrieren, wie das für die Anwendung erforderliche Wissen gewonnen und in der Wissensbasis dargestellt werden kann. Für die Verarbeitung oder Lösungsfindung verwendet er ein definiertes, anwendungsunabhängiges Verfahren, das mit der Inferenzkomponente schon implementiert ist.

Wissen kann mit einer bestimmten Programmiersprache, z. B. LISP oder PROLOG, codiert und repräsentiert werden. PROLOG ist darüberhinaus eine Sprache zur Wissensrepräsentation, zu der eine bestimmte Technik der Verarbeitung gehört (vgl. Kleine Büning und Schmitgen, 1986; Schnupp und Nguyen Huu, 1987). Mit Hilfe von PROLOG oder anderen Programmiersprachen können speziellere Vorschläge zur Methodik der Wissensrepräsentation, z. B. die Wissensrepräsentation auf der Grundlage von KL-ONE, verwirklicht werden. Auf der Grundlage von KL-ONE kann nun wiederum eine Repräsentation nach den Maßgaben einer bestimmten Theorie der Linguistik oder Logik verwirklicht werden. So können nur ganz bestimmte Prädikate und Relationen zur semantischen Repräsentation zugelassen sein, z. B. nur die Kasusrelationen nach (Fillmore 1968).

Verschiedene **Ebenen der Repräsentation** ergeben sich aus der Unterscheidung von Wissen (Propositionen), Stellungnahmen des Sprechers bzw. des Systems zu den einzelnen Propositionen und der Repräsentation der Absichten des Sprechers bei der Verwendung von Wissen in einer Sprechhandlung. Die zweite der hier genannten Ebenen wird vielfach die epistemologische Ebene genannt. (Vgl auch v. Luck et. al. in diesem Band). In einem System, das aufgrund von Fakten und Regeln wie ein Experte beraten soll, ist die Frage nach der Gültigkeit oder Verläßlichkeit der vorhandenen Information besonders kritisch. Daher werden epistemische Begriffe wie "wissen, daß", "glauben, daß", "annehmen, daß" usw. zunehmend in die Untersuchungen zur Wissensrepräsentation einbezogen.

Mit der Trennung von Wissen und Verarbeitung ist ein weiteres Kennzeichen der Wissensrepräsentation verbunden, das diese Methodik von der "herkömmlichen" Informationsverarbeitung unterscheidet: nichtprozedurale Darstellung von Information. Wissensrepräsentationen haben immer **deklarative** Bestandteile. In vielen Systemen wird nur mit deklarativem Wissen gearbeitet. Prozedurale Repräsentationen können eine deklarative Wissensrepräsentation ergänzen. Auf prozedural dargestelltes Wissen, das z. B. in Form von Unterprogrammen vorliegen kann, lassen sich nicht ohne weiteres Inferenzen anwenden. Über Aspekte der prozeduralen und nichtprozeduralen Wissensrepräsentation kann man sich z. B. anhand von (Barr und Feigenbaum 1981, sowie Habel 1985) weiter informieren.

Objekte aus dem Anwendungsgebiet und ihre Zusammenhänge werden durch die Fakten und Regeln repräsentiert, aus denen die Wissensbasis besteht. Charakteristisch für die Wissensrepräsentation ist, daß nicht allein Daten (Fakten), sondern auch **Regeln** verwendet werden.

Eine Wissensbasis ist mehr als eine herkömmliche Datenbank. Eine Wissensbasis stellt das Wissen bereit, das in ihr explizit gespeichert ist, und darüberhinaus auch das **implizite Wissen**, das die Inferenzkomponente nach den gegebenen Regeln der Wissensbasis aus dem explizit gespeicherten Wissen ableiten kann.

Prozeß und Resultat

Auf weitere Aspekte, die zur Abgrenzung des Themas beitragen können, muß hier hingewiesen werden. Wissensrepräsentation kann als ein Prozeß verstanden werden, durch den ein System Weltausschnitte als Wissen repräsentiert. Bei dieser Interpretation des Begriffs sieht man die Leistung und die Methode der Umsetzung im Vordergrund. Das System transformiert Bildsignale, Sprachlaute, Texteingaben usw. in Repräsentationen einer schon im System strukturell angelegten Weltdarstellung. Es geht dabei um die Art und Weise, wie in einem System die Komponenten zur Aufnahme und Umsetzung von externen Signalen in interne Wissensstrukturen aufgebaut werden können.

Wissensrepräsentation kann aber auch als Ergebnis des Repräsentationsprozesses verstanden werden. Dann meint man die Struktur, die den jeweiligen Weltausschnitt nach Vollzug des Umsetzungsprozesses abbildet. Die Untersuchungen konzentrieren sich in diesem Fall auf die Frage, welche Strukturen zur Wissensrepräsentation prinzipiell in Frage kommen. Es geht dann um die Frage, was Wissen ganz allgemein ist, und welche Fähigkeit (Kompetenz) gemeint ist, wenn wir davon sprechen, daß ein System einen Weltausschnitt als Wissen repräsentiert.

Prozeß und Ergebnis der Wissensrepräsentation stehen natürlich in engster Beziehung. Man müßte je eigene Termini zu ihrer Bezeichnung einführen. Hier soll weiterhin unter Wissensrepräsentation das Ergebnis des Repräsentierens verstanden werden.

Repräsentation und Verarbeitung

Zur Klärung des Begriffs "Wissensrepräsentation" gehört auch der Zusammenhang mit dem dazugehörigen Begriff "Verarbeitung". Wissensrepräsentation ist eine Form der Informationscodierung, die in ganz bestimmter Weise auf die zugehörige Verarbeitung abgestimmt ist. Die charakteristische Verarbeitung der Wissensrepräsentation ist die Ableitung von neuem Wissen nach (deduktiven) Regeln. Zum unmittelbaren Umfeld der Wissensrepräsentation gehört damit nicht nur die Frage, welche Form und welche "inhaltlichen" Informationen durch solche Regeln ausgedrückt werden, sondern auch die Frage, wie man Verfahren bzw. Programme entwickeln kann, die aus vorhandenem Wissen durch Suchen und Ableiten neues Wissen finden, z. B. eine nicht explizit gespeicherte Behauptung, die durch gegebene Fakten und Regeln abgeleitet werden kann.

Die Wissensrepräsentation muß daher stets zwei Aspekte im Blick haben: die Frage, ob die Sachverhalte des abgebildeten Weltausschnittes genau und vollständig repräsentiert sind, und die Frage, welche Operationen auf diese statische Repräsentation angewendet werden können, um neues Wissen abzuleiten. Es ist naheliegend, daß man sich zuerst auf die Abbildung der Sachverhalte konzentriert und dann die Frage untersucht, welche Art von Verarbeitung mit dieser Repräsentation durchgeführt werden kann. In diesem Beitrag über Wissensrepräsentation können wir auf die komplementären Funktionen der Verarbeitung nicht weiter eingehen. Hier sei nur auf die vielfältigen Probleme hingewiesen, die unter den Stichwörtern "Planen", "Suchen", "Problemlösen", "Entscheiden", "Schlußfolgern" usw. in der Literatur behandelt werden (Charniak und McDermott 1985, Schefe 1986).

Grundlagen

Die Wissensrepräsentation bedient sich vieler Resourcen, um ihre Ziele zu erreichen. Um die Zusammenhänge unseres Themas mit bekannten Fragestellungen anderer Fächer zu verdeutlichen, soll wenigstens auf einige der wichtigen Querverbindungen zu den Wissensgebieten hingewiesen werden, mit denen die Wissensrepräsentation in einem regen Gedankenaustausch steht.

Logik

Wenn in wissensbasierten Systemen Informationen durch Ableitungen gewonnen werden, dann wird daraus erkennbar, daß die Wissensrepräsentation von einer Theorie ausgehen muß, in der die Geltung (Wahrheit, Zulässigkeit, Verläßlichkeit) von Schlußoperationen, und zwar auf der Basis von formalen Sprachen, behandelt wird. Die Logik ist damit ein Fundament, auf dem die Wissensrepräsentation aufbaut.

Es war das Bestreben einiger führender Logiker am Ende des 19. Jahrhunderts, die Logik von Begriffen der Psychologie -"Vorstellung", "Denken"- zu reinigen und außerdem Logik (Begriff, Urteil, Schluß) und sprachliche Ausdrücke sauber zu trennen. Mit der Übertragung der logischen Kategorien aus der abstrakten Sphäre der Symbole auf konkrete Codierungen, die zu einem wissensbasierten System gehören, werden die Kategorien der Logik erneut mit einer anderen Sphäre in Zusammenhang gebracht. Bei diesem Zusammenhang geht es um mehr als um eine weitere Anwendung von Logik auf ein neues Gebiet.

Durch die Künstliche Intelligenz ist wieder ein Interesse an der Begründung der Kategorien der Prädikatenlogik und der anderer Logiksprachen geweckt worden.

Hinzu kommt, daß die Logik ihre Systeme und Kategorien erweitern muß. Die formale Logik wird durch die Anwendungen der Künstlichen Intelligenz herausgefordert, neue Ausdrucksmöglichen, Logiksprachen und Formalismen bereitzustellen, die den Anforderungen einer immer differenzierteren Wissensrepräsentation gerecht werden. M. M. Richter geht in seinem Beitrag in diesem Band auf vielfältige Zusammenhänge zwischen Logik und Wissensrepräsentation ein. Motive und grundlegende Gedanken für Variationen und Erweiterungen der Prädikatenlogik werden vor dem Hintergrund ihrer Anwendung aufgezeigt. Mit einer Vielfalt von logischen Sprachen und formalen Mitteln werden von der Logik immer neue Probleme behandelt, die vor allem aus der Untersuchung von speziellen sprachlichen Ausdrücken entstanden sind.

Schmitt befaßt sich in seiner Arbeit in diesem Band mit der Wissensrepräsentationssprache des Projektes LILOG und ihrer mengentheoretischen bzw. relationenorientierten Darstellung. Er stellt weiterhin Probleme aus der Verbandstheorie und aus der Situationssemantik dar, die wiederum die engen Verbindungen zwischen der Künstlichen Intelligenz und Logik bzw. Algebra deutlich machen.

Die Logik stellt nicht nur formale Hilfsmittel zur Verfügung, die in der Informationsverarbeitung angewendet werden können, sie kann natürlich auch selbst die Systeme anwenden, um ihre formalen Mittel weiterzuentwickeln. (vgl. Kleine Büning und Lettmann in diesem Band).

Linguistik

Die Vielfalt der formalen logischen Systeme hat sich vor allem aus der Analyse von bestimmten sprachlichen Ausdrucksweisen entwickelt (Modallogik, deontische Logik, Zeitlogik usw.). Mit den bahnbrechenden Arbeiten von Montague und seinen Nachfolgern hat sich der Gedankenaustausch zwischen Logikern und Linguisten verstärkt. Nicht nur die Bemühungen, linguistische Semantik und logische Semantik miteinander in Beziehung zu setzen, sondern auch die Systementwickler aus der Künstlichen Intelligenz haben mit ihren vielfältigen Vorschlägen zur Wissensrepräsentation dazu beigetragen, daß heute auch Probleme der Logik unbefangen aus verschiedenen Perspektiven diskutiert und auch stabile Lehrmeinungen in Frage gestellt werden. Es gibt inzwischen ein weit ausgefächertes Spektrum von Positionen zu Fragen der Wortsemantik, Satzsemantik und der oft überbewerteten Rolle der extensionalen Referenzsemantik als Bezugsbasis der Bedeutungslehre schlechthin.

Zunehmend rücken die natürlichen Sprachen ins Zentrum des Interesses in der Wissensrepräsentation. Das hat viele Gründe, darunter auch rein praktische: Das Ausgangsmaterial für den Ersteller einer Wissensbasis sind geschriebene oder gesprochene Texte aller Art, z. B. Dokumente, Handbücher, Gesprächsnotizen, Interviews mit "Experten" usw. Immer wird Wissen über das Medium Sprache, d. h. mit Wörtern und syntaktischen Konstruktionen, ausgetauscht. Zwar können auch andere Formen der Information, z. B. bildliche Darstellungen oder akustische Signale, zum Problemfeld gehören, aber diese nichtsprachlichen Informationen stehen immer in einem sprachlich vermittelten Kontext.

Wer Wissen ohne Reflexion über die entsprechenden sprachlichen Formen repräsentiert, wird auf die Rolle der Sprache als gemeinsame Bezugsbasis der Verständigung spätestens dann stoßen, wenn er die Strukturen oder Formeln seiner Wissensbasis einem Gesprächspartner, z. B. demjenigen Mitarbeiter, der seine Arbeit an der Wissensbasis fortsetzen soll, erklären soll.

Noch deutlicher wird der Zusammenhang zwischen Wissensrepräsentation und linguistischer Theorie, wenn ein Expertensystem mit einer natürlichsprachlichen Dialogkomponente ausgestattet werden soll. Jetzt müssen Ausdrücke in einer Sprache wie Englisch oder Deutsch, mit denen Fragen, Antworten, Fakten oder Wissen beliebiger Art vermittelt werden, formal auf die entsprechenden Teilstrukturen der Wissensbasis bezogen werden.

Wissensrepräsentation und Bedeutungsrepräsentation liegen daher nicht sehr weit auseinander. Die Künstliche Intelligenz hat dazu beigetragen, daß die unterschiedlichen Vorstellungen über "Bedeutung", die in der philosophischen und linguistischen Literatur entwickelt wurden, weiter ausgebaut und präzisiert wurden. Sprachliche Ausdrücke vermitteln Bedeutung. Das Ziel sprachverstehender Systeme ist es, gerade diese Bedeutung zu repräsentieren, und nicht etwa nur die syntaktische Struktur des Ausdrucks darzustellen. Wissensrepräsentation kann man daher auch als die Repräsentation der "Semantik" von solchen Sätzen betrachten, die Sachverhalte des zu modellierenden Weltausschnittes ausdrücken.

Dabei sollte man neben der Umsetzung von Sprachausdrücken in eine Form der semantischen Repräsentation stets auch den umgekehrten Prozeß sehen: die Generierung von sprachlichen Ausdrücken, die einer bestimmten Teilstruktur der Wissenrepräsentation entsprechen.

Der Zusammenhang zwischen Sprache und Wissensrepräsentation wird sicher in der Informatik unterschiedlich bewertet. Auf der einen Seite kann man linguistische Aspekte gar nicht berücksichtigen, auf der anderen Seite kann man von folgenden Hypothesen ausgehen: Alles, was sprachlich ausgedrückt werden kann, kann auch repräsentiert werden. Alles repräsentierte Wissen muß sich prinzipiell sprachlich ausdrücken lassen. Konzeptuelle Strukturen, die nicht als Sätze einer Sprache ausgedrückt werden können, tragen keine Information als Repräsentationen von Ausschnitten aus einer Welt.

Psychologie

Damit stellt sich die Frage nach Wissen, das sich nicht sprachlich ausdrücken läßt. Der Beitrag von Habel beschäftigt sich mit der Frage, was wir unter nicht (rein) propositional repräsentiertem Wissen verstehen könnten. Was ist das charakteristische an bildhaften Vorstellungen z. B. an einer mentalen Karte, die wir vom Schnellbahnnetz einer Großstadt haben? Am Beispiel einer Routenplanung bzw. Wegeauskunft wird gezeigt, welche neuen Möglichkeiten der Künstlichen Intelligenz durch bildhafte Repräsentation von Wissen erschlossen werden.

Mit der Erweiterung des Themas auf nicht propositional repräsentiertes Wissen wird noch einmal deutlich, daß auch die Psychologie zu den Grundlagen der Wissensrepräsentation gezählt werden muß. Wissensrepräsentation ist die Abbildung von Welt in einem künstlichen oder einem organisch-intelligenten System. Damit wird u. a. die Frage gestellt, unter welchen Bedingungen Signale, die von einem solchen System über Perzeptoren registriert und z. B. als Pixelmatrix oder als Lautfolge abgespeichert worden sind, auch von diesem System "verstanden" worden sind. Sind Informationen, die zu bildhaften Wahrnehmungen gehören, erst dann für ein System verfügbares Wissen, wenn das, was mit den Bildern an "Inhalt" vermittelt wird, von diesem System auch in sprachlicher Form ausgedrückt werden kann?

Auch mit dem Beitrag von Emde und Rollinger in diesem Band wird deutlich, daß die Wissensrepräsentation dabei ist, Funktionen, die primär in der Psychologie behandelt werden, zu beschreiben und nachzubilden. Die Autoren untersuchen insbesondere die Folgerungen, die sich aus dem Ansatz des Maschinellen Lernens für die Wissensrepräsentation ergeben. Sie setzen sich auch mit der Frage auseinander, welche Vorteile und Nachteile unterschiedliche Wissensrepräsentationssprachen gerade für lernende Systeme haben können.

Informatik

Das Teilgebiet der Informatik, mit dem wir es hier zu tun haben, setzt sich mit der Theorie wissensbasierter Systeme und ihrer Implementierung auseinander. Es ist ein technisches Gebiet, das auf den Grundlagen aufbaut, die Logik, Linguistik und Psychologie bereitstellen. In der Wissensrepräsentation werden besondere Datenstrukturen, Sprachen, Werkzeuge und Systeme verwendet, auf die wir noch zu sprechen kommen werden.

Die Künstliche Intelligenz hat die Fragestellungen, die in der Informatik behandelt werden, deutlich erweitert. Die Informatik hat sich damit weit entfernt von der instrumentellen Mathematik, aus der sie einst hervorgegangen ist. Mit der Wissensrepräsentation hat sie ein Thema gefunden, das möglicherweise zum Kern der neuen Informatik wird. Das Thema mit seinen interdisziplinären Facetten gibt der Informatik einen besonderen Stellenwert im System der Wissenschaften.

Dominierende Kategorien

Bestimmte Kategorien, die in Logik, Linguistik und Psychologie eine besondere Systemfunktion haben, können auch in der Wissensrepräsentation als Landmarken zur Ordnung des Gebietes verwendet werden.

Sprachkategorien

Wenn mit Strukturen, aus denen Wissensrepräsentationen aufgebaut sind, auch immer sprachliche Ausdrücke verbunden werden können, bietet es sich an, wissensbasierte Systeme nach der Ausdrucksfähigkeit ihrer Wissensrepräsentation zu klassifizieren. Als Maßstab kann man in erster Näherung eine Liste von morphologisch-syntaktischen Kategorien der Sprache zugrunde legen. Die Kategorien sind nach ihrem Stellenwert als Bausteine zur Bildung von komplexeren Einheiten des Sprachsystems geordnet.

```
Phoneme/Grapheme
Morpheme
Wörter
Syntagmen
Klauseln
Sätze
Texte
```

Phoneme oder Grapheme konstituieren Morpheme. Aus Morphemen werden Wörter gebildet. Aus diesen werden wiederum Syntagmen gebildet usw. Die "Ausdrucksfähigkeit" einer Wissensrepräsentation kann allerdings nicht einfach nach dieser Skala gemessen werden, da Wissensrepräsentation als Darstellung der Bedeutungen von Ausdrücken zu verstehen ist und Ausdrücke nach ihrer Bedeutung anders zu ordnen wären.

Syntaktische Kategorien von unterschiedlichem Rang im Ausdruckssystem der Sprache können semantisch äquivalent sein: Das Wort "Leder" ist synonym oder doch quasi-synonym mit dem Syntagma "gegerbte Tierhaut". Die Ausdrucksfähigkeit ist daher nicht allein an der syntaktischen Komplexität meßbar. Dennoch ist die gegebene morphologisch-syntaktische Ordnung ein hilfreicher Gesichtspunkt zur Klassifikation von Wissensrepräsentationen und zur Bewertung ihrer Ausdrucksfähigkeit.

Unabhängig davon ist die morphologische und syntaktische Repräsentation der Ausdrücke eine notwendige Zwischenstufe der semantischen Repräsentation, und sie stellt ein Problem eigener Art, zu dem es ganz unterschiedliche Theorien gibt. In der generativen Syntax wird bezeichnenderweise auch von syntaktischen Repräsentationen gesprochen.

Ausgangspunkt der Wissensrepräsentation ist in vielen Expertensystemen eine hierarchische, konzeptionelle Struktur (ISA-Hierarchie). In ihr werden Begriffe bzw. die Bezeichnungen für diese Begriffe durch die ihnen übergeordneten Begriffe und die jeweils spezifischen Attribute bzw. Rollen definiert. Ein solches System kann man als eine **Repräsentation von Termen** verstehen, die in natürlichen Sprachen durch bestimmte Morpheme, Wörter und Syntagmen ausgedrückt werden. Fakten über Gegenstände der Welt können dann mit den so definierten Termen dargestellt werden.

Die anspruchsvollsten Expertensysteme und sprachverstehenden Systeme sollen nicht nur Fakten und Regeln darstellen, sondern auch Sätze, die zu einem Text gehören, als **Text** repräsentieren. Zusätzlich zu den einzelnen Sätzen müssen dann die Beziehungen repräsentiert werden, die aus den Sätzen eine Gesamtheit von kohärenten Propositionen machen (Textverstehende Systeme).

Wissensbasierte Systeme können auch Einzelheiten aus dem Bereich der linguistischen **Pragmatik** berücksichtigen. In diesem Fall müssen nicht nur die Ausdruckstrukturen und die Bedeutungen dieser Ausstrukturen, sondern auch die jeweilige Verwendung im sprachlichen und nichtsprachlichen Kontext analysiert werden. Das System muß dann außer dem Text auch die Gesprächssituation, die Redepartner, die Dialoggeschichte und u. U. auch Perzeptionen von referenzierten Objekten der Diskurswelt repräsentieren.

Logikzeichen und dominierende Prädikate

Wissensrepräsentationen lassen sich auch danach ordnen und bewerten, welche nicht-deskriptiven Zeichen der Logiksprachen für die semantische Repräsentation verwendet oder nicht verwendet werden können. Nicht alle Bestandteile der Logiksprachen findet man auch in den verschiedenen Formalismen zur Wissensrepräsentation. So kann man z. B. mit PROLOG nicht die Negation im Sinne der Prädikatenlogik ausdrücken (vgl. dazu u. a. Lettmann und Kleine Büning in diesem Band).

Es ist nicht überraschend, daß bestimmte Prädikate und Relationen für einzelne Wissensbereiche und Weltausschnitte besonders dominierend sind. Diese Prädikate spielen die Rolle von undefinierten Konzepten, die zur Entwicklung der Repräsentation für diese Bereiche angenommen werden müssen. Diese Prädikate und Relationen sind ein praktisches Mittel, um Systeme und Wissensrepräsentationen zu klassifizieren. Im Gegensatz zu den vorher betrachteten formalen Kriterien wird damit die Wissensrepräsentation nach semantischen oder inhaltlichen Kriterien systematisiert. So kann man z. B. die Repräsentation von Zeit oder von Raum klar von anderen inhaltlichen Problemen abgrenzen.

Habel entwickelt in seinem Beitrag in diesem Band einen Dual-Coding-Ansatz zur Repräsentation **räumlichen** Wissens. Propositionale Darstellungen werden durch quasi-analoge Darstellungen ergänzt. Zum räumlichen Wissen gehört auch das Wissen über Veränderungen von Gegenständen und über Bewegungen. Wissensrepräsentation berührt sich an dieser Stelle mit den Gebieten Bildverstehen, Computergraphik und Robotik.

Der Beitrag von Neumann in diesem Band untersucht die Repräsentation von **zeitlichen** Phänomenen. Ereignisse sind Vorgänge, die als eine sinnvolle Einheit verstanden werden können. Sie können durch die Position und Orientierung von Gegenständen in einem Zeitintervall beschrieben werden. Auch in dieser Arbeit wird eine anloge Repräsentationsform vorgeschlagen, und zwar als Ergänzung zur propositionalen Repräsentation von Ereignissen.

Außer Raum und Zeit kann man weitere Prädikate und Relationen nennen, die in der Wissensrepräsentation eine besondere Rolle spielen:

```
Objekte, Attribute, Werte
Handlungen
Kausalität
Zustände/Prozesse
Finalität und Mittel
Zusammensetzung, Teilrelationen
Referenzbeziehungen (Namen,Themen)
Vergleich und Intensivierung
u. a.
```

Der Begriff "**Objekt**" hat in der Wissensrepräsentation im Zusammenhang mit der "objektorientierten Programmierung" eine Schlüsselrolle erhalten. Alles kann formal als Objekt verstanden werden und durch Attribute (Merkmale) beschrieben werden. Ein Attribut ist die qualitative oder quantitative Ausprägung einer bestimmten Eigenschaft, die dem Objekt zukommt. Die Objekte der dargestellten Welt können durch ihre Attribute in ein hierarchisches Begriffssystem eingeordnet werden. In diesem System spielt die Beziehung zwischen Oberbegriff und Unterbegriff (Inklusion) eine besondere Rolle. Bildet man von einem gegebenen Begriff durch Hinzufügen eines oder mehrerer Merkmale einen Unterbegriff (Spezifikation), "vererben" sich die Eigenschaften des Oberbegriffs auf den Unterbegriff.

Handlungen sind aus verschiedenen Gründen in der Wissensrepräsentation von großem Interesse. Handlungen sind interne Operationen, die die Wissensbasis verändern, oder externe Operationen des Systems auf seine Umwelt (Ein/Ausgabe oder z. B. auch Bewegungen eines Roboters). Expertensysteme können Handlungspläne für die Produktionssteuerung in einer Fabrik oder andere Anwendungen entwickeln. Sprachlich werden Handlungen durch Verben ausgedrückt. Verben haben aber in der Linguistik eine besondere Rolle als strukturbestimmende Konstituente in der Syntax und Semantik von Sätzen. Aus der Analyse der Valenz von Verben ist die Kasusgrammatik entstanden (Fillmore 1968), die eine nachhaltige Wirkung auf die Wissensrepräsentation hatte. Relationen zwischen der Verbbedeutung und der Bedeutung der Nominalphrasen, die die freien Valenzen des Verbs ausfüllen, werden als Rollen in semantischen Netzen verwendet. Aus dem Begriff Handlung leiten sich die Rollen des Handlungsträgers (Agens), des Objektes der Handlung und andere Rollen ab.

Kausalität ist ein anderer Begriff, aus dem sich ein Spezialgebiet der Wissensrepräsentation entwickelt hat: Expertensysteme, die physikalische Zusammenhänge qualitativ repräsentieren und auf diese Weise Prozesse nachbilden, die nach Naturgesetzen ablaufen. Da hierbei die Phänomene nicht durch exakte Differentialgleichungen, sondern durch qualitative Beschreibungen über die beobachtbaren Zusammenhänge der Meßgrößen und Objekte repräsentiert werden, spricht man auch von Qualitativem Schließen oder Qualitativer Physik.

Auf weitere Betrachtungen zu einzelnen Prädikaten, die in der Wissensrepräsentation eine besondere Rolle spielen, muß hier verzichtet werden. Interessanter erscheint die Frage, warum bestimmte Prädikate eine besondere Funktion haben und wie man diese Prädikate auf systematischem Weg findet. Diese Fragen führen in das umstrittene Gebiet der **Primitiven**. Schank (1972) hat z. B. eine bestimmte Anzahl von Prädikaten angegeben, die er für die Darstellung von Verben in Sätzen verwendet (Vgl. dazu Habel 1985).

Eine begrenzte Anzahl grundlegender Prädikate oder Relationen ist für die Wissensrepräsentation vorteilhaft. Bei einem kleinen Inventar kann man eher die Axiome bzw. Regeln vollständig aufstellen, die für dieses Inventar gelten. Man kann außerdem mit einem Inventar von axiomatischen Relationen und weiteren axiomatischen Prädikaten ein Bezugssystem zum semantischen Vergleich von verschiedenen Wissensrepräsentationen herstellen.

Zu stärker fundierten Inventaren von axiomatischen Prädikaten und Relationen wird man durch eine systematische semantische Analyse der morphologischen und syntaktischen Ausdrucksmittel von natürlichen Sprachen gelangen. Zahlreiche Untersuchungen aus der Linguistik zeigen, daß mit unselbständigen Morphemen (Flexion, Wortbildung) und mit syntaktischen Konstruktionen (z. B. Genetivattribut, Partizipien usw.) nur eine verhältnismäßig kleine Anzahl von semantischen Beziehungen ausgedrückt werden können (Rahmstorf 1983). So besteht z. B. eine Agensbeziehung zwischen der Bedeutung von "singen" und der Bedeutung von "Sänger", die das Suffix -er signalisiert, oder eine Objektbeziehung zwischen der Bedeutung der Nominalphrase "Bau des Hauses" und der Bedeutung von "Haus". Diese und andere Relationen, die nicht mit lexikalischen Mitteln, sondern implizit (mit morphologischen und syntaktischen Mitteln) ausgedrückt werden, spielen in der Semantik eine besondere Rolle. Nach den Regeln einer kompositionellen Semantik werden die Bedeutungen von komplexen Ausdrücken aus den Bedeutungen der darin vorkommenden Morpheme und aus der Art ihrer morphologischen bzw. syntaktischen Verknüpfung bestimmt. Weitere Untersuchungen der Linguistik werden auf dem Wege der definitorischen Rückführung (unter Ausschluß von Zirkeln) zu einem klareren und vollständigeren Bild der implizit ausgedrückten Relationen gelangen. Die oft kritisierte, unbeschränkte Verwendung von "Rollen" in der Wissensrepräsentation kann so systematisch begrenzt werden.

Am Beispiel des Genetivattributs zeigt sich allerdings auch, daß nicht nur der Wortschatz, sondern auch das System der grammatischen Strukturen semantisch vieldeutig ist. Mit dem Genetivattribut können mehr als 10 verschiedene Beziehungen ausgedrückt werden. Die Entwicklung von Methoden zur Auflösung der Mehrdeutigkeiten - durch Prüfung von Selektionskriterien und anderes - bleibt eine schwierige Problematik der Linguistik.

Dominierende Funktionen

Neben Sprachkategorien, logischen Kategorien und bestimmten dominierenden Prädikaten kann auch die charakteristische Leistung bzw. Funktion als Raster zur Kennzeichnung von wissensbasierten Systemen verwendet werden. Solche Funktionen beruhen auf Begriffen, die in das Arbeitsfeld der Psychologie gehören: Wahrnehmung, Handeln usw.

- Perzeptionsorientierte Systeme (Wahrnehmung)

  Hierunter fallen z. B. mustererkennende, bildverstehende und spracherkennende Systeme.

- Wissensbasierte Robotersysteme (Handeln)

- Wissensbasierte Retrievalsysteme (Gedächtnis)

  Unter dieser Kategorie lassen sich solche Systeme zusammenfassen, die primär das Speichern und Wiederauffinden von je relevanter Information unterstützen.

- Problemlösende System (Denken)

  Expertensysteme sind nach ihrer Hauptfunktion hier einzuordnen.

- Sprachverarbeitende Systeme (Sprachkommunikation)

  Die Sprachverarbeitung kann verschiedene Schwerpunkte der Anwendung haben: Sprachverstehen, wissensbasierte Sprachgenerierung, dialogführende Systeme, Übersetzungssysteme usw.

- Lernende Systeme

  Lernen ist die dominierende Funktion lernender Systems; intelligente Tutorsysteme sind wissensbasierte Systeme, die das Lehren unterstützen.

Auch bei dieser Klassifizierung nach Funktionen spielt die Wissensrepräsentation eine Schlüsselrolle.

Formalismen der Wissensrepräsentation

Bei der Entwicklung von Systemen der Künstlichen Intelligenz, besonders von Expertensystemen, kann man von unterschiedlichen Konstrukten zur Modellierung von Weltausschnitten ausgehen. An dieser Stelle werden die folgenden Möglichkeiten oft nebeneinander gestellt:

```
Regelsprachen
Semantische Netze
Frames
```

Bei einer näheren Betrachtung werden diese anscheinend weit voneinander entfernten Ansätze doch auch vergleichbar. Strukturen, die als semantische Netze dargestellt werden, können auch als Regeln formuliert werden. Frames können auch als eine besondere Form aufgefaßt, in der Wissen aus semantischen Netzen präsentiert werden kann. Bezugssysteme für eine vergleichende Betrachtung könnten die Prädikatenlogik einerseits oder die natürlichen Sprachen auf der anderen Seite sein.

Hinter den Begriffen "Regelsprachen", "semantische Netze", "Frames" verbergen sich bekannte, gut eingeführte Betrachtungsweisen bestimmter "Schulen" der Wissensrepräsentation, die entsprechende Verfahren und erprobte Formalismen anbieten. Die Liste kann nicht vollständig sein, denn das gesamte Arbeitsfeld ist noch zu vielfältig und zu bewegt.

Regelsysteme

Expertensysteme, die auf Regelsprachen beruhen, haben bisher den größten Erfolg zu verzeichnen. Nach Hayes-Roth in (Shapiro und Eckroth 1987) bilden regelbasierte Systeme heute das beste Mittel um Wissen darzustellen, das Experten zur Lösung von Problemen anwenden. Regeln sind eine naheliegende Form, in der der Zusammenhang zwischen einer gegebenen Situation und der Aktion dargestellt werden kann, die unter den durch die Situation beschriebenen Umständen erfolgen sollte. Regeln können aber auch logische Zusammenhänge (Deduktionsregeln) und Beziehungen beschreiben, die zwischen Problem und Wissensanwendung bestehen (Metaregeln). OPS und MYCIN sind bekannte Systeme bzw. Sprachen, die auf Regeln beruhen. Sie waren Schrittmacher der Entwicklung von Expertensystemen.

Semantische Netze und Frames

Semantische Netze sind von vorne herein für eine zweidimensionale Darstellung angelegt. Aber selbst für so differenzierte semantische Netze wie die von Sowa (1984) werden auch linear lesbare, äquivalente Formelnotationen aufgezeigt.

Der Beitrag von K. von Luck, B. Nebel und H.-J. Schneider stellt am Beispiel des BACK-Systems eine Frame-Sprache und Möglichkeiten ihrer semantischen Interpretation vor. Grundlage bildet KL-ONE, eine Sprache, die zur Wissensrepräsentation entwickelt wurde und seit ca. 10 Jahren ausgebaut und angewendet wird (Brachman und Schmolze, 1985). Repräsentationen, die mit KL-ONE erstellt werden, lassen sich als semantische Netze darstellen. Der Beitrag geht auch auf das gern übergangene Problem der Komplexität von Repräsentationen ein. Hierbei ist einerseits die strukturelle Komplexität, andererseits die Frage nach der Effizienz von Operationen, die auf semantischen Netzen durchgeführt werden, gestellt.

Ein Beispiel für Frames finden sich u. a. in dem Beitrag von Schönfeld. Die Arbeit von Schmitt verweist auf Versuche, prädikatenlogische und framebasierte Wissensrepräsentationssprachen zu integrieren. Auf semantische Netze gehen auch Emde und Rollinger in ihrer Arbeit näher ein.

Sprachen und Entwicklungsumgebungen

PROLOG und LISP sind die Sprachen, die derzeit am häufigsten zur Programmierung von Wissensrepräsentationen, von wissensbasierten Systemen und von Arbeitsumgebungen für wissensbasierte Systeme (Shells) verwendet werden. Während LISP schon in den frühen Jahren der Computertechnik entwickelt wurde, ist PROLOG eine Sprache, die erst Ende der sechziger Jahre von A. Colmerauer an der Universität von Marseille vorgeschlagen wurde.

Wissensrepräsentationssprachen werden an verschiedener Stelle in diesem Band behandelt. Prolog steht bei den nachfolgend genannten Arbeiten im Vordergrund. Kleine Büning und Lettmann setzten sich kritisch mit PROLOG auseinander und beschreiben Wege, die zu einer besseren Integration und Nutzbarmachung von Logikprogrammierung und prozeduraler Programmierung führen. Die Autoren gehen auch auch auf Werkzeuge und Systemumgebungen ein, die für die Entwicklung von Expertensystemen zunehmend an Bedeutung gewinnen. Gegenwärtig angebotene Entwicklungssysteme für Expertensysteme (Shells) werden u. a. in (Harmon und King, 1986) behandelt.

Schönfeld untersucht in seinem Beitrag zu diesem Band, wie deskriptive Logiksprachen durch zusätzliche Konstrukte für die Verarbeitung effizienter gemacht werden können. Hierbei geht es primär um Zugriffsprobleme. Dabei werden Zusammenhänge zwischen der Repräsentation mit PROLOG und der Repräsentation mit semantischen Netzen und Frames sichtbar gemacht.

Anwendungen

Das "Handbook of Artificial Intelligence" teilte noch die anwendungsorientierte Forschung der Künstlichen Intelligenz in folgende Gebiete ein:

- Naturwissenschaft

  z. B. die Systeme DENDRAL, PROSPECTOR,...

- Medizin

  z. B. die Systeme MYCIN, INTERNIST,...

- Bildungsbereich

  z. B. die Systeme SCHOLAR, WHY,...

Inzwischen werden Expertensysteme zunehmend in der Industrie, in Banken, in Versicherungen und in anderen Bereichen des Wirtschaftslebens eingesetzt. Schnupp und Nguyen (1987) stellen folgende Liste von "wichtigsten Typen von Expertensystemen" auf: Auskunftssysteme, Diagnosesystem, Reparatursysteme, Debugsysteme, Interpretationssysteme, Vorhersagesysteme, Planungssysteme, Konfigurationssysteme, Überwachungssysteme, Steuerungssysteme, Ausbildungssysteme. Eine nähere Charakterisierung dieser Systeme kann man dort nachlesen.

Der Beitrag von Messina und Mitautoren in diesem Band beschreibt die Arbeitsweise und Struktur eines Systems, das unter den Typ "Konfigurationssysteme" fällt. Bei dem hier darzustellenden Wissen handelt es sich um Geräte und Programme zur graphischen Datenverarbeitung. Das Projekt, das dieser Arbeit zugrundelag, hat bestätigt, daß heute auf der Basis von PROLOG Expertensysteme in der Großsystemumgebung mit ihren vorhandenen Datenbanken, Terminalsystemen, Graphikprogrammen usw. ohne Schwierigkeiten entwickelt werden können. Das Projekt zeigt insbesondere auch die Vorteile der Verwendung von Graphik als Medium für den Dialog zwischen Benutzer und Expertensystem.

Literatur

Barr, A.; Feigenbaum, E. A. (ed.): The Handbook of Artificial Intelligence. Vol. I. Los Altos, CA.: W. Kaufmann Inc. 1981.

Brachman, R. J; Schmolze, J. G.: An Overview of the KL-ONE Knowledge Representation System. In: Cognitive Science, Vol.9, 1985

Charniak, E.; McDermott, D.: Introduction to Artificial Intelligence. Reading, MA.: Addison-Wesley Publ. C. 1985.

Fillmore, C.: The Case for Case. In: Bach, E.; Harms, R. (ed.): Universals in Linguistic Theory. New York: Holt, Rinehart and Winston 1968, pp. 1 - 88.

Habel, C.: Das Lexikon in der Forschung der Künstlichen Intelligenz. In: Wunderlich, D. (Hrsg.): Handbuch der Lexikologie. Königstein: Athenäum 1985, S. 441 - 474.

Habel, C.: Prinzipien der Referentialität. Untersuchungen zur propositionalen Repräsentation von Wissen. Berlin: Springer-Verlag 1986.

Harmon, P.; King, D.: Artificial Intelligence in Business. New York 1985. Deutsche Übers.: Expertensysteme in der Praxis. Perspektiven, Werkzeuge, Erfahrungen. München: Oldenbourg 1986.

Kleine Büning, H.; Schmitgen, S.: PROLOG. Grundlagen und Anwendungen. Stuttgart: B. G. Teubner 1986.

Montague, R.: The Proper Treatment of Quantification in Ordinary English. In: Thomason, R. H. (ed.): Formal Philosophy. New Haven 1974.

Quillian, M. R.: Semantic Memory. In: Minsky, M. (ed.): Semantic Information Processing. Cambridge, MA: MIT Press 1968, pp. 227-270.

Rahmstorf, G.: Die semantischen Relationen in nominalen Ausdrücken des Deutschen. Diss. Universität Mainz. 1983.

Retti, J. et al.: Artificial Intelligence - eine Einführung. Stuttgart: B. G. Teubner 1986 (2. Aufl.).

Schank, R.: Conceptual Dependency: A Theory of Natural Language Understanding. In: Cog. Psychol. 12, 552-631, 1972

Schefe, P.: Künstliche Intelligenz. Grundlegende Konzepte und Methoden zur Realisierung von Systemen der Künstlichen Intelligenz. Mannheim: Bibliogr. Inst. 1986.

Schnupp, P.; Nguyen Huu, C. T.: Expertensystem-Praktikum. Berlin: Springer-Verlag 1987.

Shapiro, St. C.; Eckroth, D. (eds.): Encyclopedia of Artificial Intelligence. 2 vol., New York: John Wiley & Sons 1987.

Sowa, J.: Conceptual Structures. Information Processing in Mind and Machine. Reading, MA.: Addison-Wesley Publ. C. 1984.

Tergan, S.-O.: Modelle der Wissensrepräsentation als Grundlagen qualitativer Wissensdiagnostik. Opladen: Westdeutscher Verlag 1986.

Waterman, D. A.: A Guide to Expert Systems. Reading, MA.: Addison-Wesley Publ. C. 1986.

Künstliche Intelligenz und Logik

Michael M. Richter
Universität Kaiserslautern

1 Vorbemerkungen

Ziel einer Wissensrepräsentation ist es letztlich, nicht nur Wissen einfach darzustellen, sondern Informationen weiterzugeben, auszutauschen und weiterzuverarbeiten. Die Kommunikation spielt sich grundsätzlich zwischen mindestens zwei Partnern ab, einem Sender und einem Empfänger. Diese beiden Partner könnten aber durchaus ein und dieselbe Person etwa zu verschiedenen Zeitpunkten sein. Grundlage der Möglichkeit der Kommunikation ist ein sprachlicher Rahmen, wo zunächst zugelassene sprachliche Konstrukte definiert sind und diesen eine Bedeutung zugeordnet ist. Dies kann sehr viele verschiedene Ausprägungen haben; wir werden einige von ihnen erörtern.

Die Logik hat es sich seit alters her zur Aufgabe gesetzt, exakt faßbare Aspekte eines solchen Informationsaustausches zu analysieren und möglichst einer formalen Beschreibung zugänglich zu machen. Es gibt natürlich auch andere Formen von Mitteilungen wie etwa ein Augenzwinkern, aber diese sind nicht Gegenstand der Logik. Die exakten Forschungen der Logik gehen dabei bis ins Altertum zurück, wo sie bedeutende Höhepunkte erlebten. Wir wollen hier auf historische Betrachtungen verzichten, aber doch erwähnen, daß G. Freges "Begriffsschrift" [Fr 79] als grundlegendes Werk der modernen formalen Logik gilt, welches man in seiner Bedeutung nur mit den ersten Analytiken des Aristoteles vergleichen kann.

Charakteristisch für die sprachlichen Konstrukte ist zunächst, daß es von ihnen in aller Regel unendlich viele gibt. Man kann sie daher nicht durch eine reine Aufzählung in Form einer endlichen Liste beschreiben. Es wird vielmehr ein Aufzählungsmechanismus benötigt, der die Konstrukte dynamisch erzeugt. Dies geschieht meist durch ein Regelsystem, eine Grammatik o. ä. Weiter sind häufig spezielle (unendliche) Klassen von Konstrukten interessant, und diese werden wieder auf dieselbe Weise generiert. Alle Begriffe und Überlegungen, die sich nur mit den sprachlichen Konstrukten alleine auseinandersetzen, werden der Syntax zugeordnet. Die Semantik hingegen sprengt diesen engen sprachlichen Rahmen. Unter Semantik wollen wie hier irgendeine inhaltliche Bedeutung verstehen, also das, weswegen der Informationsaustausch überhaupt angestrebt wird. Für die Logik interessant sind aber nur diejenigen Situationen, in denen auch die "inhaltliche Bedeutung" formal analysiert werden kann. In der mathematischen Logik können daher zur Beschreibung der Semantik irgendwelche anderen mathematischen Strukturen dienen. Für die Anwendungen im Bereich der Wissensrepräsentation und der Künstlichen Intelligenz sind aber nur diejenigen Modellvorstellungen von Interesse, die ein sinnvolles Abbild realer Situationen darstellen. Abhängig von den intendierten Situationen können die Modellvorstellungen aber beliebig komplex sein. Man möchte u. U. Informationen über (mehr oder weniger) wahre oder falsche Sachverhalte vermitteln, Hypothesen aufstellen, welche diesen oder jenen Kriterien genügen, notwendige oder mögliche Sachverhalte beschreiben, Wünsche äußern, Befehle erteilen oder Fragen stellen. Solche semantischen Vorstellungen geben Anlaß zur Definition von Klassen syntaktischer Objekte. Die algorithmische Beschreibung solcher Objektklassen kann sehr schwierig oder gar unmöglich sein. Jedenfalls stellt sie einen Großteil der Tätigkeit des Logikers dar und für die Wissensrepräsentation ist sie ganz grundlegend. Davon unberührt bleibt, daß die theoretischen Überlegungen in praktischen Situationen der Künstlichen Intelligenz häufig nicht aussagekräftig genug sind und durch pragmatische, nicht ganz fundierte Maßnahmen ergänzt werden müssen, wie das etwa bei den Ingenieurwissenschaften im Verhältnis zur Mathematik und Physik auch der Fall ist.

Daß man mit einer Aussage mehr als nur ihren Wahrheitswert verbinden kann, wurde schon von Frege erörtert, dessen Überlegungen eine bis heute anhaltende Diskussion angeregt haben. Auf Frege geht dabei die Unterscheidung zwischen "Sinn" und "Bedeutung" zurück. "Bedeutung" ist bei Frege der reine Wahrheitswert einer Aussage, also haben zwei wahre Aussagen die gleiche Bedeutung, wie etwa "5 = 5" und "5 = 2 + 3". Für die Definition des "Sinnes" hat Frege jedoch keine ähnlich klare Definition gegeben. So soll u. a. das, was die beiden obigen Sätze unterscheidet in dem Begriff "Sinn" aufgefangen werden. Es hat verschiedene Vorschläge gegeben, den Begriff "Sinn" zu präzisieren; wir wollen ihn hier in seiner ganzen Breite und damit verbundenen Vagheit stehen lassen, weil er so am besten die sehr allgemeine Vorstellung von "Semantik" widerspiegelt, mit der wir uns an dieser Stelle befassen wollen.

Im folgenden wollen wir versuchen, einen kleinen Einblick in die Vielfalt der logischen Sprachen und Formalismen zu geben, soweit sie für die Künstliche Intelligenz von Interesse sind.

2   Die klassische Prädikatenlogik

Die klassische Prädikatenlogik der ersten Stufe ist die bekannteste, am meisten studierte und genutzte Logik. Sie stellt sich drei Fragen:

1) Was ist Wahrheit?
2) Was ist ein Beweis?
3) Wie findet man einen Beweis?

Die erste Frage wurde am umfassendsten von Alfred Tarski in seiner grundlegenden Arbeit [Ta 36] beantwortet. Das Verhältnis zwischen Syntax und Semantik ist in der Prädikatenlogik sehr ausgewogen, was sich am deutlichsten in der Analyse des Beweisbegriffes zeigt. Die ideale Entsprechung zwischen semantischen und syntaktischen Beweisen schlägt sich im Gödelschen Vollständigkeitssatz nieder (vgl. [Gö 30]). Das Problem des Beweissuchens ist Gegenstand der sogenannten automatischen Beweisverfahren; im Gegensatz zu den beiden ersten Punkten ist diese Frage noch keineswegs befriedigend analysiert. Die Schwierigkeiten beim Beweissuchen im Prädikatenkalkül rühren von dem Unvollständigkeitssatz von Church her ([Ch 36]), welcher besagt, daß es kein Entscheidungsverfahren für die Eigenschaft, prädikatenlogische Tautologie zu sein, gibt. Eine Konsequenz ist, daß man auch die Längen von Beweisen nicht allgemein durch eine rekursive Funktion in Abhängigkeit von der Länge der Formel abschätzen kann.

Die Prädikatenlogik läßt sich auf mehrere äquivalente Weisen formalisieren. Alle diese Formalisierungen scheinen jedoch einen ad hoc-Charakter zu haben. Daß die Prädikatenlogik jedoch keineswegs eine zufällige Erscheinung ist, wird erst durch die Sätze von Lindström transparent, welche die Prädikatenlogik abstrakt charakterisieren. Vom klassischen Standpunkt aus gesehen ist sie nämlich (unter ganz geringen allgemeinen Voraussetzungen) die aussagenstärkste Logik, in welcher gleichzeitig der Satz von Löwenheim-Skolem und der Kompaktheitssatz gelten (vgl. etwa [Eb-Fl-Th 78]).

Weil unter Zugrundelegung des klassischen Wahrheitsbegriffes viele Theorien auch dann, wenn sie nicht vollständig in der Prädikatenlogik beschreibbar sind, doch ein hinreichend interessantes prädikatenlogisches Fragment haben, spielt die Prädikatenlogik in allen Wissensrepräsentationsformen eine wichtige Rolle. Graphische Veranschaulichungen von binären Prädikaten haben zu den semantischen Netzen geführt. Diese Darstellung ist auf komplexere Formeln erweitert worden, sie ist dann jedoch in der Regel nicht mehr kanonisch.

Die Integration des Beweisbegriffes in die Repräsentation hat zur Idee des deklarativen Programmierens geführt. Diese besteht im wesentlichen aus den Gleichungen

$$\text{Programm} = \text{Formel}$$
$$\text{Programmausführung} = \text{Beweis}$$
$$\text{Interpreter} = \text{Beweiskalkül}$$

So wünschenswert es auch ist, sich statt der Angabe eines Programmes auf seine Spezifikation zu beschränken, so sehr sind hier jedoch auch Effizienzfragen zu beachten. Diese haben dazu geführt, sich beim logischen Programmieren auf das Fragment der sog. Hornformeln zu beschränken. Die Ausführung dieser Idee führte dann zur Programmiersprache PROLOG. Nicht alle Formeln sind äquivalent zu Hornformeln, schon etwa Disjunktionen von Atomformeln sind dies nicht. Interessanter ist jedoch, daß auch Formeln, welche logisch äquivalent zu Hornformeln sind, sich u. U. nur sehr schwer in Hornformeln umformen lassen. Beispiele sind die Aussagen "Es gibt nicht genau p Elemente", welche genau dann in Hornformeln ausdrückbar sind, wenn p eine Primzahl ist. Die kürzesten bisher bekannten Hornformeln haben

$$\frac{p(p + 5)}{2} \text{ Variablen und}$$

$$3p^5 + p^3 + p^2 + 1 \text{ Atomformeln (vgl. [Tu 85]).}$$

Schließlich wollen wir noch das Definierbarkeitsproblem erwähnen, dessen Zusammenhang mit den Fragen der Wissensrepräsentation erst kürzlich in die Literatur Eingang fand ([Do 85]). Nehmen wir an, ein n-stelliges Prädikat P komme in einer Formelmenge S vor. P heißt durch S implizit definiert, wenn in jedem Modell, in dem alle anderen in S vorkommenden Prädikate, Funktionssymbole und Konstanten definiert sind, es genau eine Möglichkeit gibt, P so zu interpretieren, daß die Formeln aus S dort wahr werden. Eine explizite Definition von P ist demgegenüber eine Formel der Gestalt $P(x_1, ..., x_n) \Leftrightarrow Q(x_1, ..., x_n)$, wobei Q eine beliebige Formel ist, in der P nicht vorkommt. Der Definierbarkeitssatz von Beth besagt nun, daß in der Prädikatenlogik implizit definierbare Prädikate auch explizit definierbar sind. Das Gegenstück zur impliziten Definierbarkeit in der Künstlichen Intelligenz ist der von McCarthy eingeführte Begriff der "Circumscription" (vgl. [McC 77]). "Circumscription" ist ursprünglich ein informaler Begriff, aber McCarthy hat ihm eine formale Definition gegeben. Ausgangspunkt ist die Beobachtung, daß in unvollständigen Beschreibungen eines Modells (etwa einer Umweltsituation) zu viele Möglichkeiten bestehen, um die Beschreibung zu vervollständigen. In konkreten Situationen ist es wünschenswert, die meisten Möglichkeiten, aber nicht alle, zu ignorieren, und dies sollte auf möglichst begründete Weise geschehen. Die Grundannahme der "Circumscription" (und genauso auch der "Closed World Assumption") ist, daß alles, was man nicht weiß, also z. B. alles, was nicht explizit erwähnt ist, auch falsch ist. Konkret ist ein "Circumscription"-Schema für ein Prädikat P von der folgenden Art:

$$[S\,(Q) \wedge \forall\, x\,(Q\,(x) \to P\,(x))] \to \forall\, x\,(P(x) \to Q\,(x)).$$

Dabei ist $x = x_1, ..., x_n$ und S eine Formelmenge, S(Q) entsteht aus S durch Ersetzung des Prädikates P durch ein neues Prädikat Q. S ist dabei als eine endliche Formelmenge gedacht. Die "Circumscription" von P in S besteht aus S zusammen mit dem "Circumscription"-Schema. "Circumscription" spielt in der Künstlichen Intelligenz praktisch eine große Rolle, aber über seine theoretischen Aspekte war bisher relativ wenig bekannt. Interessant ist nun, daß P durch die "Circumscription" in S häufig implizit definiert wird (und in Anwendungssituationen eigentlich definiert werden sollte). Nach dem Satz von Beth weiß man dann aber, daß auch eine explizite Definition besteht (was von praktischem Interesse ist), und man kann nach ihr suchen.

Mit dem Satz von Beth eng verwandt ist der Craigsche Interpolationssatz. Er besagt: Wenn $S \to T$ ableitbar ist, dann gibt es eine Formel R, so daß auch $S \to R$ und $R \to T$ ableitbar sind, und in R nur Symbole vorkommen (abgesehen vom Gleichheitssymbol "="), welche sowohl in S als auch in T vorkommen. Der Interpolationssatz spielt in der mathematischen Logik eine bedeutende Rolle, aber seine Konsequenzen über Fragen der Wissensrepräsentation sind bis heute so gut wie nicht untersucht.

Wenn im bisherigen von Formelmengen die Rede war, so spielte es keine Rolle, in welcher Form dieselben repräsentiert wurden. In deklarativen Programmiersprachen wie PROLOG kommt es zwar auf die Reihenfolge der Formeln an, dies aber auch nicht in einem prinzipiellen Sinne, sondern nur in bezug auf die Effizienz der Abarbeitung. Man kann aber natürlich auch Formelmengen selber strukturieren. Eine Möglichkeit ist, die Formeln in Baumform aufzuschreiben, d. h. also die Formeln an den Knoten eines Baumes anzuheften. Dieses läßt sich in doppelter Weise nutzbar machen. Eine Möglichkeit ist, daß die Eigenschaften an den Verzweigungen des Baumes fortlaufende Spezialisierungen von Objektbeschreibungen darstellen, und daß sich die Eigenschaften an einem höheren Knoten auf die tieferen Knoten vererben. Auf diese Weise kann man auf kompakte Weise Implikationen, also Regeln, repräsentieren. Eine andere Möglichkeit ist, eine Familie verwandter Theorien, deren Vereinigung aber inkonsistent ist, darzustellen. Wir wollen hier unter einer Baumtheorie eine Formelmenge betrachten, deren Elemente an den Knoten eines Baumes angeheftet sind und welche zwei Bedingungen erfüllen:

a) Pfadkonsistenz: Die Formeln längs eines Pfades sind konsistent.

b) Die Formeln längs eines maximalen Pfades bilden eine vollständige Theorie.

Man vergleiche hierzu [Ri 87]. Beispiele solcher Baumtheorien kommen auch in logischen Untersuchungen als "semantische Bäume" vor.

3   Variationen der klassischen Prädikatenlogik

Die Kritik an der klassischen Logik richtet sich, bei festgehaltenem syntaktischem Sprachumfang, hauptsächlich darauf aus, daß die Semantik zu stark von der Bedeutung der realen Situationen abstrahiert und somit die Ausdrucksmöglichkeiten zu stark einschränkt. Es charakterisiert die klassische Prädikatenlogik, daß sie erstens extensional ist und zweitens die Wahrheit in der zweielementigen Boole'schen Algebra $\{0,1\}$ "ausrechnet". In Anwendungssituationen hilft jedoch allein die Einführung mehrerer Wahrheitswerte wenig, sofern man einer derartigen formalen Semantik nicht auch eine intuitive Bedeutung zuordnen kann. Dies zeigt sich besonders bei der Fuzzy-Logik, wo beliebige reelle Zahlen zwischen 0 und 1 als Wahrheitswerte zugelassen sind. Solche Zahlenzuordnungen zu Aussagen haben bisher nicht zu einer logischen Theorie geführt, obwohl sie in konkreten Einzelsituationen, wie etwa bei den Nutzenfunktionen, eine bedeutende Rolle spielen können.

Ein weiterer Versuch einer Verallgemeinerung liegt in der sog. Quantenlogik vor, in der als Wahrheitswerte Elemente eines orthonormalen Verbandes zugelassen sind. Die Beziehung zur Quantentheorie kommt daher, daß dort die Observablen die Projektionsoperatoren sind, welche umkehrbar eindeutig den abgeschlossenen Unterräumen eines Hilbertraumes entsprechen. Es läßt sich hier z. B. eine Beziehung zwischen der Heisenbergschen Unschärferelation und der Tatsache, daß in orthonormalen Verbänden das Distributivgesetz nicht gilt, etablieren. Zu einer Wissensrepräsentation quantentheoretischer Phänomene hat jedoch auch die Quantenlogik bisher wenig beigetragen (vgl. [Ri 78]).

In einem gewissen Sinne kann man sagen, daß sich ein großer Teil der mathematischen Arbeiten J. von Neumanns mit der Suche nach Alternativen zur Struktur der Boole'schen Algebren beschäftigt, die mit der Unschärferelation verträglich sind.

Die wichtigste Variation der klassischen Logik ist zweifellos die intuitionistische Logik. Die intuitionistische Kritik am klassischen Wahrheitsbegriff besagt eigentlich nicht, daß dieser irgendwie "falsch" ist, sondern eher, daß er oft zuwenig Information in sich birgt und so in manchen Situationen nicht angemessen ist. An die Stelle des klassischen Wahrheitsbegriffes treten Vorstellungen wie "direkt beweisbar", "konkret berechenbar", "konstruktiv nachzuweisen" usw. Es wird hier also der Beweisbegriff primär und die Erfahrung, daß man manchmal weder eine Aussage noch ihr Negat beweisen kann, spiegelt sich darin wider, daß der Satz vom ausgeschlossenen Dritten nicht mehr allgemeingültig ist. Die klassische Logik läßt sich in der intuitionistischen Logik durch die Gödel'sche ¬¬-Interpretation widerspiegeln in dem Sinne, daß A klassisch genau dann allgemeingültig ist, wenn ¬¬ {A} intuitionistisch gültig ist, wobei ¬¬ {A} aus A entsteht, indem man vor A und jede quantifizierte Teilformel von A ein "¬¬" setzt. Die Einführung von zwei Negationszeichen ändert natürlich klassisch gesehen nichts, aber im Intuitionismus kann man nun unterscheiden, ob eine Formel einen direkten oder einen indirekten Beweis besitzt.

Für die intuitionistische Logik gibt es eine Reihe von Semantiken, für die auch Vollständigkeitssätze existieren. Am interessantesten ist hier die Kripke-Semantik. Diese besteht aus einer Folge von Modellen, welche das intendierte Modell approximieren und gewissermaßen den sich ständig erweiternden Wissenszuständen entsprechen, die ein Forscher beim fortschreitenden Studium des Modelles hat. Dies entspricht eigentlich ziemlich genau der Situation, die man beim Wissenserwerb etwa in einem Expertensystem hat. Hier ist es in der Regel ganz grundlegend, daß man mit Situationen von unvollständiger Information umgeht. In Expertensystemen mehr oder weniger stillschweigend und in der intuitionistischen Logik ganz bewußt hat dies zu einer Umdeutung der logischen Zeichen geführt: Der Umgang mit ihnen orientiert sich nicht mehr am abstrakten klassischen Wahrheitsbegriff sondern an ihrer operativen Verwendung. Am klarsten ist dies im Fall der Negation. Die "Bedeutung" des Negationssymbols wird systemabhängig definiert; sie ist etwa in OPS 5 anders als die "negation as failure" in PROLOG. Die intuitionistischen Erfahrungen sind aber bisher noch kaum ausgenutzt worden. Im Falle von PROLOG hat sich aber der konstruktive Standpunkt, wenn auch eigentlich ganz unbemerkt, durchgesetzt. Vom deduktiven Standpunkt aus gesehen betrachtet man in PROLOG Beweise, welche als Prämissen allquantifizierte Hornformeln und als Konklusionen existenzquantifizierte Hornformeln haben. Alle solchen Beweise sind nämlich nicht nur intuitionistisch führbar, sondern die intuitionistischen derartigen Beweise in einem Gentzen-Kalkül entsprechen sogar umkehrbar eindeutig den entsprechenden PROLOG-Ableitungen (d. h. genauer im Hornlogik-Fragment von PROLOG).

An dieser Stelle müssen auch die auf Lorenzen zurückgehenden Dialoge genannt werden ([Lo 60]). Die Grundidee ist die folgende: Zwei Spieler führen einen Dialog, um die Wahrheit einer Aussage herauszufinden. Der eine, der Proponent, möchte die Aussage beweisen, der andere, der Opponent, möchte sie widerlegen. Die Spieler dürfen abwechselnd argumentieren, und das Dialogspiel ist von gewissen, sehr einsichtigen Regeln geleitet. Es endet jeweils, wenn ein Beweis oder eine Widerlegung der betreffenden Aussage gefunden ist. Gültig heißt dabei eine Aussage, wenn der Proponent eine Gewinnstrategie hat. Dieser Gültigkeitsbegriff hängt natürlich von den Dialogregeln ab. Diese Abhängigkeit ist etwas diffizil, es zeigt sich, daß eine kleine Änderung der Regeln einmal auf den klassischen und einmal auf den intuitionistischen Gültigkeitsbegriff führt. Die letztere Variante ist dabei nicht ohne weiteres intuitiv der ersteren überlegen; man kann die Dialogspiele also zwar zur Darstellung, aber so gesehen nur mit Einschränkung zur Begründung der intuitionistischen Logik verwenden. Vom Standpunkt der logischen Programmierung aus gesehen kann dieser Ansatz auch als eine Methode des Parsens angesehen werden, wobei nach dem (unbekannten) Beweis für die vorgelegte Behauptung gesucht wird. Solche Parser eines deklarativen Programmes (oder Varianten davon) werden in Expertensystemen für die Herstellung von Erklärungskomponenten benötigt. Die hier zugelassenen "Fragen", nämlich die Argumentationen des Opponenten, sind jedoch von einem sehr eingeschränkten Charakter und können weitergehenden Ansprüchen kaum genügen; auf die allgemeinere Logik von Fragen werden wir weiter unten zurückkommen.

Der extensionale Charakter der klassischen Logik gibt besonders bei der wichtigsten logischen Verknüpfung, der Implikation, Anlaß zur Kritik: Ihre Wahrheit hängt nur von den Wahrheitswerten von Prämisse und Konklusion ab, nicht aber von irgendeinem inhaltlichen Zusammenhang, die Prämisse ist kein "Grund" für die Konklusion. In der intuitionistischen Logik ist der Zusammenhang zwischen Prämisse und Konklusion schon etwas enger, aber auch hier kann er noch weitgehend "zufällig" sein. Eigentlich sollte die Implikation das innersprachliche Gegenstück zum metasprachlichen Begriff der Inferenz sein; die Degradierung zum logischen Symbol hat jedoch in der klassischen Logik den Verlust wichtiger inhaltlicher Aspekte des Begriffs "Folgerung" mit sich gebracht. Letztlich kann diese Problematik auf zwei Weisen angegangen werden:

1) Der Einsatz zusätzlicher sprachlicher Mittel, um Beziehungen zwischen Prämisse und Konklusion zu beschreiben. In der Semantik müßten dann diese neuen Symbole interpretiert werden. Darauf werden wir später zurückkommen.

2) Beibehaltung der sprachlichen Mittel, aber Einschränkung des Ableitbarkeitsbegriffes, so daß nur noch gewisse Implikationen hergeleitet werden können (die dann einer engeren Vorstellung von "Folgerung" genügen). Dies hat auch eine Änderung der semantischen Techniken zur Folge, man könnte z. B. die Wahrheit nicht mehr einfach auf die bisherige Weise "ausrechnen".

Diese zweite Vorgehensweise ist der Ausgangspunkt der Relevanzlogik. Es ist klar, daß es keine einheitliche Vorstellung über den Begriff "p ist Grund für q" oder "p ist relevant für q" geben kann. Das hat zur Folge, daß es viele verschiedene Ausprägungen der Relevanzlogik gibt. Von dem hier interessierenden Standpunkt aus begann das Studium der Relevanzlogik mit Ackermanns Untersuchungen über die "strenge Implikation" in [Ac 56]. Im Buche [An-Be 72] werden eine Fülle von Kalkülen der Relevanzlogik vorgestellt und analysiert. Die vorgestellten Axiome und Ableitungswege in solchen Kalkülen sind von verschiedenen Standpunkten aus alle mehr oder weniger plausibel. Es ist jedoch klar, daß die syntaktischen Überlegungen ohne eine angemessene Semantik unbefriedigend bleiben. Inzwischen sind verschiedene solcher Semantiken vorgelegt worden. Von besonderem Interesse sind hier wieder die Kripke-Semantiken, die für die Relevanzlogik in [Ro-Me 73] vorgelegt wurden. Im Gegensatz zur klassischen Logik besitzen nicht alle Relevanzlogiken Vollständigkeitsbeweise. Zu bemerken ist aber, daß bei den vorgelegten Semantiken meist nicht inhaltliche Vorstellungen dominiert haben, sondern oft mehr der Wunsch, herkömmliche Beweistechniken für Vollständigkeits- oder Unvollständigkeitsbeweise anwenden zu können. Insofern ist die ursprünglich inhaltliche Kritik der Relevanzlogik an der klassischen Logik auf sie selbst anwendbar. In Expertensystemen wäre es jedoch von hohem Interesse, angemessene Relevanzlogiken zur Verfügung zu haben, um etwa kausale Beziehungen oder andere inhaltliche Begründungen beschreiben zu können.

4 Erweiterungen der Prädikatenlogik

Die rigoroseste Erweiterung der Prädikatenlogik der ersten Stufe ist die Prädikatenlogik höherer Stufe, in der auch über Prädikate, Prädikate von Prädikaten etc. quantifiziert werden darf. Auf diese Weise werden praktisch alle Sachverhalte ausdrückbar. Der Nachteil ist, daß die Balance zwischen Syntax und Semantik verlorengegangen ist, und die meisten Phänomene algorithmisch nicht mehr zugänglich sind. Dies wird ganz deutlich in den Gödelschen Unvollständigkeitssätzen ([Gö 31]). Der Begriff "Stufe" suggeriert, daß die Prädikate in gewisser Weise angeordnet oder geschichtet sind. Solch eine Schichtungshierarchie wurde als Typenhierarchie bereits von Russel und Whitehead eingeführt. Die Typen erlauben einen sauberen und schrittweisen Aufbau der Begriffswelten vom Einfachen zum Komplexen. Das Typenkonzept hat auch in moderne Programmiersprachen Eingang gefunden, hier aber häufig in Form von "Sorten", welche auch nicht hierarchisch angeordnete Bereiche bezeichnen können. Eine interessante Erweiterung ist die Einführung von Typvariablen, mittels deren man sich beliebige Terme zur Bezeichnung von Typen definieren kann. Variablen können dabei beliebige Typbereiche bezeichnen. Dieses sog. polymorphe Typkonzept ist z. B. in der Sprache ML realisiert (vgl. [Co-In-Ri 87]). In der allgemeinsten Form der Logik höherer Stufen verschwinden sie überhaupt: Alle Objekte werden zu einem einzigen Bereich zusammengefaßt und ganz einheitlich behandelt. Dies geschieht in der Mengenlehre.

Genau wie in der ersten Stufe kann man auch in der höheren Stufe intuitionistische Logik betreiben. Der konstruktive Charakter der intuitionistischen Logik legt es dabei nahe, diese für die Berechenbarkeitstheorie und die Grundlagen der Programmiersprachen zu nutzen. Am weitesten ausgearbeitet ist dabei die intuitionistische Typentheorie von Martin-Löf (vgl. [Ma 84]).

Die reichhaltigen Ausdrucksmöglichkeiten werden in Wissensrepräsentationssystemen in Form von Frames genutzt (vgl. [Mi 75]). Die Frames sind praktisch gleichwertig zur Prädikatenlogik höherer Stufe (weil sie ja selber wieder als Argumente anderer Prädikate auftreten können). Deswegen ist es auch kein Zufall, daß es keine vernünftige Frame-Theorie gibt. Was existiert, ist eine gute Anleitung zu gewissen immer wiederkehrenden Frame-Strukturen, wie z. B. Vererbungsmechanismen. Prädikatenlogisch bedeutet dies nichts anderes als die Anweisung zur Behandlung von bestimmten Implikationen (oder in der mengentheoretischen Interpretation Inklusionen). Es gibt eine größere Anzahl Frame-basierter Wissensrepräsentationssprachen; stellvertretend nennen wir KL-ONE (s. [Br 79]). Solche Frame-orienterten Schemata formalisieren dabei (sinnvollerweise) immer nur sehr kleine Teile von möglichen Begriffswelten; ihr Erfolg mißt sich dann daran, wie effizient und brauchbar die Realisierung erfolgt ist. Viele der entwickelten Mechanismen, wie z. B. das Vererbungskonzept, machen natürlich auch in der gewöhnlichen Prädikatenlogik einen Sinn, man vergleiche etwa die oben erwähnten Baumtheorien.

Um sich nicht mit der vollen Prädikatenlogik höherer Stufe zu belasten, sind viele Zwischenlogiken entwickelt worden, die über die Prädikatenlogik der ersten Stufe hinausgehen, aber formal und algorithmisch noch gut zugänglich sind (und häufig in Frames realisiert sind). Zu den wichtigsten dieser Logiken zählen die Modallogiken. Hier wird die gewöhnliche Aussagen- oder Prädikatenlogik durch zwei neue logische Symbole $\Box$ und $\Diamond$ angereichert. Die Ausdrucksweise dabei ist

$\Box$ A heißt   "A gilt notwendigerweise"

$\Diamond$ A heißt   "A gilt möglicherweise"

Die Modallogiken gehen bis ins Altertum zurück, doch erst Kripke hat ihnen eine vernünftige Semantik gegeben. Die gewöhnliche Prädikatenlogik hat einen statischen Charakter: Um zu wissen, ob eine Aussage A in einem Modell M wahr ist, braucht man nur A und M zu kennen. Die Semantik der Modallogiken hat einen dynamischen Charakter. Eine Kripke-Struktur besteht aus einem gerichteten Graphen G, an dessen Knoten gewöhnliche Modelle stehen. Die Semantik der Modaloperatoren ist nun im wesentlichen wie folgt definiert:

- $\Box$ A ist wahr in einem Modell M am Knoten p, falls A wahr ist in allen Modellen M', welche an Knoten p' stehen, die von p aus erreichbar sind.

- $\Diamond$ A ist wahr in einem Modell M am Knoten p, wenn es ein Modell M' an einem Knoten p' gibt, der von p aus erreichbar ist und in dem A wahr ist.

Hier erkennt man auch, was die Modaloperatoren eigentlich sind: Quantoren zweiter Stufe (über die Modelle längs der Pfade).

Man kann nun diese Graphenmodelle dadurch einschränken, daß nur Graphen mit bestimmten Eigenschaften zugelassen sind. In vielen Fällen lassen sich die zugehörigen Modallogiken durch Angabe von geeigneten Axiomen und Regeln axiomatisieren. So wird z. B. die Tatsache, daß der Graph reflexiv ist, dadurch ausgedrückt, daß die Formel $\Box$ A $\rightarrow$ A wahr ist.

Gewisse Modallogiken spiegeln auch die intuitionistische Logik wider; man kann letztere in der Modallogik S4 interpretieren. Es gibt sogar zwei solche Interpretationen, eine von Tarski und eine von Gödel. In Gödels Übersetzung

$$\Phi_G (\varphi \rightarrow \psi) = \Box (\Phi_G (\varphi) \rightarrow \Phi_G (\psi));$$

in Tarskis Übersetzung Φ_T erhält man

$$\Phi_T (\varphi \to \psi) = \Box \; \varphi_T (\varphi) \to \Box \; \Phi_T (\psi),$$

aber dafür wird die Negation als die "dialektische Negation" behandelt:

$$\Phi_T (\neg \; \varphi) = \Box \; \Diamond \neg \; \Phi_T (\varphi).$$

Die dialektische Negation kann man so interpretieren: Von allen denkbaren Standpunkten aus gesehen gibt es eine Argumentation, welche die Behauptung widerlegt.

In der Wissensrepräsentation spielen die modallogischen Ideen eine große Rolle, denn dynamische Situationen, in denen mehrere Modelle eine Rolle spielen, treten häufig auf. Wir wollen einige von ihnen erwähnen. Dabei ist es meist zweckmäßig, die Modellstruktur so zu erweitern, daß die Pfeile des Graphen indiziert sind; intuitiv entsprechen die Indizes Aktionen, welche das Quellmodell in das Zielmodell überführen.

1.   *Situationen mit unvollständiger Information:*
     Die einzelnen Modelle spiegeln den gegenwärtigen Informationsstand, etwa bei einer medizinischen Information, wider; die Aktionen entsprechen Informationsgewinnen, etwa durch Untersuchungen. Dies ist in [He-Re-Ri-We 85] ausgeführt. Hier haben wir wieder den engen Zusammenhang mit dem Intuitionismus.

2.   *Technische Prozeduren:*
     Die statischen Situationen an den Knoten beschreiben den Zustand eines Werkstücks; die Aktionen entsprechen technischen Prozessen.

3.   *Roboteraktionen:*
     An den Knoten stehen die Weltmodelle, die durch die Aktionen verändert werden.

4.   *Programmierung:*
     Die Modelle an den Knoten beschreiben den Zustand (die Registerinhalte) eines Rechners; die Aktionen entsprechen den einzelnen Programmschritten.

Die letzte Beispielsituation ist besonders gut ausgearbeitet unter dem Namen "dynamische Logik" und für die Verifikation von Programmen nutzbar gemacht worden.

Einer der ursprünglichen Anlässe zur Entwicklung modaler Systeme bestand in dem Problem, neben der extensionalen Implikation noch andere Verwendungsarten der Implikation formal zu erfassen. Die folgende Definition der strikten Implikation ist naheliegend: $p \rightarrow\!\!\!\rightarrow q = \Box\,(p \rightarrow q)$, d. h. p impliziert q notwendigerweise. Auf diese Weise lassen sich in der Modallogik verschiedene Relevanzlogiken, z. B. das System von Ackermann, formalisieren.

Eine andere Möglichkeit, sich verändernde Situationen zu beschreiben, besteht darin, diese Situationen als ein zusätzliches Argument in die Prädikate mit aufzunehmen. Eine solche Situationslogik wurde in [McC-Ha 69] entwickelt.

Es gibt nun eine große Anzahl logischer Untersuchungen zur Erweiterung der Prädikatenlogik, welche sich zum Ziel gesetzt haben, gewisse Ausdrucksweisen logisch zu untersuchen. Wie bereits in der Modallogik sind häufig solche Erweiterungen bereits in der Aussagenlogik nicht mehr mit Mitteln der Prädikatenlogik zu beschreiben. Einige solcher Erweiterungen seien noch kurz erwähnt:

1) *Verschiedene Formen der Zeitlogik:*
   Die Graphenmodelle und die zusätzlichen Operatoren hängen von dem zugrundeliegenden Zeitmodell ab; dieses kann rein zukunftsorientiert oder auch in die Vergangenheit zurückschauend sein, es kann linear oder sich verzweigend sein, es kann diskret oder kontinuierlich sein. Eine teilweise Übersicht findet man in [Re-Ur 71]. Eine etwas abweichende Modellierung der Zeit, die hingegen häufig nützlich ist, betrachtet statt Zeitpunkten nur Zeitintervalle und ihre relativen Beziehungen (vgl. [Al 84]).

2) *Die deontische Logik:*
   In einer einfachen Formulierung unterscheidet sie sich syntaktisch von der Modallogik nicht; semantisch ist sie jedoch sehr stark von dieser verschieden. Die Interpretation der Modaloperatoren ist

$$\Box\,A \quad \text{heißt} \quad \text{"A ist geboten"}$$
$$\Diamond\,A \quad \text{heißt} \quad \text{"A ist erlaubt"}$$

Die Schwierigkeiten hier sind, daß gebotene Dinge nicht passieren müssen und verbotene Dinge geschehen können. Man vergleiche hierzu etwa [Aq 84]. Auf den ersten Blick erscheint es, daß die deontische Logik Anwendungen in juristischen Expertensystemen oder anderen administrativen Situationen haben kann (etwa Verwaltungs- und Bürosysteme). Dieses ist jedoch nicht ganz einfach, weil die zugrundeliegenden Begriffe einer sehr genauen Analyse bedürfen. In [Le-Zo 86] wird eine Analyse des Begriffes "Pflicht" vorgenommen. Pflicht ist dabei ein dreistelliges Prädikat

$$\text{Pflicht } (p, v, b),$$

wobei p eine Pflicht, v ein Verpflichteter und b ein Begünstigter ist. Wie bei der Beziehung des Situationskalküls von McCarthy zur Modallogik steht auch hier wieder direkte axiomatische Analyse eines Begriffes einer Erweiterung einer Logik gegenüber.

3) Zu weiteren Operatoren bzw. Ausdrucksweisen, welche analysiert worden sind, gehören "A ist bekannt", "A wird geglaubt", "A wird gehofft" und "A wird gelobt". Solche Logiken wurden u. a. intensiv untersucht von Hintikka, Quine und Kripke; eine ausführliche Diskussion findet sich in [Li 83]. Modelliert man diese Ausdrucksweisen nicht mittels zusätzlicher logischer Operatoren, sondern in der Form von Prädikaten, so ist man ganz klar in der Logik höherer Stufe. In [Li 83] wird dabei sinnvollerweise auf Modellierungsmöglichkeiten in Freges intensionaler Logik hingewiesen. Ein Grund dafür, daß diese Überlegungen in der Künstlichen Intelligenz von Interesse sind, ist wieder die Tatsache, daß man es in aller Regel mit unvollständiger Information zu tun hat. Ausdrucksweisen wie die gerade diskutierten beschäftigen sich dann nicht mit Tatsachen, sondern mit Hypothesen und bewerten sie teilweise; darauf werden wir weiter unten zurückkommen. Repräsentiert werden diese Ausdrucksweisen meist in Frame-basierten Schemata; wir weisen auf [My-Le 83] hin.

4) *Verallgemeinerte Quantoren:*
Die klassischen Quantoren "für alle" und "es gibt" sind nur zwei Extremfälle von Ausdrucksweisen, welche mitteilen sollen, "in wievielen Fällen" die Behauptung denn nun gilt. Wir können hier nur ausdrücken, daß die Behauptung immer bzw. mindestens einmal gilt. Andere, auch in der Künstlichen Intelligenz benötigte Ausdrucksweisen sind: Die Behauptung gilt manchmal, meistens, fast immer, in n vielen Fällen, in x % aller Fälle, in endlich vielen oder in unendlich vielen Fällen. In der traditionellen mathematischen Logik sind nur die Anzahlquantoren behandelt worden, aber beispielsweise in [Re 62] wird der Quantor "die meisten" analysiert, welchen man so formalisieren kann, daß die Behauptung in mehr Fällen

gilt als wo sie nicht gilt. Solche verallgemeinerten Quantoren kommen nicht nur in Ausdrucksweisen der Umgangssprache ständig vor, sondern sind wieder auch in Wissensrepräsentationssystemen, vor allem im Zusammenhang mit heuristischem Vorgehen, interessant.

Kennzeichnend nicht nur für die in diesem Abschnitt erwähnten logischen Untersuchungen ist,
daß sie auf der einen Seite in der Künstlichen Intelligenz verhältnismäßig wenig genutzt worden
sind, daß aber auf der anderen Seite die Problematiken in der Künstlichen Intelligenz vielfach und
zwar meistens von der Anwendungsseite her kommend wieder aufgegriffen worden sind. Es ist
hier hinzuzufügen, daß die logischen Überlegungen aber meist nicht unmodifiziert auf
Anwendungssituationen übertragen werden können. Sie spielen oft nur die Rolle von nützlichen
Hintergrundmodellen. Das liegt im wesentlichen daran, daß die Logik sich häufig nur für den
prinzipiellen, aber nicht so stark für den algorithmischen, implementierungsnahen und
komplexitätsmäßigen Aspekt interessiert hat.

5   Induktive und nichtmonotone Logik

Die bisher erörterten Logiken hatten alle das Ziel, den Wahrheits- und damit zusammenhängend
den Beweisbarkeitsbegriff zu studieren. In menschlichen Überlegungen (auch in Expertensystemen) sind aber diejenigen Überlegungen, welche unumstößliche Wahrheiten deduzieren,
anderen Schlußweisen gegenüber in der Minderzahl. Der Sinn solcher Schlüsse läßt sich nicht
durch die Termini "wahr", "falsch", "widersprüchlich" usw. alleine beschreiben. Ihre Bedeutung
läßt sich vielmehr erst in einem weiteren Rahmen erkennen, wo von "sinnvollen Hypothesen", der
"Voraussage zukünftiger Ereignisse" und dem sinnvollen Gebrauch von Aussagen etwa zum
Zwecke von Entscheidungen die Rede ist. Kurz gesagt, es spielt hier der Verwendungszweck eine
Rolle (worauf wir schon im Zusammenhang mit der intuitionistischen Deutung der logischen
Symbole hingewiesen haben) und dieser ist mit den bisher betrachteten Mitteln der Logik gar nicht
zu erkennen; es gibt eben auch viele mögliche Verwendungszwecke.

Auch ein induktiver Schluß hat Prämissen und eine Konklusion, ist also syntaktisch von der Form
"wenn P so K". Für das so gefolgerte K wird aber keine absolute Garantie übernommen,
trotzdem soll es für mögliche Weiterverwendungen nützlich sein. Das führt im wesentlichen zu
zwei Haupttypen von Anforderungen an induktive Schlüsse:

1)   Wenn K schon nicht vorbehaltlos wahr ist, so soll es doch "möglichst nahe an der Wahrheit"
       liegen.

2)   K soll "möglichst viele interessante Entscheidungen fällen helfen" und somit "möglichst
      nützlich sein"; insbesondere soll K möglichst "einfach" sein, jedenfalls einfacher als die
      Gesamtheit der vorliegenden Prämissen. Dies fügt den eingangs erwähnten drei Fragen der
      klassischen Logik eine vierte hinzu: Warum macht man einen Schluß und was fängt man mit
      der erschlossenen Aussage an?

Die bisher betrachteten logischen Deduktionen waren alle in dem Sinne monoton, daß K auch bei
einer Vergrößerung der Prämissenmenge P gültig blieb. Bei induktiven Schlüssen ist dies
offensichtlich nicht mehr der Fall, weil eine neue zusätzliche Prämisse (z. B. eine Beobachtung)
die frühere Hypothese K als unplausibel oder sogar falsch entlarven kann. Das Stichwort
"nichtmonotone Logik" spielt im Bereich der Künstlichen Intelligenz heute eine große Rolle. Es
soll jedoch bemerkt werden, daß die Nichtmonotonie zwar eine Eigenschaft von hypothetischen
Schlußweisen ist, aber keineswegs der Anlaß zu ihrer Einführung war.

Grob gesagt werden durch induktive Schlüsse also unsichere aber nützliche Aussagen gefolgert.
Natürlich ist es möglich, solche "halbwahren" Aussagen auch gleich direkt axiomatisch
einzuführen. Dazu gehören etwa allgemeine Gesetze, welche aber gewisse Ausnahmen zulassen,
die man nicht genauer zu spezifizieren wünscht. Die Weiterverwendung von erschlossenen oder
angenommenen Hypothesen fällt unter die Rubrik "hypothetisches Schließen" und ist z. B. in dem
Buche [Re 64] ausführlich diskutiert. In Systemen zur Wissensrepräsentation müssen die
Hypothesen und ihre Folgerungen angemessen verwaltet werden, insbesondere gehört dazu eine
Konsistenzüberwachung und damit zusammenhängend die etwaige Rücknahme von Hypothesen.
Diese Überlegungen laufen heutzutage unter dem Namen "Truth Maintenance" und
"Nichtmonotones Argumentieren"; im Falle der Benutzung von Gesetzen mit Ausnahmen spricht
man auch von "Default Reasoning".

Während die syntaktische Seite des nichtmonotonen Schließens in der Künstlichen Intelligenz
eingehend diskutiert worden ist (vgl. z. B. [Re 85]), gibt es jedoch für die semantische
Interpretation bisher kaum Ansätze.

So hängt beispielsweise mit dem Default Reasoning ein verallgemeinerter Quantor zusammen,
nämlich NA, was sprachlich ausgedrückt werden kann "A gilt im Normalfall". Das zugehörige
"Default-Axiom" wäre dann NA → A. Es würden sich hier wieder Kripke-Modelle anbieten,
welche den fortschreitenden Informationsgewinn beschreiben können. Die Nichtmonotonie
kommt so auf natürliche Weise herein, weil zwischen den einzelnen Modellen auch längs eines

Pfades keine monotone Beziehung zu bestehen braucht. Ganz verwandte Überlegungen findet man in [Bl 84].

In hypothetischen Überlegungen steckt ein großer, häufig der größte Teil des Wissens, das über die betrachtete Situation vorliegt. Ob es angemessen genutzt wird, hängt nicht zuletzt davon ab, daß die formale Semantik die intuitive Bedeutung adäquat widerspiegelt. Hier ist nicht zuletzt die obige Forderung, daß eine Hypothese "möglichst wahr" sein soll, zu klären. Wir erwähnen einige Möglichkeiten:

1)   Man stellt sich vor, daß man über ein und dieselbe Situation ständig neue Beobachtungen, also neue Prämissen geliefert bekommt und möchte das allgemeine Gesetz, welches diesen Beobachtungen zugrundeliegt, erraten, wozu man nach jeder Beobachtung Gelegenheit haben sollte. Dies führt auf das Gebiet der induktiven Inferenz und ist besonders im Falle des Erratens von Programmen, deren sukzessiv produzierte Werte man der Reihe nach sieht, gut ausgearbeitet, vgl. etwa [An-Sm 82].

2)   Man stellt sich vor, daß die betrachtete Hypothese in sehr vielen Situationen benutzt wird und man dabei eine möglichst große, und zwar numerisch spezifizierbare Trefferwahrscheinlichkeit haben möchte. Dies führt auf das Gebiet der statistischen Inferenz. Grundsätzlich unterscheidet man hier logische Theorien der Wahrscheinlichkeit und subjektive Wahrscheinlichkeiten. In beiden Fällen spielen die Beziehungen zwischen a priori-Wahrscheinlichkeiten (also vor der Beobachtung) und a posteriori-Wahrscheinlichkeiten (also nach der Beobachtung) eine wichtige Rolle. Diese werden in dem bekannten Satz von Bayes mittels einer Formel verknüpft. Eine Einführung in die umfangreiche Literatur hierzu wird in [Ac 66] gegeben. In konkreten Situationen sind aber a priori-Wahrscheinlichkeiten häufig nicht bekannt. Man kann sich dann so helfen, daß man sie zunächst schätzt und in empirischen Untersuchungen überprüft und verbessert. Derart approximierte Wahrscheinlichkeiten heißen dann auch "Sicherheitsfaktoren"; daß diese Vorgehensweise erfolgreich sein kann, zeigt das Beispiel des Expertensystems MYCIN.

Semantisch verschieden von der bisher betrachteten Art des nichtmonotonen Argumentierens ist die Abduktion, mittels derer man Annahmen einführt, für die kein besonderer Grund vorliegt. Zu solchen Maßnahmen ist man gelegentlich gezwungen, um eine Überlegung überhaupt weiterführen zu können. Im ganz einfachen Fall kann es sich etwa um zwei sich ausschließende Alternativen handeln, von denen man einfach eine hypothetisch annehmen muß. Wieder etwas verschieden ist die hypothetische Annahme einer Behauptung, um sie zu widerlegen. Auch hier wird diese Annahme ja später wieder zurückgezogen. In solcher Form waren Hypothesen schon bei Frege zugelassen.

6 Die Logik von Befehlen und Fragen

Neben den bisher betrachteten assertorischen Aussagen stehen Konstrukte, welche schon rein syntaktisch nicht die Form einer Behauptung haben, die aber trotzdem Wissen repräsentieren oder vermitteln helfen. Die wichtigsten von ihnen sind Befehle und Fragen. Charakteristisch für sie ist, daß sie nicht nur wie bisher eine Quelle, sondern auch ein Ziel, nämlich einen Adressaten haben. Die Entwicklung von Syntax, Semantik und der dazugehörigen Begriffswelt muß von vornherein beide Teile angemessen berücksichtigen. Dabei ist streng zwischen den umgangssprachlichen Möglichkeiten zur Formulierung von Befehlen und Fragen (die hier nicht zur Debatte stehen) und ihrer abstrakten Beschreibung zu trennen.

Es gibt sehr verschiedene Arten von Befehlen, die unterschiedliche Informationsgehalte haben; man vergleiche dazu etwa "Scheren Sie sich zum Teufel!" und "Wenn Sie nach Holzminden wollen, biegen Sie rechts ab". Im einfachsten Fall gehören zu einem Befehl folgende Angaben: ein Adressat X, eine Aktion A (wobei hier der Gebots- oder Verbotscharakter mit eingeschlossen sein soll) und eine Bezugssituation S. Eine formale Syntax hierzu wäre (X!A/S), im obigen Beispiel etwa (Autofahrer!rechts abbiegen/nach Holzminden fahren). Aus dem Befehl muß weiter zu entnehmen sein, wann man dem Befehl gehorcht hat. Dazu muß man ein Prädikat (eine Bedingung) konstruieren können, dessen Wahrheit den Fall des Gehorsams charakterisiert; im obigen Falle ist dieses klar. Hier tritt die Bedingung, die den Gehorsam beschreibt, an die Stelle der Wahrheitsdefinition von gewöhnlichen Aussagen. Auch aus Befehlen und Aussagen lassen sich Folgerungen ziehen, die wieder Befehle sind. Nehmen wir noch in unserem Beispiel den Befehl "Fahren Sie nach Holzminden!" als weitere Prämisse hinzu, so können wir den Befehl "Biegen Sie rechts ab!" inferieren. Eine umfassende Analyse der Logik von Befehlen finden wir etwa in dem Buch [Re 66].

Fragen haben, da sie eine Antwort erwarten, ebenfalls einen gewissen Aufforderungscharakter. Zentral ist, daß man nicht nur zwischen richtigen und falschen, sondern auch zwischen sinnvollen und sinnlosen Antworten unterscheidet. Durch eine elementare Frage (auch interrogativer Ausdruck genannt) wird zunächst eine Menge von zulässigen Alternativen definiert. Dies ist eine Aussagenmenge, die entweder in Listenform gegeben ist oder in der Form $(A, \varphi(x_1, ..., x_n))$ vorgelegt wird. Im letzteren Falle haben wir dann als Alternativen die Aussagen $\varphi(a_1, ..., a_n)$, wobei die a_i Namen für die Elemente von A sind. Sodann ist mit der Frage eine Anforderung verbunden, welche Bedingungen an die Antwort stellt. Unter einer Antwort versteht man eine Auswahl von einer oder mehreren Alternativen. Im einfachsten Fall besteht die Anforderung aus drei Teilen: der Wahrheitsanforderung, der Vollständigkeitsanforderung und der Verschiedenheitsanforderung. So sind etwa die Vollständigkeitsanforderungen in den beiden Fragen "Welches ist ein Berg in Australien?" und "Welche Schulen haben Sie besucht?" durchaus verschieden, da in einem Falle nach einer wahren Alternative, in dem anderen Falle nach allen wahren Alternativen gefragt wird. Im allgemeinen ist mit der Vollständigkeitsanforderung ein verallgemeinerter Quantor verknüpft: Man kann nach allen wahren Alternativen fragen, nach mindestens einer, nach den meisten, nach einem gewissen Prozentsatz usw.. Die Verschiedenheitsanforderung bei einer Frage bezieht sich im allgemeinen auf die Relation von Syntax und Semantik. So ist etwa mit der Frage, welche Städte man am liebsten mag, eine Verschiedenheitsanforderung verbunden; gegen sie würde man verstoßen, wenn in der Antwort sowohl "München" als auch "die Hauptstadt von Bayern" vorkäme. Eine genaue Beschreibung von zugelassenen Fragen und zugehörigen Antworten ist in wissensbasierten Systemen sowohl bei interaktiven Eingriffsmöglichkeiten als auch bei der Erklärungskomponente nötig. Ein formal exakter, wenn auch recht einfacher Fall liegt in der Erklärungskomponente von MYCIN vor.

Neben den elementaren Fragen gibt es eine ganze Reihe weiterer Fragetypen. Bei einer "Wieviele-Frage" (z. B. "Wieviele Deutsche sprechen Englisch?") präsentiert die Frage eine Formel mit einer freien Variablen und erwartet als Antwort eine Zahl oder allgemeiner einen Quantor. Sehr schwierig sind die sog. "Warum-Fragen". Die Erklärungskomponenten, wie etwa die von MYCIN, machen es sich hier relativ einfach: sie geben einfach einen gewissen Teil der Argumentation aus, die das System selber gemacht hat. Ganz abgesehen davon, daß hier nicht unbedingt kausale Beziehungen oder auch nur "relevante" Zusammenhänge ausgegeben werden, erwartet der Fragende auch im allgemeinen keine (wahren) Selbstverständlichkeiten, sondern das, was ihm unbekannt ist und ihn überrascht. Ein Vorschlag ist hier, als Antwort ein Default-Gesetz anzugeben und dazu die Information, daß diese oder jene Ausnahmesituation vorliegt. Auf weitere Details können wir in diesem Zusammenhang hier nicht eingehen. Eine umfassendere Analyse der Logik von Frage und Antwort wird in dem Buch [Be-St 76] vorgenommen.

7   Logik und natürliche Sprachen

Die natürlichen Sprachen stellen zweifellos das umfassendste Werkzeug zur Repräsentation von Wissen und Vermittlung von Informationen dar. Dadurch sind sie aber gleichzeitig am schwierigsten zu analysieren und subsumieren eigentlich alle in den vorherigen Abschnitten erwähnten Problematiken. Die drei Hauptaspekte einer natürlichen Sprache, nämlich der linguistische, der kognitive und der logische, sind nur sehr schwer zu separieren; in den bisher diskutierten Fragmenten ließen sich nicht nur die logischen Aspekte leichter isolieren, sondern es wurden auch von ihnen stets nur bestimmte Teile untersucht. Für die Übertragung der bisher diskutierten Ansätze auf natürliche Sprachen ist es besonders hemmend, daß die traditionelle Logik vornehmlich zur Analyse mathematischer Sachverhalte entwickelt wurde, bei denen viele Problematiken natürlicher Sprachen gar nicht erst auftreten.

In der Sprachtheorie stellt sich das Problem einer adäquaten Semantik in derselben Weise wie in der Künstlichen Intelligenz: Es ist nicht nur der Begriff der Wahrheit in allgemeinerer Weise zu diskutieren als es in der klassischen Logik geschieht, sondern es sind auch alle weiteren mit einer sprachlichen Äußerung verbundenen Begriffe wie "Sinn" und "Pragmatik" zu untersuchen. R. Montague ([Mo 74]) hat sich als erster voll der Aufgabe gestellt, eine mathematische Theorie der Semantik natürlicher Sprachen zu entwickeln. Der Ansatz von Montague, der zum ersten Mal die natürlichen Sprachen mit einer Modelltheorie versah, hat jedoch immer noch einen statischen Charakter und berücksichtigt nicht, daß in einem fortlaufenden Text eine Dynamik steckt, in welchem sich u. a. stets die Betrachtungsweisen ändern können. Ein solch dynamischer Ansatz wird in der Diskurs-Repräsentationstheorie von H. Kamp vorgestellt (vgl. [Ka 81]). In diesem Ansatz geht es primär darum, den Wahrheitsbegriff von satzübergreifenden Texten zu behandeln. Zentral ist dabei die Annahme, daß die Wahrheit ganz wesentlich von den Kontexten bestimmt wird und man vornehmlich den Mechanismus beschreiben muß, der die Wahrheit funktional aus den Kontexten heraus bestimmt. Der wesentlich neue Begriff ist dabei der der Diskurs-Repräsentationsstruktur, welche iterativ über die Bestandteile eines Textes aufgebaut wird. In einem sehr groben Sinne ist sie ein Analogon zu dem, was man in der Prädikatenlogik das "Herbrand-Universum" nennt. Diese Struktur erhält dann mittels geeigneter Mechanismen (die eben meist kontextabhängig sind) eine Interpretation in einem konventionellen Modell.

Eine grundlegende Analyse des Semantik-Begriffes erfolgt in der Situationssemantik ([Ba-Pe 83]). Hier werden die semantischen Grundbegriffe einer gründlichen Revision unterzogen. Dazu gehört etwa der Unterschied zwischen der Bedeutung eines Satzes und seiner Bedeutung, wenn er in einer gewissen Situation von jemandem geäußert wird. In mehrfacher Hinsicht werden hier Fragestellungen aufgegriffen, welche bereits Frege diskutiert hat. In mehrfacher Hinsicht wird aber auch entscheidend über Frege hinausgegangen. Das zeigt sich sehr deutlich etwa in der Analyse des Referenzbegriffes, den Frege im wesentlichen mit der Bedeutung gleichgesetzt hat. Die Analyse des Phänomens der Selbstreferenz und der damit verbundenen

Paradoxien führt auch zu einer nicht unerheblichen Änderung in der Betrachtung der Mengenlehre, welche in der einen oder anderen Weise immer mit einer Semantik verbunden ist. In der üblichen Mengenlehre, welche in der Mathematik benutzt wird, wird stets das Fundierungsaxiom angenommen: Es besagt, daß es keine unendliche absteigende Folge von Mengen gibt, von denen die eine ein Element der vorhergehenden ist, insbesondere ist also keine Menge ein Element von sich selbst. Ordnet man jeder Menge einen Graphen zu, wo an der Wurzel die Menge selber steht, und läßt von dieser Wurzel dann Pfeile zu jedem der Elemente des Graphen gehen, von wo aus man das Verfahren iteriert, so erhält man auf diese Weise einen Graphen, an dem alle Pfade eine endliche Länge haben. P. Aczel hat in [Ac 85] ein "Antifundierungs- axiome" eingeführt. Dieses Axiom besagt, daß man die Knoten eines jeden zusammenhängenden gerichteten Graphen auf die oben beschriebene Weise mit einer Menge, deren Elementen, den Elementen von den Elementen usw. beschriften kann. Nimmt man nun etwa einen Graphen, der einen Knoten hat, und einen Pfeil (der also einen Zirkel darstellt), so erhält man auf diese Weise eine Menge, welche sich selbst als einziges Element enthält. Die hier angedeutete Problematik hat wieder damit zu tun, daß die semantischen Grundbegriffe, welche für die Analyse mathematischer Sachverhalte entwickelt wurden, für die Analyse der Phänomene natürlicher Sprache unzureichend sind.

Die beide gerade erwähnten Ansätze moderner Sprachtheorien haben hauptsächlich eine grundsätzliche Bedeutung. Der Formalismus selbst ist in beiden Fällen noch an vielen Stellen offen und die algorithmischen Aspekte sind noch weit unterentwickelt, was vor allem auf die Situationssemantik zutrifft. Insofern ist der konkrete Beitrag zu den Problemen der Künstlichen Intelligenz noch klein. Es werden jedoch momentan auch auf der praktischen Seite bedeutende Anstrengungen unternommen.

8 Schlußbemerkungen

Die angesprochenen logischen Untersuchungen und Systeme stellen nur einen kleinen und fragmentarischen Teil dessen dar, was in diesem Zusammenhang für die Wissensrepräsentation von Bedeutung ist. Auch von den vielfältigen Querverbindungen konnten nur einige angedeutet werden. Es bleibt zu konstatieren, daß das reiche Potential von Ergebnissen logischer Forschungen bisher für Zwecke der Wissensrepräsentation, etwa in Expertensystemen, nur sehr unzureichend genutzt wurde. Verhältnismäßig am besten geschah dies noch in jenen Gebieten, die der mathematischen Logik zugerechnet werden. Der Grund ist wahrscheinlich darin zu sehen, daß diese Überlegungen auch in andere Teile der theoretischen Informatik Eingang gefunden haben, ja sogar eines ihrer Fundamente sind. Dem steht aber gegenüber, daß viele für Alltagssituationen wichtige rationale Überlegungen gerade im Bereich der philosophischen Logik angestellt wurden. Es ist zu vermuten, daß sie auch in Anwendungssituationen zusehends an Bedeutung gewinnen werden. Auf der anderen Seite wollen wir festhalten, daß die kalkülmäßige und algorithmische Durchdringung der angeschnittenen Fragen noch bedeutende Defizite aufweist; von ihrer Beseitigung hängen aber die Fragen der praktischen Einsetzbarkeit von Wissensrepräsentations-mechanismen ab.

Literatur

[Ac 66]   Ackermann R.: Nondeductive Inference. London 1966

[Ac 56]   Ackermann, W.: Begründung einer strengen Implikation. J. of Symbolic Logic 21 (1956), S. 113 - 128

[Ac 85]   Aczel, P.: Non-Well-Founded Sets. Preprint, Stanford 1985

[Al 84]   Allen, J. F.: Towards a General Theory of Action and Time. Artif. Intelligence 23 (1984), S. 123 - 154

[An-Sm 82]   Angluin, D.; Smith, C. H.: A Survey of Inductive Inference: Theory and Methods. Techn. Report 250 (1982), Dept. of Comp. Sc., Yale University

[An-Be 72]   Anderson, A. R.; Belnap, N. D.: Entailment, Vol. 1. Princeton 1972

[Aq 84]   Aqvist, L.: Deontic Logic. In: F. Guenthner, D. Gabbay (Ed.): Handbook of Philosophical Logic Vol. II, Reidel-Verlag 1984, S. 605 - 714

[Ba-Pe 83]   Barwise, J.; Perry, J.: Situations and Attitudes. MIT Press 1983

[Be-St 76]   Belnap, N. D.; Stell, T. B.: The Logic of Questions and Answers. Yale University 1976

[Bl 84]   Blutner, R.: Eine Erläuterung zu Freges Begriff der "Erläuterung": Defaults und ihre Logik. G. Wechsung (Ed.): Frege-Conference 1984, Akademie-Verlag Berlin 1984

[Br 79]   Brachman, R.: On the Epistomological Status of Semantic Networks. In: N. V. Findler (Ed.): Associative Networks: Representation and Use of Knowledge by Computer. Academic Press 1979

[Ch 36]   Church, A.: A Note on the Entscheidungsproblem. J. Symbolic Logic 1 (1936), S. 40 - 41

[Co-In-Ri 87] Correnz, W.; Ingenerf, J.; Richter, M. M.: Bemerkungen über ML und seine polymorphe Typstruktur. Informationstechnik (it) 29 (1987), S.235 - 240.

[Do 85]   Doyle, J.: Circumscription and Implicit Definability. J. of Automated Reasoning 1 (1985), S. 391 - 405

[Eb-Fl-Th 78] Ebbinghaus, H.-D.; Flum, J.; Thomas, W.: Einführung in die mathematische Logik. Darmstadt 1978

[Fr 79]   Frege, G.: Begriffsschrift, eine dem Arithmetischen nachgebildete Formelsprache des reinen Denkens. Halle 1879

[Gö 30]   Gödel, K.: Die Vollständigkeit der Axiome des logischen Funktionenkalküls. Monatshefte für Math. u. Physik 37 (1930), S. 349 - 360

[Gö 31]   Gödel, K.: Über formal unentscheidbare Sätze der Principia Mathematica und verwandter Systeme I. Monatshefte für Math. u. Physik 38 (1931), S. 175 - 198

[He-Re-Ri-We 85] Heinen, P.; Reusch, H.; Richter, M. M.; Wetter, Th.: Formal Description of Objects, Processes, and Levels of Expert Reasoning. In: Proc. GWAI-85 (Ed. H. Stoyan), Springer-Verlag 1985

[Ka 81]   Kamp, H.: A Theory of Truth and Semantic Representation. In: Groenendijk et al. (Eds): Formal Methods in the Study of Language. Mathematical Centre Tract, Amsterdam 1981

[Le-Zo 86]   Lehmann, H.; Zoeppritz, M.: Formale Behandlung des Begriffes "Pflicht". Preprint des WZH der IBM 1986

[Lo 60]   Lorenzen, P.: Logik und Argon. In: Atti Congr. Internat. di Filosofia Vol. 4 (1960), S. 187 - 194

[Li 83]   Linsky, L.: Oblique Contexts. University of Chicago Press 1983

[Ma 84]   Martin-Löf, P.: Intuitionistic Type Theory. Notes by G. Sambin, Bibliopolis-Verlag 1984

[McC 77]   McCarthy, J.: Epistemological Problems of Artificial Intelligence. Proc. Fifth International Joint Conference on Artificial Intelligence (1977), S. 1038 - 1044

[McC-Ha 69]   McCarthy, J.; Hayes, P. J.: Some Philosophical Problems from the Standpoint of Artificial Intelligence. In: Meltzer, B. und Michie, D.: Machine Intelligence 4 (1969), Edinburgh University Press

[Mi 75]   Minsky, M.: A Framework for Representing Knowledge. In: P. Winston (Ed.): The Psychology of Computer Vision. McGraw Hill 1975

[Mo 74]   Montague, R.: Universal Grammar. In: R. Thomason (Ed.): Formal Philosophy: Selected Papers of Richard Montague. Yale University Press 1974, S. 222 - 246

[My-Le 83]   Mylopoulos, J.; Levesque, H.: An Overview of Knowledge Representation. In: B. Neumann (Ed.): Proc. GWAI-83, Informatik-Fachberichte 76 (1983), S. 143 - 157

[Re 85]   Reinfrank, M.: An Introduction to Non-Monotonic Reasoning. Interner Bericht, FB Informatik, Univ. Kaiserslautern 1985

[Re 62]   Rescher, N.: Plurality Quantification. J. of Symbolic Logic 27 (1962)

[Re 64]   Rescher, N.: Hypothetical Reasoning.Amsterdam 1964

[Re 66]   Rescher, N.: The Logic of Commands. London 1966

[Re-Ur 71]   Rescher, N.; Urquhart, A.: Temporal Logic. Springer-Verlag 1971

[Ri 78]   Richter, M. M.: Logikkalküle. Teubner-Verlag 1978

[Ri 87]   Richter, M. M.: Expertensysteme und konventionelle Programme -
               Unterschiede und Kopplungsprobleme. In: Henn, R. (Ed.): Festband
               Technologie, Wachstum und Beschäftigung zum 50. Geburtstag von Lothar
               Späth, Springer-Verlag 1987

[Ro-Me 73]   Routley, R.; Meyer, R. K.: The Semantics of Entailment 1. In: Truth,
               Syntax, Modality (Ed. H. Leblanc), Amsterdam 1973, S. 199 - 243

[Ta 36]   Tarski, A.: Der Wahrheitsbegriff in formalisierten Sprachen. Studia Philos.
               1 (1936), S. 261 - 405

[Tu 85]   Tulipani, S.: An Algorithm to Determine, for any Prime p, a
               Polynomial-Sized Horn Sentence Which Expresses "The Cardinality is not
               p". J. of Symbolic Logic 50 (1985), S. 1062 - 1064

Anforderungen der Logik-Programmierung an die Wissensrepräsentation

Wolfgang Schönfeld
Wissenschaftliches Zentrum Heidelberg
Tiergartenstr. 15
D-6900 Heidelberg

Zusammenfassung

Für die verschiedenen formalen Sprachen zur Wissensdarstellung werden Verarbeitungsmechanismen mit unterschiedlicher Leistungsstärke angeboten. Dies kann einmal rein historische Gründe haben (Aufgabenstellung, Implementierungssprache, vorhandene Kenntnisse), aber auch in den spezifischen Eigenschaften der Sprachen selbst liegen. Betrachtet man deskriptive Sprachen auf der rein logischen Ebene, so sollte eigentlich keine Verarbeitungsabhängigkeit durchscheinen (man vergleiche die ähnliche Philosophie bei Datenbanksystemen). Andererseits gibt es erfolgreiche deskriptive Sprachen (z.B. semantische Netze), bei denen gerade dieses Prinzip verletzt ist.

Im Vortrag soll herausgearbeitet werden, inwieweit rein logische deskriptive Sprachen um Konstrukte ergänzt werden können, die die Verarbeitung effizienter machen. Hierbei ist vor allem an geeignete Zugriffsstrukturen zu denken.

Einleitung

Die Verwendbarkeit einer Wissensrepräsentationssprache wird meist vom Benutzer her beurteilt: Je leichter er sein Wissen formulieren kann, desto besser ist die Sprache. Diese Sicht ist vertretbar, vor allem weil die wissensbasierten Techniken ja besonders benutzernah sein sollen.

Ich möchte trotzdem in diesem Vortrag das Problem von der anderen Seite, also vom System her angehen. Einerseits ist die Interpretation von deklarativen Sprachen aufwendiger als die von prozeduralen, weswegen man sowieso darüber nachdenken muß. Andererseits könnte es sein, daß bestimmte benutzernahe Sprachkonstrukte die Verarbeitung erleichtern. Dies vor allem deswegen, weil (unabhängig vom Rechner) eine Grobstrukturierung des Wissens dessen Verständnis erleichtert.

Bei dieser Betrachtung beschränke ich mich auf die Interpretation von deklarativen Sprachen mittels des Tableaukalküls [5], weil dieser als eine natürliche Verallgemeinerung von PROLOG ausgelegt werden kann und daher leichter durchschaubar als z.B. der Resolutionskalkül ist.

In den nachfolgenden zwei Abschnitten stelle ich die erforderlichen Grundlagen anhand von PROLOG im aussagenlogischen und im prädikatenlogischen Fall zusammen. Ein kurzer dritter Abschnitt geht auf die Verbindung zu semantischen Netzen ein. Der vierte Abschnitt widmet sich einer Erweiterung von PRO-

LOG auf die volle Prädikatenlogik anhand des Tableaukalküls, die (wie der Resolutionskalkül) einfache Konnektionen berücksichtigt. Der 5. Abschnitt erläutert das Problem der Mehrfachkonnektionen, während der 6. Abschnitt das Frame-Konzept aus diesem Zusammenhang beleuchtet. Der letzte Abschnitt spricht das allgemeine Problem modaler und ähnlicher Operatoren an.

Das Problem, wie die Grobstruktur der Wissensbasis zur Zugriffsunterstützung zu benützen ist, kann ich hier nicht vollständig behandeln, sondern nur anreißen. Dies soll vor allem deswegen geschehen, weil in der Informationsverarbeitung derzeit eine Tendenz vorherrscht, von jeglicher Zugriffstruktur zu abstrahieren.

PROLOG (aussagenlogischer Fall)

Die Problematik des effizienten Zugriffs auf die Formeln einer Wissensbasis kann man schon gut anhand von PROLOG darstellen, sogar wenn man sich auf 0-stellige Prädikate, also aussagenlogische Formeln beschränkt.

Beispiel. Man betrachte die folgende aussagenlogische PROLOG-Wissensbasis

$$1: \quad a <- b \;\&\; c.$$
$$2: \quad b <- c \;\&\; d.$$
$$3: \quad b <- c \;\&\; e.$$
$$4: \quad d.$$

und als Frageformel ('goal')

$$0: \quad <- a.$$

Für die nachfolgenden Betrachtungen ist es sinnvoll, dies zu Klauseln umzuformen ('!' = 'oder').

$$0: \quad \neg a.$$
$$1: \quad a \,!\, \neg b \,!\, \neg c.$$
$$2: \quad b \,!\, \neg c \,!\, \neg d.$$
$$3: \quad b \,!\, \neg c \,!\, \neg e.$$
$$4: \quad d.$$

Die Frage, ob die Gültigkeit von a aus 1,...,4 ableitbar ist, ist gleichwertig zu: die Klauselmenge 0,1,...,4 erfüllbar? Gibt es also eine Belegung der Aussagenvariablen a,b,c,d,e mit 'wahr' oder 'falsch', die jede Klausel wahr macht ?

Klauselgraph. Wir veranschaulichen diese Frage an folgendem Graphen:

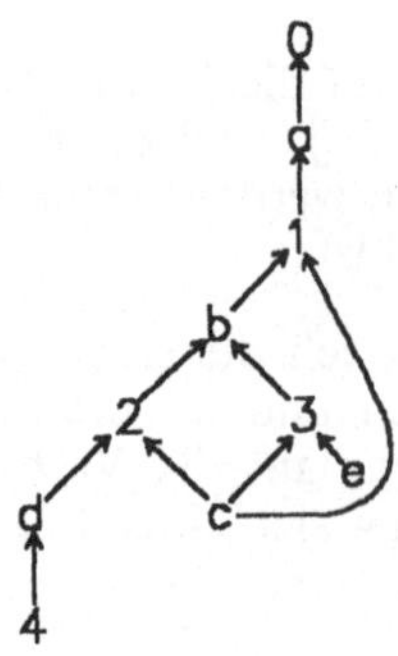

Dies ist ein bipartiter Graph mit Knoten für Klausel(nummer)n und Aussagenvariable. Die gerichteten Kanten geben an, welche Variable in welcher Klausel
wie vorkommt. Z.B. kommt b in 1 negiert, in 2 und 3 nicht-negiert vor. Durch
die Belegung einer Aussagenvariablen werden im Klauselgraph für die anlie-
genden Knoten entweder alle einlaufenden Kanten (positives Vorkommen) oder
alle auslaufenden Kanten (negiertes Vorkommen) wahr. Eine Belegung erfüllt
eine Klausel, falls der zugehörige Knoten durch wenigstens eine (ein- oder aus-
laufende) wahre Kante berührt wird. Wir können also anhand des Klauselgraphen prüfen, ob eine Klauselmenge erfüllbar ist.

Bei dieser Prüfung kann man mit der Klausel 0 anfangen ("Rückwärts-Verket-
ten"). Angenommen, 0 ist wahr. Dann ist a falsch. Wegen 1 ist b oder c falsch.
Machen wir b falsch, so ist wegen 2 auch d oder c falsch, wegen 3 c oder e falsch.
Machten wir dann d falsch, so wäre 4 nicht erfüllt. Wir können jedoch c (ebenso
wie e) falsch machen, also ist die Klauselmenge 0,1,...,4 erfüllbar.

Auffaltung zu einem Tableau. Man bekommt einen besseren Überblick über alle
zu verfolgenden Möglichkeiten, wenn man den Klauselgraph zu einem Baum mit
Wurzel 0 auffaltet. Wir nennen ihn das *alternierende Tableau* der Klauselmenge,
'Tableau' in Anlehnung an [1] und 'alternierend' wegen [6] .

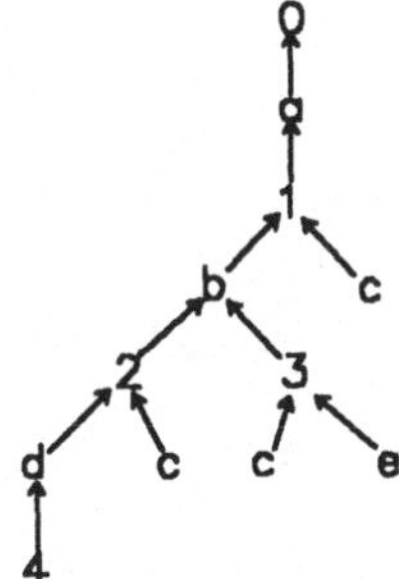

Man beachte, daß für jeden Klausel-Knoten die unten anhängenden Kanten
wahr gemacht werden sollen, die oben anhängenden falsch.

Die Klausel-Knoten sind (bezüglich Erfüllbarkeit) oder-Knoten: Um 1 zu erfüllen, muß, da a wahr ist, b oder c falsch sein. Dagegen sind die Variablen-Knoten
und-Knoten: Wenn b falsch ist, muß die Erfüllbarkeit von 2 und 3 geprüft werden. Dieser Wechsel von 'und' und 'oder' kennzeichnet die Berechnungsbäume
von alternierenden Maschinen nach [6] .

Tableau-Beweise. Nehmen wir einmal an, die Wissensbasis enthält eine weitere
Formel

   5: c.

Dann ergibt sich das alternierende Tableau

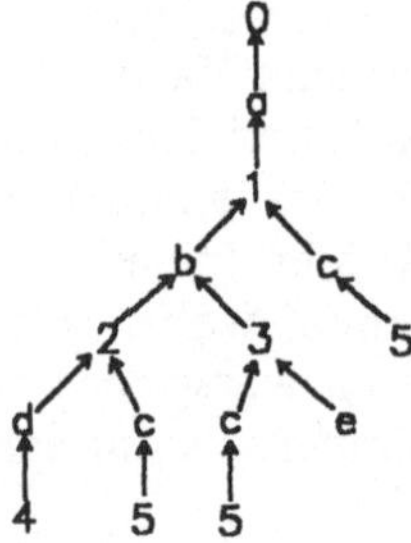

In ihm sieht man, daß nicht nur (wegen 4) d wahr ist, sondern auch c. Da 2 ebenfalls wahr sein soll, muß b wahr sein. Wegen 1 muß dann aber auch a wahr sein, im Gegensatz zur Annahme. Wir haben damit einen Widerspruch zur Annahme abgeleitet, sie ist zu verwerfen, also a falsch.

Man beachte, daß man in diesem Schluß nicht das vollständige alternierende Tableau benutzt, sondern nur einen Teil. Dieser ist dadurch charakterisiert, daß er die Wurzel des Tableaus, für jeden oder-Knoten alle Nachfolger und für jeden und-Knoten mindestens einen Nachfolger enthält. (Dies entspricht gerade der Definition einer akzeptierenden Berechnung einer alternierenden Turingmschine.) Wir nennen es ein *einfaches* Tableau.

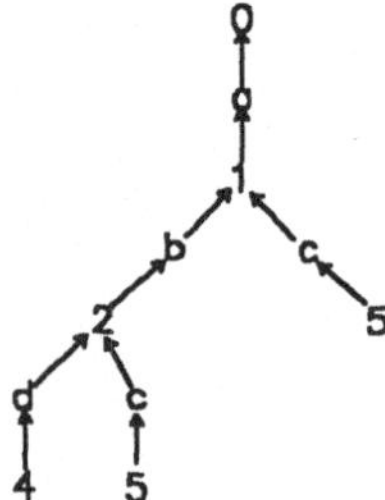

Man beachte, daß 4 und 5 nur nach oben weisende Kanten (jeweils eine) haben, also als wahrzumachende Möglichkeiten ausfallen. Wir sagen, die entsprechenden Zweige des Tableaus sind *abgeschlossen* . Ist in einem einfachen Tableau jeder Zweig abgeschlossen, so sprechen wir von einem (formalen) *(Tableau-) Beweis* für die Unerfüllbarkeit der Wissensbasis. Einen solchen Beweis zu finden ist Aufgabe der Beweissuche. Sobald der Interpreter beim Durchlaufen des alternierenden Tableaus einen Beweis erkennt, kann er stoppen.

Durchlaufen des Tableaus. Prinzipiell könnte man das alternierende Tableau in beliebiger Reihenfolge durchlaufen. PROLOG-Interpreter durchlaufen es mit der Wurzel beginnend links-Tiefe-zuerst, wobei bei Erfolglosigkeit (das erreichte Teiltableau ist nicht zu einem Beweis fortsetzbar) zum nächsten oder-Knoten zurückgesetzt wird. Dies birgt im Unterschied zu Breite-zuerst die Gefahr, daß sich der Interpreter in der Tiefe verliert.

Es gibt Fälle, wo man besser von den Blättern des Tableaus ausgeht ("Vorwärts-Verketten"). Im Beispiel träfe dies zu, wenn man nicht eine einzige, sondern eine größere Zahl von Regeln hätte, die zu einem Beweis von c führen. PROLOG-Interpreter würden diesen Teilbeweis für jedes Vorkommen von c im Tableau neu führen, also insgesamt dreimal. Man kann dies beim Rückwärtsverketten umgehen, indem man c als Zwischenergebnis speichert.

Zugriffsstrukturen. Der PROLOG-Interpreter muß an jedem und-Knoten (im 1. Schritt des obigen Beispiels bei a, im 2. bei b, usw.) nach einer passenden Regel suchen. Der durch die Darstellung der Wissensbasis als Klauselgraph suggerierte Zusammenhang ist nicht von vornherein gegeben, der Rechner muß ihn erst herstellen. Er tut das im aussagenlogischen Fall dadurch, daß er zu dem gerade bearbeiteten (negativen) Vorkommen einer Aussagenvariablen ein positives Vorkommen sucht. Wir wollen ein solches Paar von Vorkommen einer Aussagenvariablen eine *Konnektion* nennen (nach [2]) . Müßte er dabei jedesmal die Klauselmenge nach einer Konnektion sequentiell durchsuchen, so würde er unnötig viel Zeit verbrauchen. Deswegen wird eine vernünftige Implementierung die Suche durch geeignete Zugriffsstrukturen (Index) unterstützen.

Die Darstellung durch Klauselgraphen legt nahe, unmittelbar an jedem Vorkommen einer Aussagenvariablen Verweise auf komplementäre Vorkommen anzubringen. Wir zeichnen sie, im Unterschied zu den Vorkommens-Kanten, gestrichelt.

Dies ist ein erster Schritt in Richtung Compilierung, denn dadurch werden die einzelnen Regeln enger zu einer "Ablaufstruktur" verknüpft (wegen des 'oder' für eine nicht-deterministische Berechnung). Man nähert sich aber auch mehr einer vernetzten Darstellung an, wie sie für andere Wissensrepräsentationsmechanismen kennzeichnend ist.

Die enge Vernetzung ist platzaufwendig. Kommt z.B. eine Aussagenvariable mehrmals negiert vor, so werden an allen diesen Vorkommen dieselben Verweise angebracht. Daher ist wohl im allgemeinen der Umweg über eine Symboltabelle günstiger, in der für jede Aussagenvariable Verweise auf ihre positiven Vorkommen gespeichert sind. In den Aussagen selbst reicht dann ein Verweis auf die Symboltabelle.

PROLOG (prädikatenlogischer Fall).

Unifikation. Der Übergang zur Prädikatenlogik besteht darin, daß jetzt Konnektionen nicht mehr durch einfaches pattern matching gegeben sind. Vielmehr

müssen erst für die Individuenvariablen geeignete Terme substituiert werden. Man findet solche zu Konnektionen führenden Substitutionen durch **Unifikation**
Eine Substution kann dabei sowohl in der neu einzuhängenden Formel als auch im schon gefundenen Teilbeweis ("beliebiges, aber festes Element") erforderlich sein. Auch kann es vorkommen, daß ein und dieselbe Formel mehrmals mit unterschiedlichen Substitutionen berücksichtigt werden muß.

Nehmen wir einmal an, wir versuchen das Teilziel $p(X,f(Y,X))$ zu beweisen. (Hier sind X und Y Individuenvariable.) Gibt es nun eine Regel mit Kopf $p(f(f(1,X'),2),Y')$, so können wir uns die Unifikationsaufgabe dadurch veranschaulichen, daß wir zu den zugehörigen Syntaxbäumen übergehen:

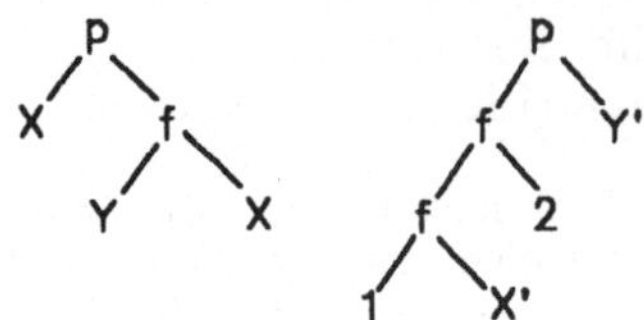

Der allgemeinste Unifikator (most general unifier) ist $\{\ Y'/f(Y,X'),\ X/f(f(1,X'),2)\ \}$, durch ihn werden die beiden o.a. Literale zu folgendem identifiziert:

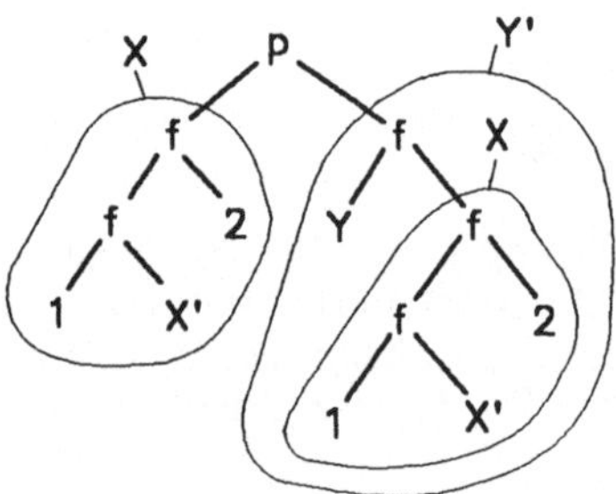

Mehrstufiger Index. Viele PROLOG-Implementierungen legen einen Index nur für die Prädikatnamen an.

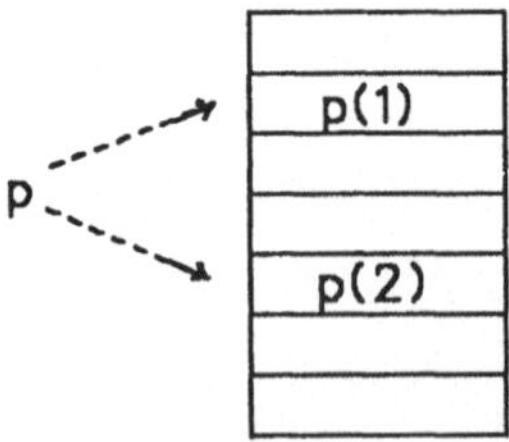

Beim Zugriff zu einer umfangreichen Menge von Fakten und Regeln mit demselben Prädikatnamen muß dann immer noch viel gesucht werden. Dies kann man dadurch in den Griff bekommen, daß man den Index auf die einzelnen Parameterpositionen ausdehnt (wie bei relationalen Datenbanken). Ein solcher Index für ganze Prädikate könnte so aussehen:

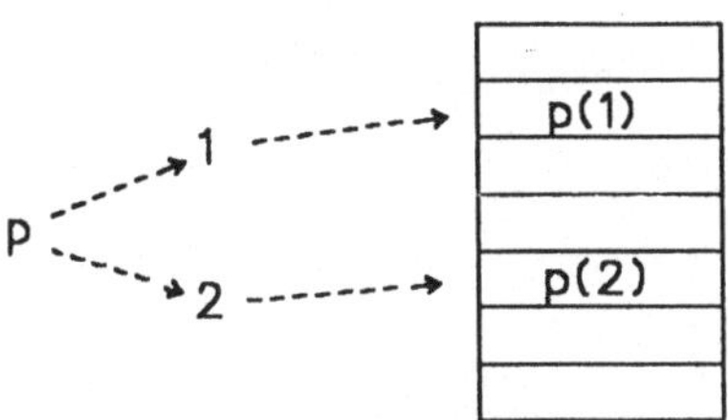

Die Idee der direkten Verweise ist im prädikatenlogischen Fall nicht mehr so leicht zu realisieren wie im aussagenlogischen. Man muß an jedem Prädikat nicht nur Verweise auf weitere Vorkommen des Prädikatnamens anbringen, sondern auch die allgemeinsten Unifikatoren. Das kann bei Klauselmengen mit vielen gleichartigen Fakten sehr aufwendig werden.

Variable Parameteranzahlen. In diesem Zusammenhang sollte ein Problem angeführt werden, das vor allem bei der Analyse natürlicher Sprachen auftritt. Ist ein Satz *Hans kauft ein Buch im Laden* in Prädikatenlogik überzuführen, so wählt man als Prädikatnamen sinnvollerweise das Prädikat (sic!) des Satzes und fügt Subjekt, Objekt und adverbiale Bestimmung als Parameter an. Man schreibt also *kaufen(Hans,Buch,Laden)* . Steht nun in der Wissensbasis auch *Niemand kauft ein Buch,* so würde man inhaltlich einen Zusammenhang (also eine Konnektion) vermuten. Dies wird aber durch die prädikatenlogischen Formulierung nicht erfaßt, denn es gibt keine Unifikation mit $\neg$*kaufen(X,Buch)* . Es würde durchaus Sinn machen, hierfür die Semantik der Prädikatenlogik abzuwandeln und beide Literale als unifizierbar anzunehmen. Schon in PROLOG würde man viel gewinnen.

Eine weitere Vereinfachung bei der Analyse natürlicher Sprache (und auch beim Knowledge Engineering) würde man erreichen, ginge man von o.a. positionaler Notation zur **benannten Notation** *kaufen(Subjekt: Hans, Objekt: Buch, Ort: Laden)* über, denn es kann i.a. von vornherein nicht festgelegt werden, welche adverbialen Bestimmungen zugelassen sind und welche nicht.

Objektzentrierte vs. relationenzentrierte Speicherung. Wir waren bei unseren obigen Überlegungen immer davon ausgegangen, daß die Literale *relationenzentriert* dargestellt sind, der Zugriff also zuerst über die Prädikatnamen und dann über die einzelnen Parameter erfolgt. Das muß aber nicht so sein, denn eine *objektzentrierte* Speicherung kann u.U. sinnvoller sein. Wenn wir im Beispiel alles über Hans wissen wollen, so sollten wir gezielt nach Aussagen suchen können, in denen *Hans* als Subjekt oder als Objekt vorkommt, ohne jeweils die gesamte Wissensbasis durchlaufen zu müssen.

Semantische Netze

Betrachtet man Klauselgraphen von Wissensbasen, die aus Implikationen zwischen 1-stelligen Prädikaten bestehen, und läßt dabei die (einzige) Individuenvariable weg, so erhält man ein **semantisches Netz** . Z.B. wird aus der Aussage *Vogel(X) -> Tier(X)* eine mit *is_a* markierte Kante von *Vogel* nach *Tier* . Aus *Vogel(X) -> (bewohnt(X,Y) & Nest(Y))* wird eine mit *bewohnt* markierte Kante.

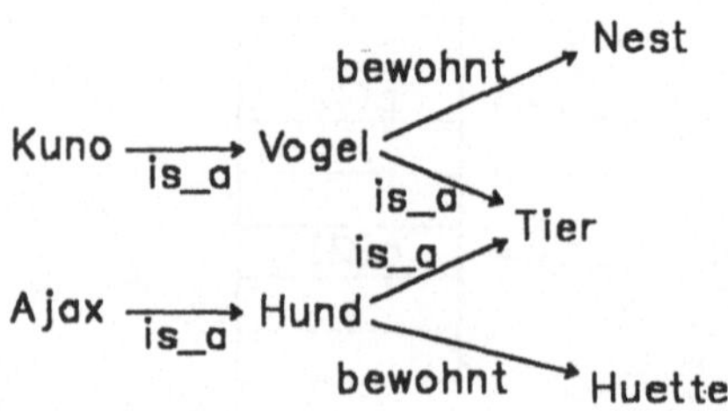

Die oben angestellten Überlegungen zur effizienten Speicherung von Klauselgraphen erscheinen damit als folgerichtige Verallgemeinerungen von semantischen Netzen.

PROLOG-ähnliche Strategie für die volle Prädikatenlogik

Es ist bekannt, daß definite Hornklauseln, die Sprache von PROLOG, eine echt schwächere Ausdruckskraft als die volle Prädikatenlogik haben. So kann z.B. der §4(1)EheG

Eine Ehe darf nicht geschlossen werden
   zwischen Verwandten in gerader Linie,
   zwischen vollbürtigen und halbbürtigen Geschwistern sowie
   zwischen Verschwägerten in gerader Linie.

nicht in PROLOG formuliert werden, jedoch in Prädikatenlogik

verheiratet(X,Y) ->
   ¬ geradtverwandt(X,Y) &
   ¬ vollverschwistert(X,Y) &
   ¬ halbverschwistert(X,Y) &
   ¬ geradverschwägert(X,Y)

Man kann in PROLOG nicht ausdrücken, daß sich zwei Bedingungen gegenseitig ausschließen. Damit besteht auch keine Chance, auf die Frage *Kann mein Bruder mein Schwager sein?* die folgende inhaltliche Überlegung formal nachzuspielen:

Angenommen, er ist mein Schwager.
1. Er ist der Mann meiner Schwester. Dann ist sie auch seine Schwester, im Widerspruch zu §4(1)EheG.
2. Er ist Bruder meiner Frau. Dann ist sie auch meine Schwester, im Widerspruch zu §4(1)EheG.

Beispiel einer prädikatenlogischen Wissensbasis. Die zur formalen Behandlung dieser Frage nötige Wissensbasis (Axiomensystem) könnte so aussehen:

1. schwag(er,ich)
2. geschw(er,ich)
3. schwag(Y,Z) -> geschw(Y,ehep(Z)) ! geschw(ehep(Y),Z)
4. verheir(X,ehep(X)) & verheir(ehep(X),X)
5. geschw(X,Y) & geschw(Y,Z) -> geschw(X,Z)
6. geschw(X,Y) -> geschw(Y,X)
7. geschw(X,Y) -> ¬ verheir(X,Y)

Es muß hier darauf hingewiesen werden, daß dies nicht die einzig mögliche und auch nicht die günstigste Formulierung des betreffenden Sachverhalts ist. Denn die Beweissuche ist, wenn Symmetrie- und Transitivitätsregel vorhanden sind, problematisch, da sie zu unendlichen Schleifen führen können.

Graphen der einzelnen Formeln. Eine etwas plastischere Vorstellung bekommt man dadurch, daß man erst einmal für die einzelnen Aussagen getrennte Graphen zeichnet:

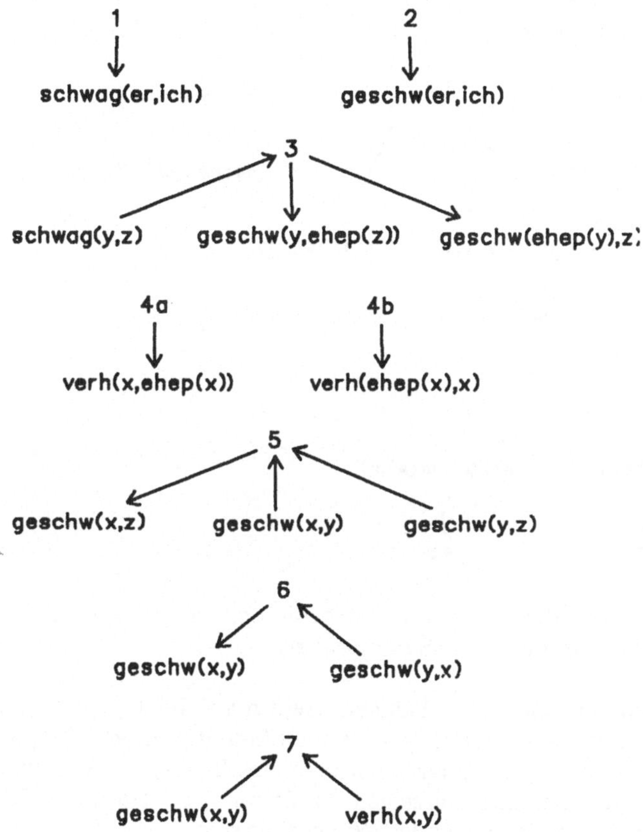

Zur Bedeutung der Pfeilrichtung vgl. oben.

Graph der Wissensbasis. Fügt man diese einzelnen Graphen entsprechend den vorhandenen Konnektionen zu einem einzigen Graphen zusammen, so erhält man:

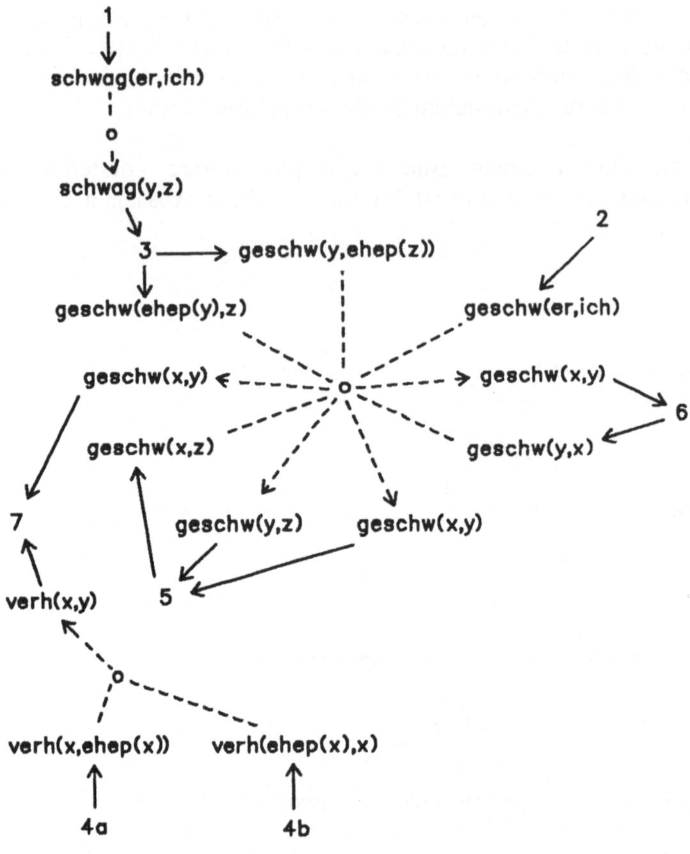

Man beachte, daß hier die Konnektionen gebündelt gezeichnet sind. Dies entspricht der Verknüpfung über eine Symboltabelle.

Auffaltung zu einem alternierenden Tableau. Geht man von 1 (der Annahme) aus und verfolgt wie im aussagenlogischen Fall alle Pfade durch den Graph der Wissensbasis, so erhält man wieder ein alternierendes Tableau. Wir wollen (und können) es hier nicht vollständig aufzeigen, sondern nur ein einfaches Teiltableau, das ein Beweis für die Inkonsistenz der Wissensbasis ist.

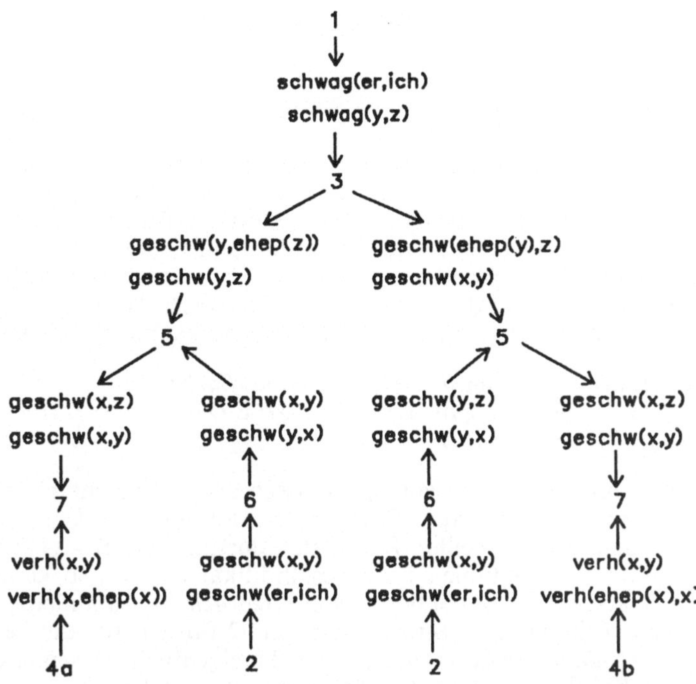

Durchlauf-Strategien. Es gibt im oben angegebenen alternierenden Tableau keine ausgezeichnete Pfeilrichtung mehr. Gleich wo man den Durchlauf beginnt - in jedem Fall wird sich irgendwann die Pfeilrichtung umkehren. Trotzdem kann man die PROLOG-Vorgehensweise in etwa beibehalten: links-Tiefe-zuerst und zurücksetzen, falls keine Konnektion mehr vorhanden ist. Auf diese Weise kommt man zu einer echten Erweiterung von PROLOG (vgl. [5]).

Man erkennt, daß 5 und 6 zu Schleifen führen können. Dies trifft insbesondere dann zu, wenn man die Transitivität 'rückwärts' anwendet, also von *geschw(X,Z)* auf die Existenz eines *Y* schließt mit *geschw(X,Y)* und *geschw(Y,Z)*. Es sind also nicht alle Abarbeitungsmöglichkeiten gleich gut.

Zugriffstrukturen. Im PROLOG-Fall konnten wir davon ausgehen, daß wir ausschließlich von einem negativen Vorkommen eines Prädikates eine Konnektion zu seinem positiven Komplement (modulo Substitution) zu suchen hatten. Jetzt im allgemeinen prädikatenlogischen Fall müssen wir auch die Suche in umgekehrter Richtung berücksichtigen. Die hierzu zu erstellenden Verweise (direkt oder über Symboltabelle) werden ganz analog erstellt.

Existierende Implementierung. An dieser Stelle ist darauf hinzuweisen, daß am Wissenschaftlichen Zentrum der IBM in Heidelberg ein Beweissuchverfahren mit den bis jetzt beschriebenen Eigenschaften implementiert wurde und als deduktive Komponente des Expertensystems LEX fungiert. Es hat, zusammengefaßt, die folgenden Merkmale ([3]):

- keine Normalform (Klauseln o.ä.) erforderlich
- Zwischenergebnisse sind Literale (und nicht Klauseln)
- Rückfragen an den Benutzer, bevor Suche fehlschlägt
- Hypothesenbildung mit Konsistenzprüfung

dynamisches Hinzuladen weiterer Wissensbasen

Mehrfachkonnektionen

Bei den oben ausgeführten Überlegungen waren wir immer davon ausgegangen, daß Zusammenhänge (d.h. Konnektionen) zwischen verschiedenen Aussagen nur über ein Prädikat bestanden. Betrachtet man jedoch natürlich-sprachliche Aussagen und ihre Übersetzungen, so ist das i.a. nicht mehr ausreichend. Haben wir z.B. die Definition *Ein Unfall ist ein plötzliches Ereignis, das auf einer öffentlichen Verkehrsfläche stattfindet*, und die Aussage *Eine Bundesstraße ist eine öffentliche Verkehrsfläche*, so können wir folgendermaßen in Prädikatenlogik übersetzen:

1: bundesstraße(O) -> öffentlich(O) & verkehrsfläche(O)
2: plötzlich(E) & ereignis(E) & ort(E,O) & öffentlich(O) & verkehrsfläche(O) -> unfall(E)

Um nachzuweisen, daß ein Unfall vorliegt, müssen also 5 einzelne Prädikate bewiesen werden. Zum Nachweis von *öffentlich(O)* und von *verkehrsfläche(O)* ist jeweils 1 anzuwenden, da von beiden Prädikaten dorthin eine Konnektion führt. Betrachtet man nun Konnektionen für jedes Prädikat einzeln, so kann es vorkommen, daß z.B. erst viele Konnektionen von *öffentlich(O)* zu anderen Formeln ausprobiert werden (die zu einer Substitution für *O* führen, für die keine Konnektion zu *verkehrsfläche* existiert) und zuletzt die eigentlich passende Formel 1 gefunden wird. Inhaltlich bedeutet das, daß wir zuerst nachsehen, was über Öffentlichkeit in anderen Zusammenhängen ausgesagt wird, und danach erst beachten, was wir darüber im Zusammenhang mit Verkehrsflächen wissen.

Intelligentes Unifizieren. Dieses zu frühe Unifizieren wirkt sich vor allem dadurch nachteilig aus, daß nach der Unfikation mit dem ersten Prädikat in die Tiefe gegangen wird und dann erst, nach vielen Zwischenschritten, die Unifikation mit dem zweiten Prädikat versucht wird. (In [4] werden systematische Lösungen von Problemen dieser Art für den Fall eines einzelnen rekursiven Prädikats vorgeschlagen.)

Hat man dagegen eine Wissensbasis mit (relativ) vielen Prädikaten, so kommt es vor allem auf den Aufwand an, den man treiben muß, um die passenden Konnektionen zu finden. Diese Suche gilt es, durch geeignete Zugriffsstrukturen zu unterstützen. In unserem Beispiel braucht man, über Verweise auf Vorkommen von *öffentlich(O)* und von *verkehrsfläche(O)* hinaus, auch noch solche auf gemeinsames Vorkommen dieser Prädikate. Dies kann man z.B. dadurch erreichen, daß man Konnektionen nicht nur für Literale, sondern auch für höhere sprachliche Einheiten notiert. Durch die Syntaxbäume der beiden o.a. Aussagen veranschaulichen wir dies:

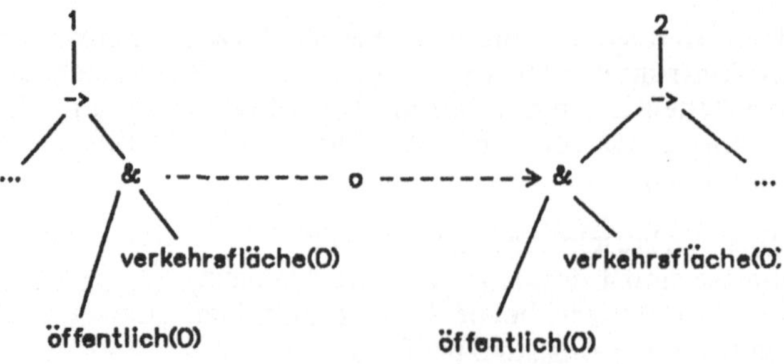

Bindestrich-Begriffe. Man kann das Problem der Mehrfach-Konnektionen auch dadurch umgehen, daß man (in unserem Beispiel) die beiden Prädikate *öffentlich(O)* und *verkehrsfläche(O)* zu einem Prädikat *öffentliche_verkehrsfläche(O)* zusammenzieht. Das ist natürlich nur dann gerechtfertigt, wenn die Ausgangsprädikate ausschließlich zusammen vorkommen, wenn also über Öffentlichkeit nur im Zusammenhang mit Verkehrsfläche (und auch umgekehrt) geredet wird.

Frames

Hinter den oben angeführten Lösungen des Problems der Mehrfach-Konnektionen steckt die Idee, nicht immer für jedes Literal einzeln, sondern für ganze Gruppen davon nach Konnektionen zu suchen. Eine solches Zusammenfassen von Literalen zu Einheiten ist natürlich auch die Idee des Frame-Konzeptes. Das Beispiel

> *Haus frame*
>
> *gehört: Person*
> *ist_ein: Gebäude*
> *ist_Teil_von: (Dorf, Stadtteil, Stadt)*
> *Stil: (Landhaus, Reihenhaus, Villa)*
> *Zahl_der_Fenster: integer > 1*
> *Zahl_der_Türen: integer (default = 1)*

kann man unschwer in eine Konjunktion von Literalen übersetzen. Wesentlich ist hier jedoch, daß für diese Konjunktion (genauer: für dieses Schema einer Konjunktion) ein eigener Name *Haus* eingeführt wird. Dadurch kann die Suche nach passenden Aussagen wesentlich beschleunigt werden: Will man die Frage *Welches Haus gehört Maria?* beantworten, so sucht man zuerst nach Konjunktionen mit dem Namen *Haus*, wobei man nachprüft, ob der Eigner die Maria ist.

Erst wenn das nicht zum Ziel führt, sucht man nach einzelnen Literalen *gehört(Maria,X)*, *Stil(X,Y)* usw., um das Haus der Maria näher zu beschreiben. Denn es könnte ja sein, daß die gesuchte Information zwar in der Wissensbasis versteckt ist, aber gerade nicht in der Form des Frames *Haus* . Der Nutzen des Frame-Konzepts liegt also gerade daran, daß man unter Ausnutzung von Bezeichner-Tabellen gezielt nach größeren Gruppierungen von Fakten sucht, die man sich sonst mühsam zusammensuchen müßte.

Modale und ähnliche Logiken

Modale, temporale und ähnliche Operatoren kann man ebenfalls als Konstrukte auffassen, die eine Teilformel mit Zugriffsinformation versehen, darüber hinaus jedoch noch sie modifizieren. Wir wollen deswegen solche Konstrukte allgemein als ***Modifikatoren*** bezeichnen.

Haben wir z.B. den Satz *Karl behauptet, daß Marias Haus eine Villa ist*, so würden wir ihn vielleicht so in eine logische Formel übersetzen (als Syntaxbaum gezeichnet):

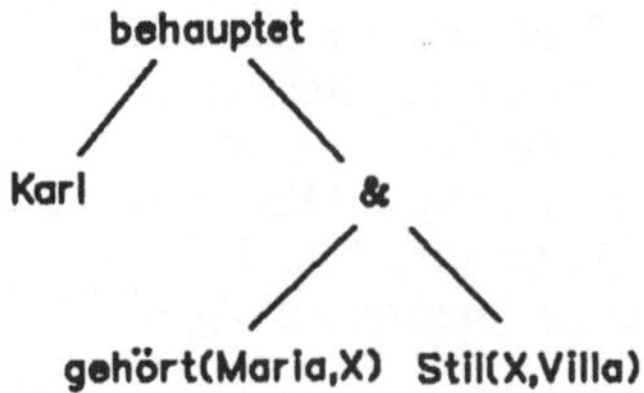

Hier haben wir also einfach nach unserem Gutdünken einen Operator *behaupten* eingeführt (dessen Eigenschaften noch zu spezifizieren wären, z.B. durch Angabe von logischen Regeln).

Reduktion. Selbstverständlich könnten wir dies auf die reine Prädikatenlogik 1. Stufe reduzieren, indem wir an allen Prädikaten zusätzliche Parameter anbringen, in denen die Information *behaupten* und *Karl* untergebracht wird.

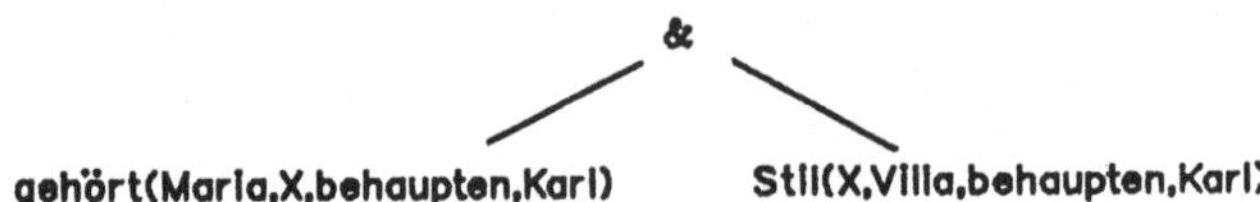

Dies ist eine bekannte Technik, die sich auch in der Konstruktion der Kripke-Modelle wiederfindet: Alle elementaren Relationen werden um eine (oder mehrere) Dimension 'Welt' erweitert. In unserem Beispiel erhält *gehört* noch zwei Parameterpositionen. An der ersten steht, daß es eine Behauptung ist, und an der zweiten, daß diese von Karl herrührt.

Diese Reduktion hat jedoch zwei Nachteile. Einmal wird die Struktur des Ausgangssatzes zerstört, denn wir waren ja nicht von *X ist nach Karls Behauptung Marias Haus* und *X ist nach Karls Behauptung eine Villa* ausgegangen. (Wir wollen hier nicht darauf eingehen, ob das wirklich dasselbe ist wie der weiter oben angegebene Satz.) Des weiteren wird auch eine zielgerichtete Suche erschwert, z.B. wenn wir fragen *Was hat Karl behauptet?* . Denn in der reduzierten Darstellung müßten wir uns (vgl. das oben zu Frames gesagte) die fraglichen Fakten erst mühsam wieder zusammensuchen.

Implementierung. Wie der Tableaukalkül so erweitert werden muß, daß er nicht reduzierte Modifikatoren verarbeiten kann, braucht hier, glaube ich, nicht weiter ausgeführt zu werden. Die Grundidee ist, daß man die Reduktion nicht von vorherein vornimmt, sondern nur 'on-line' während der Verarbeitung. Die Regeln des Kalküls legen ein top-down-Vorgehen fest. Die Formeln werden (als Syntaxbaum gesehen) von oben nach unten durchwandert. Dabei auftretende Modifikatoren werden aufgesammelt. Sobald man an einem Literal ankommt, werden sie **als Kontext** bei der Unifikation berücksichtigt, so als wären sie schon vorher in einem Reduktionsschritt an dem Literal angebracht worden. Man könnte auch sagen, daß wir die Reduktion bis zur Verarbeitung der Formeln aufgeschoben haben und deswegen uns auch gar nicht merken.

Unabhängige Prädikate. Wir sollten an dieser Stelle erwähnen, aber nicht weiter erläutern, daß nicht alle Prädikate, die in den Skopus eines Modifikators fallen, notwendigerweise auch von diesem modifiziert werden müssen. In obigem Beispiel behauptet Karl ja nicht, daß Maria ein Haus hat; das ist für ihn unzweifelhaft. Vielmehr sagt er nur etwas über den Stil aus, nur an einem Prädikat macht der zusätzliche Parameter Sinn.

Zusammenfassung

Höhere Sprachkonstrukte wie Frames und Modifikatoren, die über die Prädikatenlogik 1. Stufe hinausführen, können in bekannter Weise eliminiert werden. Die dabei auftretenden Nachteile sind:

Der Benutzer muß eine weniger adäquate Sprache in Kauf nehmen.

Das System muß einen größeren Suchaufwand treiben.

Es ist möglich, den Tableaukalkül auf höhere Konstrukte zu erweitern, ohne daß dafür diese Nachteile in Kauf genommen werden müssen.

Literatur

1. E.W. Beth, The foundations of mathematics, North-Holland Pub. Co., Amsterdam 1959

2. W. Bibel, Matings in Matrices, Communications of the ACM 26(1983), 844-852

3. A. Blaser, B. Alschwee, He. Lehmann, Hu. Lehmann, W. Schönfeld, Ein Expertensystem mit natürlichsprachlichem Dialog - Ein Projektbericht, in: W. Brauer, R. Radig (Hrsg.), Wissensbasierte Systeme, GI-Kongreß 1985, Informatik-Fachberichte 112, Springer-Verlag, Berlin 1985, 42-57

4. L. Plümer, Und-Parallelismus und effizientes Backtracking, GI - 16. Jahrestagung, Berlin, Oktober 1986, Informatik-Fachberichte 126, Springer Verlag, 137-150

5. W. Schönfeld, PROLOG extensions based on tableau calculus, Proc. 9th Int. Conf. Artificial Intelligence, Aug. 1985, Los Angeles, Ca., Vol. 2, 730-732

6. Ehud H. Shapiro, Alternation and the Computational Complexity of Logic Programs, J. Logic Programming 1(1984), 19-33

Perspektiven für die Logikprogrammierung

H. Kleine Büning, Th. Lettmann

Institut für Angewandte Informatik
und Formale Beschreibungsverfahren
Universität Karlsruhe (TU)
7500 Karlsruhe
Wissenschaftliches Zentrum Heidelberg
IBM Deutschland GmbH
6900 Heidelberg

1.0 Einführung

Die Logik spielt in der Wissensrepräsentation eine bedeutende Rolle. Schon lange vor
dem Aufkommen wissensbasierter Systeme sind die Darstellung von Wissen und
Schlußfolgerungsregeln und -verfahren untersucht worden. Ihre Anwendung in wissensbasierten Systemen hat aber auch zu neuen Fragestellungen geführt.

Sowohl bei den Programmiersprachen, wie auch bei den Entwicklungsumgebungen für
wissensbasierte Systeme auf der Grundlage der Logik hat es in der letzten Zeit einige
Fortschritte gegeben. Allerdings wird zur Zeit nur ein kleiner Teil der Ausdrucksfähigkeit der Logik und werden nur wenige der vorhandenen Verfahren tatsächlich ausgenutzt. Die Möglichkeiten der Verarbeitung von Logik beschränken sich nicht nur auf
Inferenzmechanismen zur Überprüfung der Ableitbarkeit, sondern es gibt Transformationen, die zur Optimierung der Wissensrepräsentation eingesetzt werden können, Algorithmen für die Aktualisierung von Wissensbasen, die den Ableitbarkeitsbegriff berücksichtigen, Konsistenztests zur Feststellung der Widerspruchsfreiheit von Wissensbasen, etc.. Dazu kommen noch Aspekte der Effizienz von Logikalgorithmen. Daher
wäre es sinnvoll, Beschreibungen in der Sprache der Logik erstellen zu können und anschließend die Möglichkeit zu haben, Algorithmen der Logik darauf anzuwenden, bzw.
neue Algorithmen für deren Bearbeitung zu erstellen.

Die Bearbeitung solcher Beschreibungen besteht oft im Testen verschiedener Lösungsverfahren oder in der Anwendung verschiedener Umrechnungsverfahren, die das gestellte
Problem in eine besser beurteilbare Fragestellung verwandeln sollen. Ein Bereich, in dem
eine Rechnerunterstützung für solche Aufgaben schon recht weit fortgeschritten ist, ist
die Computer Algebra, für die Programmpakete wie z.B. Scratchpad (Griesmer, Jenks
1971) für die computerunterstützte Bearbeitung algebraischer Probleme bereitstehen.

Wenn wir uns mit der Entwicklung wissensbasierter Systeme auf der Grundlage der Logik beschäftigen, haben wir zwei Gesichtspunkte zu berücksichtigen. Dies ist zum einen
die Entwicklung eigener Logikverfahren und zum anderen die Programmierung in Logik,
wie etwa in Prolog.

2.0 Logikprogrammierung

Unter dem Begriff der Logikprogrammierung versteht man die Programmierung in einer
Logiksprache mit (festem) Kalkül zur Schlußfolgerung. Die Logiksprache ist eng angelehnt an die Prädikatenlogik oder eine Teilsprache hiervon, wie Horn-Logik im Fall von
Prolog. Die Grundidee ist, daß in der Logik eine Beschreibung eines Problems angegeben wird und ein interner Schlußmechanismus anhand dieser Beschreibung eine Problemlösung sucht. Diese Art der Programmierung heißt deskriptiv, da im Gegensatz zu
Programmen in prozeduralen Programmiersprachen, der Ablauf der Bearbeitung nicht
in dem Programm enthalten ist. Die Logikprogrammierung besteht also im Prinzip in

der von einem Computer vorgenommenen Ableitung einer Formel anhand eines implementierten Kalküls aus einer Menge von logischen Formeln. Allerdings gibt es in der Prädikatenlogik nicht nur einen Inferenzmechanismus.

Die Programmierung von Verfahren zur Verarbeitung von Logik verlangt oft einen sehr hohen Implementationsaufwand, was auch die Programmiersprache Prolog zeigt, deren Interpreter im Vergleich zu Interpretern anderer Sprachen umfangreiche Programme sind. Ein Prolog-Interpreter besteht im Prinzip aber nur aus der Implementation eines Logikverfahrens, nämlich der Resolution, zusammen mit einer Kontrollstrategie und der Realisierung einiger fester Interpretationen für bestimmte Prädikate, der sogenannten Built-in Prädikate.

2.1 Prolog: "Programming in Logic"

Als Programmiersprache, die für die Programmierung in einer Logiksprache konzipiert wurde, stellte Colmerauer 1973 die Programmiersprache Prolog vor (Colmerauer 1973, Kowalski 1979). Prolog ist gedacht als eine Sprache zur Beschreibung von Problemen, in der aber nicht im Sinne prozeduraler Programmiersprachen wie Pascal der Ablauf einer Berechnung beschrieben wird. Prolog ist als eine deskriptive Sprache konzipiert.

Um die Arbeitsweise von Prolog kurz zu erklären, erläutern wir den idealen Fall, d.h. wir betrachten Programme ohne Kontrollkonstrukte und deren Bearbeitung.

Prolog-Programme sind einfache Listen (Konjunktionen) von sogenannten Prolog-Klauseln (universelle, definite Horn-Formeln), wie z.B.

```
r(b,b,b).
∀ X ∀ Y ( p(X,b) ← r(b,Y,X) ).
∀ X ∀ Y ∀ Z ( p(X,Y) ← p(X,Z),p(Z,Y) ).
p(a,b).
```

Prolog-Klauseln sind also Implikationen von nichtnegierten Konditionen und einer nichtnegierten Konklusion. Die Implikationen heißen Regeln. Fehlt der Konditionsteil, so spricht man von Fakten. Die Listen von Prolog-Klauseln nennt man auch Wissensbasis. Ein großer Vorteil dieses Typs von Formeln ist, daß in Programmen keine Widersprüche formuliert werden können, die ungewollt die Ableitung beliebiger Fakten zulassen.

Der eigentliche Programmablauf ist der Versuch, ein Faktum aus dem Programm herzuleiten. Diese Ableitung geschieht mit Hilfe eines festen Verfahrens, des sogenannten Inferenzmechanismus.

Die herzuleitenden Fakten werden vom Benutzer in der Form von Implikationen ohne Konklusionsteil an den Inferenzmechanismus übergeben, also in Form einer allquantifizierten negierten Primformel.

```
← p(X,a).
```

Dies ist die Negation der eigentlichen Anfrage des Benutzers.

```
"Gibt es ein X, so daß p(X,a) aus der Programmbeschreibung folgt?"
```

Der Inferenzmechanismus versucht herzuleiten, daß diese Negation mit den restlichen Formeln im Widerspruch steht, wenn für X bestimmte Werte eingesetzt werden. Für diese Werte muß dann das Prädikat p folgen.

Der implementierte Inferenzmechanismus verwendet die Resolution mit der Depth-First-Search Strategie mit Backtracking.

Die folgende Tabelle stellt Charakteristika der prozeduralen und der deskriptiven Programmierung am Beispiel von Pascal und Prolog einander gegenüber.

prozedural	deskriptiv
Eingabedaten Programm Beschreibung (Ablauf)	Formeln in Prolog—Syntax
Ablauf des im Programm beschriebenen Algorithmus	Semi—Theorem—Beweiser für Prolog—Formeln
Ergebnisdaten	Ableitbarkeit/Nichtableitbarkeit mit Angabe der Modelle

Prolog ist aber nicht durchweg deskriptiv, sondern enthält auch prozedurale Anteile. Allerdings muß hierbei beachtet werden, daß dann feste Interpretationen für Prädikate angenommen werden. Man kann die unterschiedliche Ausdruckskraft von Prolog-Programmzeilen an den folgenden Beispielen verfolgen (Clocksin, Mellish 1984).

$$vater(X) \leftarrow elternteil(X,Y),männlich(X).$$

(X ist Vater, wenn X Elternteil von Y ist und wenn X männlich ist.)

Bei dieser Prolog-Klausel handelt es sich um die Beschreibung eines reinen Sachverhaltes, die Angabe einer Definition für die Eigenschaft Vater zu sein.

Eine auch prozedurale Aussage ist in den folgenden beiden Zeilen enthalten.

$$append([\,],X,X).$$
$$append([A\,!\,B],C,[A\,!\,D]) \leftarrow append(B,C,D).$$

(Leere Liste $[\ ]$ verkettet mit Liste X ergibt Liste X. Liste mit erstem Element A und Restliste B verkettet mit Liste C ergibt Liste mit erstem Element A und Restliste D, wenn schon die Verkettung von Liste B mit Liste C die Liste D ergibt.)

Neben der Beschreibung des Sachverhaltes wird in diesem Beispiel aber auch eine Vorschrift zur Listenverkettung gegeben. Allerdings ist für ein Verständnis dieser Vorschrift die Kenntnis des Schlußmechanismus nötig.

Die nun folgenden Klauseln sind in Prolog-Form gebrachte Ausgabeanweisungen. Das Ausgabeprädikat write ist immer ableitbar und bewirkt die Ausgabe der Argumente. Solche Prädikate haben nur eine Bedeutung für die Kommunikation zwischen Programm und Benutzer, nicht aber für den Beweisgang. Ausgaben können natürlich auch bei einem Backtracking nicht zurückgesetzt werden und werden beim Backtracking auch nicht wiederholt.

$$print(0) \leftarrow write(0),!.$$
$$print(N) \leftarrow write(N), N1 \; is \; N-1 ,print(N1).$$

(Wenn Argument von *print* 0 ist, dann drucke 0 und stoppe, sonst drucke N und wiederhole Druckvorgang für die nächstkleinere Zahl $N-1$.)

Diese Zeilen haben eine rein prozedurale Bedeutung. Zusätzlich existieren, wie in diesem Beispiel zu sehen ist, innerhalb der Sprache Kontrollstrukturen (*cut ("!"), fail, repeat*), die den normalen Ablauf des Schlußmechanismus von Prolog beeinflussen.

Der Anspruch von Prolog "Programming in Logic" deckt sich nicht in allen Punkten mit der Realität der Programmierung, da neben den eigentlichen Schlüssen auch prozedurale Vorgänge beschrieben werden müssen, die hier mit Hilfe von Sonderprädikaten wie *cut, assert, retract, write,...* simuliert werden, die das Lösungsverfahren und die Problembeschreibung selbst beeinflussen. Auf der anderen Seite wird die Prädikatenlogik erster Stufe auch nicht ausgeschöpft. Die Beschränkung auf definite Horn-Formeln läßt es nicht zu, in Prolog eine Oder-Formel zu formulieren, oder ein negiertes Faktum in die Wissensbasis aufzunehmen. Eine negierte Frage kann ebenfalls nicht im Sinne der Prädikatenlogik auf Ableitbarkeit überprüft werden, es gibt nur das Konzept der Negation as Failure.

2.2 Nachteile von Prolog

In der Standardversion, die Clocksin und Mellish in ihrem Buch beschrieben haben (Clocksin, Mellish 1984), weist Prolog eine Reihe von Schwachstellen auf, die zum Teil nur durch Änderungen des Konzeptes behebbar sind. Auf einige dieser Mängel soll im folgenden eingegangen werden.

Ein Hauptkritikpunkt ist, daß Prolog nur einen Teil des Sprachumfangs der Prädikatenlogik erster Stufe bietet. Bestimmte Sachverhalte sind also nicht adäquat ausdrückbar. Insbesondere fallen darunter die Formulierung von Disjunktionen von Fakten oder Regeln oder die Formulierung von Existenzquantoren.

Bestimmte Prolog-Programme führen zu Endlosschleifen, wie etwa die Beschreibungen der Transitivität und der Symmetrie (Lloyd 1984).

```
p(X,Z) ← p(X,Y),p(Y,Z).
p(X,Y) ← p(Y,X).
```

Die Klauseln in Prolog-Programmen sind im allgemeinen nicht kommutativ, d.h. die Ergebnisse einer Rechnung sind abhängig von der Reihenfolge der Fakten und Regeln in dem Programm. Insbesondere kann von der Reihenfolge der Klauseln eine Endlosschleife abhängen. Dies steht im Widerspruch zur Kommutativität der Formeln der Logik in Beschreibungen.

Diese und andere Seiteneffekte beim Ablauf von Prolog-Programmen sind im Inferenzmechanismus begründet. Zusätzliche Möglichkeiten zum Erkennen von Loops wären in manchen Fällen sehr vorteilhaft, es ist aber nicht in voller Allgemeinheit durchführbar. Die Kommutativität von Prolog-Programmen läßt sich allerdings auf keine Weise erreichen. Daher sind die *Seiteneffekte* des Inferenzmechanismus ein wesentlicher Faktor bei der Programmierung in Prolog.

Die Negation ist nur über Negation as Failure definiert. Diese Art der Negation ist aber nicht gleichwertig mit der Negation der Prädikatenlogik. Es gibt Beispiele für Prolog-Programme, aus denen im klassischen Sinn ein Faktum herleitbar ist, bei Verständnis der Negation als Negation as Failure aber ein Loop auftritt, wie etwa im folgenden Fall.

```
P ← not ( P ).
```

P als Faktum ist mit dem Prolog-Inferenzmechanismus nicht ableitbar, die Klausel aber ist logisch äquivalent zum Faktum P. (Kowalski 1985)

Die Verwendung der Gleichheit in Prolog-Programmen ist nur eingeschränkt zugelassen. Ein Verbot der Gleichheit im Konklusionsteil einer Klausel ist natürlich auch der wirksamste Weg zur Vermeidung von Problemen mit der Transitivität und der Symmetrie der Gleichheit.

Die Möglichkeiten der Manipulation der Wissensbasis, die Prolog mit den Prädikaten *assert* und *retract* bietet, erschweren das Verständnis von Beweisgängen des Inferenzmechanismus, da während eines Beweisvorganges Fakten oder Regeln hinzugefügt und auch sofort für einen Beweis verwendet werden können. Es gibt also Prolog-Programme, die eine Anfrage unterschiedlich beantworten, je nachdem welche Fragen zwischen den beiden Anfragen lagen. Mit dem Prädikat *assert* können Fakten und Regeln zur Wissensbasis hinzugenommen werden, mittels *retract* umgekehrt auch aus der Wissensbasis entfernt werden. Die Wissensbasis

```
P ← assert('Q').
R ← retract('Q').
```

beantwortet in der Abfolge von Anfragen Q,P,Q,R,Q die Frage nach Q zunächst mit *fail*, dann mit *success* und wieder mit *fail*.

Erheblich schwerwiegender als dieser Nachteil ist aber, daß diese Änderungen der Datenbasis, die während der Suche nach dem Beweis einer Anfrage vorgenommen wurden, bei einem Backtracking nicht zurückgesetzt werden. Die Folge ist, daß ein prinzipielles Verständnis der Vorgänge in einem Prolog-Programm bei weitem nicht reicht, ebensowenig wie die Fehlersuchmöglichkeiten der meisten Prolog-Systeme, die hier keine Hilfsmechanismen anbieten. Da aber in Prolog der Intention nach nur eine Beschreibung des Sachverhaltes, nicht aber des Programmablaufes gegeben werden soll, ist eine Ungleichbehandlung von Prädikaten problematisch.

Die Kontrollstrukturen *assert, retract* und *cut ("!")* sind zwar in der Syntax für die Klauseln in Prolog eingebettet, sind aber eigentlich keine Teile der Prädikatenlogik. So dient der Cut-Operator dazu, bestimmte Teile aus dem Ableitungsbaum des Prolog-Programmes herauszuschneiden, eine Suche nach dort vorhandenen Lösungen zu verbieten. Als Beispiel sei dazu die oft benötigte Benutzerabfrage zu speziellen Daten genannt. Eine im Zuge des Backtracking erneute Abfrage des Parameters läßt sich nur über eine Manipulation der Wissensbasis und einen Cut umgehen.

```
item(X) ← fact(X),!.
item(X) ← user_ask(.....X....), assert(fact(X)).
```

Das Verbot der Verwendung von Existenzquantoren, bzw. der Verwendung von Allquantoren im Konditionsteil von Klauseln läßt insbesondere keine globalen Existenzvariablen zu. Allerdings besteht ein großer Unterschied zwischen den erlaubten globalen Konstanten und globalen Existenzvariablen, da der Prolog-Inferenzmechanismus das Herbrand Universum mit beschränkter Verwendung der Identität untersucht. Durch die Prädikate *assert* und *retract* können über spezielle, hinzugefügte Prädikate, bzw. über eine evtl. vorhandene interne Datenbank solche Variablen und ihre Belegung während eines Programmlaufes simuliert werden.

Als weiterer Nachteil ergibt sich aus der Syntax von Programmklauseln und der Arbeitsweise von Prolog, daß sämtliche Variablen, die im weiteren Verlauf eines Beweises noch gebraucht werden, entweder über die interne Datenbasis oder von Klausel zu Klausel als Parameter übergeben werden müssen. Hierdurch werden die Änderungsfreundlichkeit von Prolog-Programmen erheblich herabgesetzt, sowie die Testmöglichkeiten behindert, da bei Neustart von Programmen die interne Datenbasis, die zur Aufnahme der globalen Variablen verwendet werden kann, in der Regel nicht gelöscht wird.

Weiter bietet Prolog keine Möglichkeit an, prozedural zu programmieren. Man kann zwar mit einigem Aufwand durchaus beliebige Algorithmen darstellen, in sehr natürlicher Weise rekursiv definierte Funktionen angeben, aber die prozedurale Programmierung in Prolog ist die Suche nach einer deskriptiven Darstellung der gewünschten Abläufe. Dieser Weg ist ohne Zweifel aufgrund des höheren Abstraktionsgrades schwieriger als eine direkte Programmierung von prozeduralen Vorgängen oder die prozedurale Programmierung anhand einer deskriptiven Vorgabe. Für die Vertändlichkeit von Programmen ist das Fehlen komplizierterer Datentypen in Prolog sehr nachteilig. Selbst einfache Strukturen wie Arrays müssen z.B. über Listen von Listen simuliert werden, so daß die Bedeutung der Listenelemente hinter gezwungenermaßen komplizierten Zugriffsmechanismen verborgen bleiben kann.

Prolog bietet für die Lösung von deklarativ spezifizierten Problemen nur eine einzige Lösungsstrategie. Je nach Problem kann es aber auch sinnvoll sein z.B. eine Breitensuche zu starten, das Forward-Chaining als Lösungsstrategie einzusetzen, oder verschiedene Verfahren zu mischen.

Die Aufzählung von Mängeln soll nicht etwa ausdrücken, daß Prolog kein ausgezeichnetes Werkzeug sein könnte. Eine ganze Reihe dieser Nachteile treten bei einfachen Anwendungen gar nicht auf oder lassen sich umgehen, so daß auch der ungeübte Programmierer bald genügend Erfahrung hat, um seine Ziele in entsprechende Programme umzusetzen.

Zusammenfassend kann man sagen, daß das Programmieren in Prolog, sofern es sich in Bahnen einfacher Beispiele bewegt, durchaus dem Anspruch des Programming in Logic nahe kommt. Sobald jedoch kompliziertere Ablaufstrukturen realisiert werden müssen oder die Selbstdisziplin des Programmierers zu wünschen übrig läßt, erhält man Programme, die zur Erfüllung der Aufgaben die Seiteneffekte der Programmierung in Prolog stark ausnutzen.

2.3 Programmierung auf Grundlage der Logik

Natürlich kann man in allen konventionellen Programmiersprachen wissensbasierte Systeme, Expertensysteme für die unterschiedlichsten Anwendungen erstellen. Entscheidend für die Anwendbarkeit und Effizienz einer solchen Implementation ist aber, in welcher Weise das Wissen in dem System repräsentiert und verarbeitet wird.

Mit Hilfe von Prolog hat man die Möglichkeit, eine klare Trennung zwischen dem Wissen, das für die spezielle Anwendung benötigt wird, und der Ablaufsteuerung des Programmes vorzunehmen. Der Schlußmechanismus ist fest, das Wissen wird in logischen Formeln bestimmter Form als Datenpaket abgelegt und vom Inferenzmechanismus zusammen mit den Eingabedaten abgearbeitet. Auch verschiedene andere Sprachen und zugehörige Interpreter zur Wissensverarbeitung wie YES/L1, YES/OPS oder OPS5 verwenden das Prinzip der Trennung von Wissen und resultierender Bearbeitung.

Als Anwendungen dieses Prinzips findet man Expertensystemshells, die ein Gerüst von (bestimmten Typen von) Expertensystemen enthalten und bis auf die Angabe des Wissens in der Sprache des Systems (Prolog-Formeln oder Produktionsregeln) schon vollständig sind. Die unterschiedlichen Wissensrepräsentationen und die festliegenden Ableitungsmechanismen schränken die jeweiligen Shells auch in ihrer Anwendbarkeit auf bestimmte Aufgabenstellungen ein.

Gewöhnlich werden diese Shells in konventionellen Programmiersprachen realisiert und dementsprechend auch ein eigener Auswertungsmechanismus für die Wissenbasis aus logischen Formeln implementiert. Es gibt inzwischen aber auch verschiedene Ansätze einer Einbindung von deskriptiven Elementen in konventionelle Programmiersprachen. Das Ziel dieser Kombinationen ist die Anwendung der Sprachen in komfortablen Entwicklungssystemen für die Erstellung wissensbasierter Systeme.

Es handelt sich hierbei aber in der Regel um Einbindungen von Prolog-Interpretern in prozedurale Sprachen wie bei der Kombination von Prolog mit Modula oder auch mit der funktional orientierten Sprache Lisp. Andere Systeme verwenden als Sprache für die Wissensrepräsentation Produktionsregeln. Allerdings ist eine Tendenz zu beobachten, die mehr zum Angebot von Entwicklungsumgebungen wie Knowledge Craft führt, in denen sowohl die prozeduralen Basissprachen, als auch die Interpreter für Prolog bzw. Produktionsregeln verfügbar sind, die Programmierung also auf allen Ebenen möglich ist mit einer komfortablen Unterstützung der Entwicklungsumgebung.

Ein grundlegend anderes Konzept haben Lusk, McCune und Overbeek mit ihrem System LMA (Logic Machine Architecture) vorgestellt (Lusk 1984). Ausgehend von wenigen einfachen Datentypen und Operationen der Sprache Pascal werden kompliziertere Datenstrukturen und Prozeduren für die Verarbeitung von Logik aufgebaut, mit deren Hilfe dann, auch prototypisch, Resolutionsverfahren, Unifikationsverfahren, etc. verwirklicht werden sollen.

Das Ebenenkonzept des Systems, d.h. die Idee, von Grund auf mit Hilfe von Standardtypen über stufenweise komplexer werdende Strukturen und Prozeduren den Sprachumfang von Pascal so zu erweitern, daß die verschiedenen Anwendungsziele realisiert werden können, ist eine brauchbare Methode für die Entwicklung von Verfahren zur Verarbeitung komplizierter und abstrakter Datentypen.

Die Grundlage dieses Systems sind im Gegensatz zu Prolog funktionale, nicht prädikative Beschreibungen. Diese Repräsentation erscheint für die Verwendung in vielen realitätsbezogenen Anwendungen nicht adäquat, da für die Programmierung von Verfahren zur Verarbeitung von Wissen, das meist leicht in Form von Logik angebbar ist, eine Übersetzung in eine Beschreibung mit nur funktionalen Strukturen vorgenommen werden muß.

Das System LMA verwendet eine funktionale Sprache zur Repräsentation von Wissen mit den damit verbundenen andersartigen Kalkülen. Die Berechtigung und Anwendbarkeit jedes Kalküls ist unbestreitbar, jedoch scheint uns die Verwendung der Logik als Basissprache für die Wissensrepräsentation gerade im Hinblick auf eine übersichtliche Wissensverarbeitung, sowie im Hinblick auf die prototypische Implementation von Verfahren geeigneter zu sein.

3.0 Erfahrungen im Umgang mit wissensbasierten Systemen

Die angesprochenen Systeme zur Kombination der Wissensverarbeitung und prozeduraler Programmierung weisen zum größten Teil die schon im Zusammenhang mit Prolog besprochenen Unzulänglichkeiten auf. Die mangelnde Flexibilität der verschiedenen Ansätze macht sie zu Insellösungen.

Ein weiterer Schwachpunkt ist die mangelhafte Unterstützung bei der Entwicklung und Implementation von neuen Verfahren für die Wissensverarbeitung auf der Grundlage der Logik.

3.1 Wissensrepräsentation

Geht man allein von dem Wissen aus, das in solchen Verfahren verarbeitet werden soll, so stellt man fest, daß die in der Regel streng eingegrenzte Repräsentationssprache nicht für alle Anwendungsfälle optimal ist, bzw. wie im Fall der reinen definiten Horn-Formeln von der Ausdrucksstärke her gar nicht ausreicht. Z.B. sind Formulierungen wie Disjunktionen,

$$\forall x : (P(x) \vee Q(x))$$

Existenzquantoren,

$$\forall x : \exists y : (P(x,y) \leftarrow Q(x,y))$$

oder Zusatzangaben

$$\exists! y \ integer : P(y)$$

(Es gibt genau einen Integerwert y mit P(y).) mit definiten Horn-Formeln gar nicht ausdrückbar.

Prinzipiell soll die Repräsentationssprache den Umfang der vollen Prädikatenlogik umfassen mit Erweiterungen, die zusätzliche Angaben über die Objekte der Prädikatenlogik erlauben.

Auch Repräsentationen, die nicht direkt in der Terminologie der Logik formuliert sind, wie Produktionsregeln, semantische Netze, o.ä. müssen in die Logik transferiert und mit speziellen Verfahren bearbeitet werden können. Zu den anwendungsspezifischen Erweiterungen der Logik gehören Monitorregeln, Beschreibungen der Beweisstrategie, Modellbeschränkungen durch Typangaben für Variablen, Konstanten oder Spezifikation von Modellgrundbereichen, etc.. Sie sind sinnvoll einsetzbar und sollen in der Repräsentationssprache formulierbar sein, bzw. die Repräsentationssprache muß anpaßbar sein. (Solche Ergänzungen können auch als eine Mischung von prozeduralem und deklarativem Wissen aufgefaßt werden.) Die eigentliche Grundidee ist allerdings, die Wissensrepräsentation und auch des Inferenzmechanismus an das darzustellende Wissen anzupassen mit dem Ziel, über eine eventuell mögliche Einschränkung auf Teilklassen der Prädikatenlogik und geeigneten Verfahren die Komplexität einer Anwendung zu verringern.

Auf der anderen Seite ist es sinnvoll, die Repräsentationssprache eng an die Prädikatenlogik anzulehnen, um ein hinsichtlich der Ableitungsmechanismen und Komplexitätsfragen theoretisch gut erforschtes Gebiet ausnutzen zu können.

Der vielfach gewünschte Einsatz von natürlicher Sprache als Mittel zur Verständigung mit dem Computer verlangt ebenfalls komplexe interne Repräsentationen der natürlichsprachlichen Eingaben, für die die Logik gewählt werden kann. In diesem Zusammenhang treten Fragestellungen auf, die mit der Repräsentation und dem Inferenzmechanismus zusammenhängen ("vages Wissen") oder mit der Handhabung umfangreicher Wissensbasen, da mit der Übersetzung von natürlicher Sprache in die Prädikatenlogik sämtliches in den Sätzen inhärente Wissen erkannt und verfügbar gemacht werden muß (z.B. Referenzierung der Pronomina).

3.2 Mechanismen zur Logikverarbeitung

Der Aufbau der verschiedenen wissensbasierten Systeme zeigt auch, daß neben den Komponenten wie Benutzerschnittstelle, Datenbankschnittstelle, etc. auch Module für die Logikverarbeitung zur Anwendung kommen. Bei den meisten Anwendungen beschränkt sich die Verarbeitung von Logik auf den Inferenzmechanismus, der oft eine Prolog ähnliche oder an Produktionssysteme angelehnte Arbeitsweise hat.

Je nach Wissensrepräsentation werden aber weitere Verfahren, wie Konsistenzprüfungen für Wissensbasen, benötigt, die ebenfalls an das tatsächlich verwendete Teilsprache der Logik angepaßt sein müssen. (In Prolog ähnlichen Sprachen kann man dieses Problem vernachlässigen, da kein Widerspruch formulierbar ist.) Zumindest aber die Möglichkeit der Abfrage von Loops sollte als Test für die Wissensbasis (wenn auch rudimentär) für so schleifenkritischen Algorithmen wie den Prolog-Inferenzmechanismus angeboten werden.

Auch die Pflege einer solchen Wissensbasis benötigt Logik verarbeitende Algorithmen. Hierzu gehören neben den angesprochenen Konsistenztests auch Möglichkeiten, die Formeln der Wissensbasis in eine für die Verarbeitung bessere (logisch äquivalente) Form zu transferieren, wie z.B. durch Entfernen von Redundanzen. Bei der Wissensaktualisierung selbst müssen Operationen wie *delete* und *update* auf die logischen Konsequenzen für eine Wissensbasis Rücksicht nehmen.

Mit den größeren Ausdrucksmöglichkeiten einer Repräsentationssprache benötigt man ebenfalls Möglichkeiten der feineren Abstimmung eines Inferenzmechanismus auf das schon angesprochene und teilweise in Formeln zu übertragende oder in Formeln vorhandene prozedurale Wissen wie Typdeklarationen für Variablen, Voraussetzungen für Modelle (domain closure, unique name), Wahrscheinlichkeiten als Attribute zu Formeln oder Verfeinerungen von Suchstrategien auf der Wissensbasis, bzw. Angabe der Suchstrategie selbst. Anderes prozedurales Wissen wie der Mechanismus eines Prozeduraufrufs in Produktionsregeln oder einer in einer Regel festgelegten Benutzerfrage kann ebenfalls auf verschiedene Weisen in den Inferenzmechanismus integriert werden.

Ein weiterer wichtiger Gesichtspunkt ist die Effektivität der Logikverfahren, die durch eine Anpassung an das Wissen gesteigert werden kann. Mit der Komplexität der Repräsentation des Wissens wachsen natürlich die Anforderungen an einen Inferenzmechanismus, so daß zum Teil allgemeinere, aber auch speziellere Kalküle für die Lösungsfindung zur Verfügung stehen müssen.

Die Programmierung von Logikalgorithmen selbst ist sehr komplex und muß daher durch umfangreiche Test- und Hilfemöglichkeiten unterstützt werden. Geht man einen Schritt weiter und betrachtet die Logikprogrammierung, wie sie in Prolog möglich ist, so wird die Bedeutung einer Testumgebung gerade in einem System mit einer Vielzahl von zur Verfügung stehenden Inferenzmechanismen und steuernden Nebenbedingungen deutlich. Diese Testumgebungen hängen zum großen Teil aber von Trace-Prozeduren ab, die als genormte Prozeduren in die Inferenzmechanismen eingebaut, die verschiedenen Tests mit den nötigen Informationen versorgen können.

Eine weitere Unterstützung beim Prototyping soll die Bereitstellung einer Bibliothek von Logikprozeduren und -algorithmen sein, aus denen nach dem "Baukastenprinzip" neue Module zusammengestellt werden können.

Die Programmierung in Prolog zeigt bereits, wie vorteilhaft die leicht mögliche Einbindung von externen Programmen, angefangen bei kleinen selbstgeschriebenen Programmen bis hin zu komplexen Softwarepaketen sein kann.

4.0 Konzept einer Umgebung für das Logic Programming

Im Sinne der oben beschriebenen wünschenswerten Möglichkeiten im Umfeld von wissensbasierten Systemen liegt es nahe, eine entsprechende Entwicklungsumgebung nicht nur für Prozeduren zur Bearbeitung von Logik, sondern auch für Umgebungen für die Logikprogrammierung zu konzipieren und zu implementieren.

Um dieses Ziel zu erreichen verfolgen wir zwei große Teilziele, die man pragmatisch so formulieren könnte:

• Wir wollen über Logik sprechen können in einer algorithmischen Sprache.

• Wir wollen den Anteil der prozeduralen Möglichkeiten erhöhen.

Nach der Einführung von Prolog und danach von Shells für wissensbasierte Systeme gibt es heute Entwicklungen, die auf eine Erweiterung prozeduraler Programmiersprachen um Regel-Interpreter (für Prolog-Regeln, Produktionsregeln) abzielen. Wir wollen einen Schritt weiter gehen und nicht nur Regeln, sondern die volle Logik in eine prozedurale Basissprache wie etwa Pascal oder Modula einbinden und dadurch dem Benutzer in seiner gewohnten Umgebung der ihm bekannten Programmiersprachen die Logik zugänglich machen. Dadurch daß die logischen Prozeduren als Spracherweiterung in der Basissprache realisiert werden, besteht die Möglichkeit, sowohl prozedural, als auch deskriptiv zu programmieren.

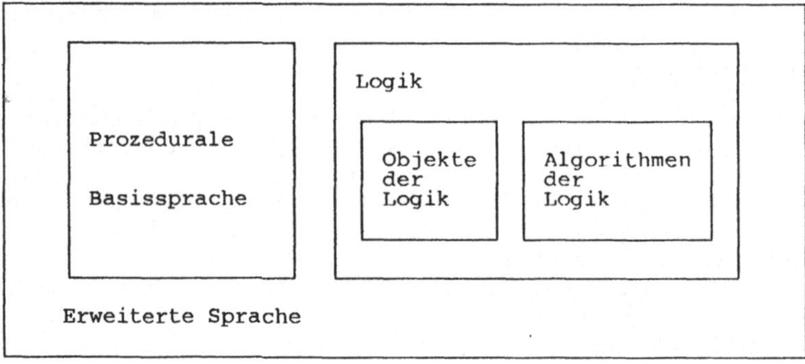

In der erweiterten Sprache soll es nicht nur möglich sein, Logikalgorithmen in einfacher Weise zu beschreiben, sondern es soll auch möglich sein, mit Hilfe von speziellen Inferenzmechanismen und Daten in Form von prädikatenlogischen Formeln deskriptiv zu programmieren. Der Benutzer soll z.B. die Möglichkeit haben, innerhalb seines prozeduralen Programmrahmens eine Prolog ähnliche Analyse durchzuführen etwa durch einen einfachen Prozeduraufruf in der Form

```
prolog(knowledge_base,goal,starting_state_for_computation,
       result,substitution_list)
```

Die deskriptiven Teile eines Programmes sollen auch hier mehr den Charakter von Daten haben, die von einem prozedural formulierten Logikalgorithmus abgearbeitet werden, d.h. die Logik und damit der deskriptive Teil eines Programmes bleiben veränderbar, während der prozedurale Teil eines Programmes prinzipiell statisch, also unveränderbar bleiben sollte. Durch die Realisierung von prozeduralen Teilen und von Inferenzmechanismen in einer Basissprache gibt es neue Möglichkeiten der Einbindung von Prozeduren in die deskriptiven Programme, sowie der Anpassung an spezielle Situationen.

Insgesamt erhält man auf diese Weise eine neue prozedurale Programmiersprache für Aspekte der Logikprogrammierung, eine Sprache, mit deren Hilfe über die Logik und ihre Verarbeitung geredet werden kann.

Im Hinblick auf die Erstellung von Systemen mit wissenverarbeitenden Teilen liegt unsere Zielvorstellung darin, sowohl prozedurale, als auch deskriptive Programmierung zu ermöglichen, wobei wir auf eine prozedurale Basis aufbauen und die Möglichkeiten der Verarbeitung der Logik und einer deskriptiven Programmierung zur Verfügung stellen.

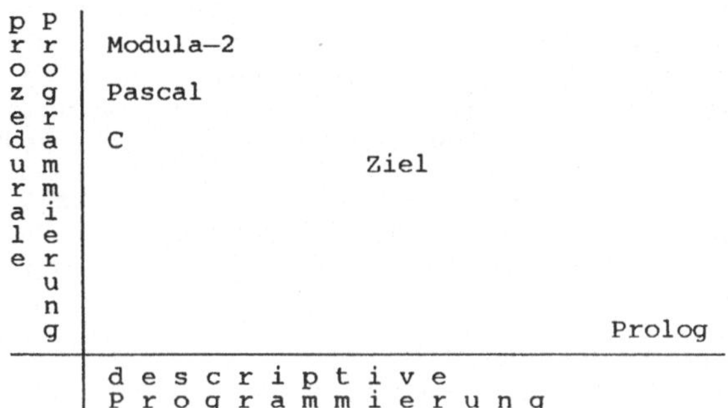

Natürlich ist es so, daß z.B. Pascal selbst schon eine universelle Sprache ist und demnach jeder Algorithmus, insbesondere Logikalgorithmen in der Sprache beschreibbar sind. Man nimmt aber zu diesem Zweck eine Übersetzung, eine Codierung von Problem und Algorithmus in der gegebenen Sprache vor. Im Gegensatz dazu soll unser Ansatz vielmehr einen Baukasten für die Beschreibung von Logikalgorithmen darstellen, aus dessen Inhalt auf einem relativ hohen Niveau Logikverfahren aufgebaut werden können.

Falls für bestimmte Konzepte, Prozeduren, Formelklassen die Ausdruckskraft der bisherigen Erweiterungen der prozeduralen Sprache nicht ausreichen, sollen Datentyperweiterungen, neue elementare Logikoperationen, kompliziertere Logikprozeduren bis hin zu kompletten für diesen Anwendungsfall speziell ausgelegten Verfahren in der Basissprache und deren Erweiterungen programmiert und dem Baukasten hinzugefügt werden.

Unser Ziel ist daher eine Erweiterung einer prozeduralen Basissprache um Logik verarbeitende Befehle und Datenstrukturen mit den nötigen Unterstützungen für die Entwicklung komplexer Logikverfahren, die in wissensbasierten Systemen auf Grundlage der Logik eingesetzt werden können.

Die Logik selbst, insbesondere die klassische Prädikatenlogik, bildet eine gemeinsame Ausgangsbasis, die es aufgrund der Äquivalenz von Semantik und Syntax ermöglicht, mit rein syntaktischen Schlußregeln zu arbeiten, um inhaltliche Aussagen abzuleiten.

Neben der für die meisten Logiken geltenden (relativ) guten Verständlichkeit des in den Formeln ausgedrückten Wissens bietet sich hier der Vorteil von schon vorhandenem großen theoretischen Wissen über den Umgang mit der Logik und ihren Erweiterungen, sowie Wissen über die zu erwartenden Probleme im Zusammenhang mit den angewandten Schlußmechanismen.

Als Ausgangspunkt haben wir die prozedurale Programmiersprache Pascal gewählt, die aufgrund ihres Prozedurkonzeptes und der Möglichkeiten der Definition eigener Datentypen als Basissprache für die Logik verarbeitenden Spracherweiterungen geeignet ist. Dabei bietet sich eine stufenweise Erweiterung an. Das Konzept, dessen Verwirklichung wir anstreben, nämlich die Bereitstellung eines "Baukastens" von Verfahren für die Behandlung von Logik, kann so schon während der Erstellung verwandt und geprüft werden, Erfahrungen bei den Korrektheitsprüfungen z.B. in die für die spätere Programmierung in der Logiksprache notwendigen Testumgebungen einfließen.

Ein erster und für den späteren Erfolg des geplanten Systems sehr wichtiger Punkt ist die Erweiterung der Basissprache um geeignete Datentypen für das Handhabung der Prädikatenlogik. Natürlich ist für den späteren End-Anwender nicht nur diese Sicht auf das intern abgelegte Wissen geplant. Eine Verarbeitung von graphischen Darstellungen wie z.B. Implikationsgraphen soll in Termen der Prädikatenlogik stattfinden, für den End-Anwender werden Übersetzer zwischen den verschiedenen Repräsentationen eingeschoben, die Sicht für ihn sozusagen gefiltert. Auf der anderen Seite können die Datentypen für die Logik und die Prozeduren für ihre Behandlung nicht unmittelbar auf die Basissprache aufgepfropft werden. Hier liegt eine in der Regel systemabhängige Zwischenschicht, die z.B. die notwendigen Listenstrukturen, Zugriffsmechanismen, Speicherverwaltungselemente, etc. enthält. Von der Realisierung dieser Ebene wird später das Laufzeitverhalten des Systems abhängen, als systemabhängigen Teil wollen wir ihn jedoch hier außer Acht lassen. Wir planen hier also eine systemunabhängige Basis, die die in der Logik vorkommenden Daten als Standardtypen zur Verfügung stellt.

Das gestellte Ziel läßt sich nur in einzelnen Ausbaustufen erreichen, in die jeweils die bei der Realisierung der vorherigen Stufe gesammelten Erfahrungen einfließen und für deren Aufbau zum Teil im System vorhandene oder für spätere Stufen geplante Hilfsmittel verwendet werden können.

- Erweiterung der Basissprache um Objekte der Logik
- Entwicklungsumgebung für die Programmierung von elementaren Logikprozeduren
- Entwicklungsumgebung für die Programmierung von Logikalgorithmen
- Entwicklungsumgebung für die Programmierung von Logikprogrammen

4.1 Vorgehensweise

Wir wollen nun beschreiben, wie wir die Anforderungen, die aus den oben genannten Zielsetzungen resultieren, umsetzen können. Als Basissprache für die Entwicklungsumgebung wählen wir die Programmiersprache Pascal, die aufgrund ihres Konzeptes für die geplanten Erweiterungen geeignet ist. Die große Palette der Anwendungen, die angestrebt wird, erfordert einen ebenfalls großen Umfang an Utilityprozeduren, die zu einem Teil mit der Logikprogrammierung nichts zu tun haben.

Als Ausgangspunkt für eine stufenweise Entwicklung des Systems wählen wir die Ebene der Prädikatenlogik. Für die Realisierung der benötigten Datentypen wie Formel oder Prädikat sind natürlich verschiedene Hilfsdatentypen und Zugriffs- und Verwaltungsfunktionen und -prozeduren nötig. Diese sind in der Regel, insbesondere die Unterprozeduren der Verwaltungsfunktionen, systemabhängige Programmteile, die wir mit festliegender Spezifikation als gegeben voraussetzen wollen. Die Datenstrukturen zur Speicherung von Formeln sollten auf der anderen Seite so weit wie möglich auf Standarddatentypen aufgebaut sein, um in den Logikprozeduren z.B. auf die Komponenten einer Formel einfach zugreifen zu können. Hieraus resultiert ein Stufenmodell für die Realisierung der Entwicklungsumgebung für die Logikprogrammierung.

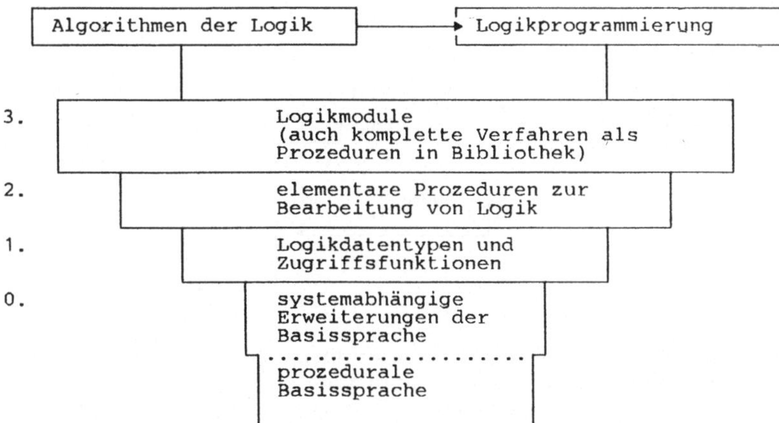

Die Stufe 1 ist die eigentliche Ausgangsposition der Entwicklung. In dieser Stufe werden die grundlegenden sprachlichen und organisatorischen Mittel für den Umgang mit der Logik festgelegt. Deren Realisierung wird in Stufe 0 vorgenommen, die damit eine Grundlage schafft, auf die unabhängig vom Dialekt der Basissprache und deren Implementation aufgebaut werden kann.

4.2 Definition der Datentypen

Die für den Umgang mit der Logik bereitzustellenden Datentypen spielen eine sehr wichtige Rolle. Wir wollen den Anwender weitgehend davon befreien, sich neue Datentypen definieren zu müssen, die sich für seinen speziellen Algorithmus zur Wissensverarbeitung oder seine speziellen Formeln der Logik eignen. Man kann natürlich nicht erwarten, mit einer wenn auch recht variablen Menge von neuen Datentypen sämtliche auftretenden Aufgaben erledigen zu können. Wir wollen allerdings soweit wie möglich alle in der Prädikatenlogik vorkommenden Daten innerhalb dieser Datentypen bereitstellen.

Zu den zusätzlich zu definierenden Logikdatentypen sollen unter anderem die folgenden gehören:

- Datentyp Formel
- Datentyp Prädikat
- Datentyp Term
- Datentyp Funktion
- Datentyp Variable
- Datentyp Konstante

Die induktiven Definitionen für Objekte der Logik lassen sich sehr gut in dynamischen Strukturen realisieren, die Darstellungen der Definitionszeilen sind. Der grundsätzliche Aufbau kann für alle oben angesprochenen Datentypen gleich sein:

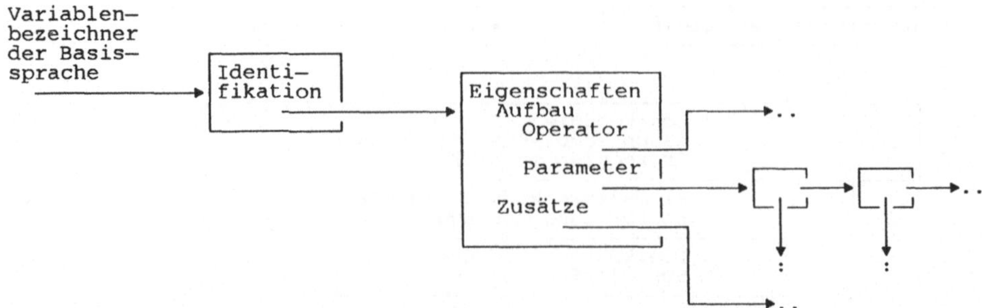

Die Variable der Basissprache, unter der z.B. eine Formel abgespeichert werden kann,
zeigt auf einen Identifikationsknoten, der die Information enthält, ob es sich um eine
Variable für eine Formel oder eine abgespeicherte Formel handelt. Im letzteren Fall ist
ein Pointer auf die Struktur enthalten, die nähere Information zu dieser Formel enthält,
wie Wahrheitswert oder Bestandteile der Formel, sowie einen Pointer auf den zusam-
mensetzenden Operator und die Argumente. In einer weiteren Unterstruktur können
beliebige Zusätze etwa als Liste von ASCII-Werten abgelegt werden.

Die Beispielformel $\forall x: Q(x)$ hat innerhalb dieser Struktur das folgende Aussehen.
Dabei verwenden wir für die Identifikationsknoten die Zeichen V für Variable, P für
Prädikat, O für Operator, T für Term und F für Formel. Die Knoten, die Eigenschaften
der Elemente der Formel enthalten, tragen die Bezeichnung prim und comb, je nachdem
ob es sich um Primformeln/-terme oder zusammengesetzte Formeln/Terme handelt, bzw.
die Bezeichnung der Variablen, des Prädikats, etc..

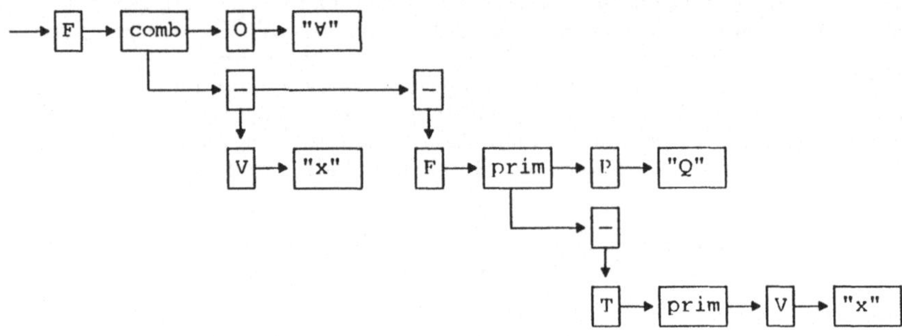

$$\forall x: Q(x)$$

Die Darstellung dieser relativ kurzen Formel ist offensichtlich schon sehr umfangreich.
Allerdings hat die recht gut erkennbare Speicherung durch die erwähnten gleichartigen
Strukturen, die verkettet sind, große Vorteile im Hinblick auf die Variabilität des Kon-
zeptes. Hier ist es leicht möglich, ein Konzept von Variablen (der Basissprache) in die
Formeln (der Logik) einzubringen. In dieser Darstellungsweise läßt sich eine Bedingung

"Wenn die Formel F eine Konjunktion zweier Primformeln ist, dann ..."

ohne Schwierigkeiten ausdrücken, Variablen der Basissprache können so Werte zuge-
wiesen werden, die nicht komplett formulierte Formeln sind, sondern die Freiplätze enthalten, die z.B. bei Unifikationen besetzt werden können.

Ein weiterer Effekt dieser Darstellungsweise ist die Möglichkeit, zu einer Formel nicht
die komplette Darstellung abzuspeichern. Zu einer Formel werden der Operator und die
Pointer auf die Teilformeln abgespeichert, ein Verfahren, das für die Speicherung nur
einer Formel noch keine, aber bei großen Formelmengen aufgrund der vielfach gemeinsamen Teilformeln Vorteile bringt.

In der beschriebenen Struktur ist auch die Realisierung anderer Daten möglich. So lassen sich z.B. Frames, wie sie bei Lee beschrieben sind (Lee 1986), realisieren. Die Frames lassen sich in Pascal etwa so beschreiben:

```
TYPE
      frame = RECORD
                  name            :   ... ;
                  item          : ptr of slot;
              END;


      slot  = RECORD
                  name            :   ... ;
                  value           :   ... ;
                  facet_list  : ptr of facet;
                  next_slot   : ptr of slot;
              END;


      facet = RECORD
                  facet_description :  ... ;
                  facet_value       :  ... ;
                  next_facet        : ptr of facet;
              END;
```

Offensichtlich kann man in dieser Struktur abgelegte Daten in prädikatenlogische Formeln transferieren, die im wesentlichen aus Konjunktionen bestimmter Prädikate bestehen. Die noch unbelegten oder nicht instantiierten Datenfelder in Frames können durch entsprechende Variablen (der Basissprache) für Formeln (zur Aufnahme neuer Facets) und Konstanten oder Variablen (zur Aufnahme von Werten für die Facets) dargestellt werden.

Nicht nur für andere Formen der Wissensrepräsentation, sondern auch für die Darstellung von speziellen Zusätzen zu normalen prädikatenlogischen Formeln sollen Möglichkeiten vorhanden sein. Natürlich kann dies extern geschehen, wie z.B. für Formeln mit Wahrscheinlichkeiten.

```
TYPE
      w_formel = RECORD
                  f : formel ;
                  w : probability;
              END;
```

Gerade wenig umfangreiche Daten wie Wahrscheinlichkeitswerte sind ebenso wie Wahrheitswerte sinnvollerweise in der Datenstruktur für Formeln selbst abgelegt, etwa in einer Liste, die im oben gezeigten Knoten mit den Eigenschaften einer Formel über die Komponente "Zusätze" angesprochen werden kann. Denn viele zusätzliche Angaben über Formeln werden induktiv über den Aufbau der Formeln definiert und ändern sich nicht für Teilformeln, die in einer Gesamtformel mehrfach vorkommen.

In dem Datentyp "Formel" verbergen sich bei der Logikprogrammierung insbesondere in Expertensystemen sowohl deskriptive, als auch prozedurale Elemente wie *read-*, *write-* und Knowledge Base Management Ppädikate. Dies sind insofern Sonderprädikate, als hier Aktionen ausgeführt werden müssen.

Schon auf der Ebene von Termen begegnen wir in Prolog einem solchen Mechanismus, und zwar bei der Auswertung arithmetischer Ausdrücke, die vom rein logischen Standpunkt her nicht generell zulässig ist. Ein zusätzliches Prädikat dieses prozeduralen Typs wäre eine Benutzeranfrage. In Expertensystemen läßt sich durch Verwendung solcher Anfragen ein Beweis ggf. enorm beschleunigen, bzw. erst führen. Eine Realisierung der Benutzeranfrage ist in der beschriebenen Datenstruktur auf zweierlei Weisen möglich. Zum einen kann ein Prädikat durch eine zusätzliche Information gekennzeichnet werden, so daß eine Anfrage an den Benutzer nach Gültigkeit des Faktums vom Inferenzmechanismus dann ausgeführt wird, wenn kein Beweis für das Prädikat aus der Wissensbasis geführt werden kann. Eine weitere Möglichkeit ist die direkte Formulierung einer Anfrage in der Formel selbst.

```
p(X) ← q(X), ask_user(s(X)).
```

Die Benutzeranfrage kann hier im Sinne der Syntax als Operator aufgefaßt werden. Sie wird für dieses Prädikat mit der speziellen Belegung von X nur bei Bearbeitung dieser Klausel ausgeführt.

In diesem Sinne können auch Prozeduren wie *read, write, display, assert, retract, trace,* etc. integriert werden. Zusätzlich soll es möglich sein, eigene Prozeduren zu programmieren, ebenfalls in dieser Weise in die Logiksprache aufzunehmen und vergleichbar den selbst definierten Prolog Built-in-Prädikaten ausführen zu lassen, z.B.

```
p(X) ← user_procedure(X).
```

Hier muß jedoch noch untersucht werden, wie dieser Übergang von deskriptiver zu prozeduraler Sprache zu interpretieren ist, z.B. wenn statt Prolog (mit einfacher prozeduraler Interpretation) die volle Prädikatenlogik vorliegt. Beispiel:

```
p(X) and ask_user(q(Y)) or not(assert(p(Y))).
```

Eine weitere Möglichkeiten besteht darin, Prädikate und Funktionen mit festgelegter Bedeutung, also Einschränkungen der Modellauswahl zu erlauben. Diese Modelleinschränkungen sollen dann aber auch in Richtung Datentypen für Variablen und Konstanten, Domain-Closure-Voraussetzung, o.ä. weitergeführt werden können und sich nicht auf die Rolle des Mittels zum Zweck bei der Realisierung von Prozeduraufrufen in Formeln der Logik und in Regeln von Produktionssystemen beschränken.

Beispiele für Prädikate mit vorgegebener Interpretation

```
ask_user(P(X))
        Gültigkeit des Prädikats P / Wert für die
        aktuelle Variablenbelegung von X erfragen

parameter_types(P/F,int/string/*/....,...)
        Argumente des Prädikats P / Argumente und Wert der
        Funktion F müssen den angegebenen Typen angehören
        (Integer,String,Liste,ohne Typeinschränkung,...)

execute(P(X,Y,...))
        Ausführung der Prozedur P mit den Parametern X,Y...
```

4.3 Programmierung von Logik

Die Verfahren der Logik orientieren sich an syntaktischen Eigenschaften der Formeln. Die oben angegebene Darstellung spiegelt den syntaktischen Aufbau ebenfalls wieder und unterstützt so deren Programmierung. Die Algorithmen der Logik sind auf Ermittlung von syntaktischen Eigenschaften konzentriert. Diese Algorithmen sind modular aufgebaut, sie stützen sich auf einfachere Prozeduren und Funktionen. Allerdings kann eine solche Verfeinerung nicht beliebig weit getrieben werden, da die Objekte der Logik nicht beliebig fein unterteilt werden können. Von der Logik her gesehen gibt es also eine Art von Basismenge von Operationen und Funktionen, aus denen sich die Algorithmen der Logik aufbauen lassen.

Rein strukturell lassen sich so drei Ebenen bei der Erstellung von Verfahren der Logik unterscheiden. In der ersten Ebene werden Prozeduren und Funktionen programmiert nur im Rückgriff auf die Basissprache, in der zweiten Ebene werden kompliziertere Prozeduren aus den einfachen zusammengesetzt, während in der dritten und letzten Ebene aus den zur Verfügung stehenden Prozeduren eigenständige Programme erstellt werden. Während die Anforderungen der dritten Stufe der Programmierung von Logikverfahren eine Unterscheidung von der zweiten Ebene schon allein aufgrund der sehr unterschiedlichen Testumgebungen sinnvoll erscheinen läßt, ist die Unterscheidung zwischen erster und zweiter Stufe nicht so offensichtlich. Im Gegensatz zu Verfahren der ersten Stufe benötigt man in der zweiten Stufe nicht unbedingt Kenntnis von der unterliegenden Datenstruktur der Formeln, hier kann eine Programmierung auf einer höheren logischen Ebene betrieben werden, wie auch in der dritten Stufe, hier allerdings mit etwas anderer Zielsetzung, nämlich der Erstellung von Logikalgorithmen zur Einbindung in Programme oder zum Aufbau komplizierterer Verfahren, nicht dem Aufbau von Anwendungsprogrammen.

Die Möglichkeiten der zweiten Stufe sollen auch in der ersten Stufe gegeben sein, die Programmierung hier setzt aber ein umfangreiches Detailwissen in der verwendeten Basissprache und in den verwendeten internen Darstellungen für die Logik voraus. Die drei Stufen des Systems sind von der Verwendung her damit so zu unterscheiden.

- Stufe 1: Erweiterung der Möglichkeiten der Programmierung von Logikverfahren durch Implementation weiterer Grundprozeduren, bzw. schneller Versionen von zusammengesetzten Prozeduren

- Stufe 2: Erstellung komplexer Algorithmen und deren Erprobung

- Stufe 3: Anwendung der Logikverfahren in Programmen zur Logikverarbeitung, wie Expertensystemen oder Systemen für die Logikprogrammierung (Prolog-Interpreter)

4.3.1 Programmierung elementarer Logikprozeduren

Die Programmierung der elementaren Logikprozeduren in der Basissprache setzt die genaue Kenntnis der verwendeten Datenstrukturen für Formeln und deren Verwaltung voraus, sowie der systemabhängigen Hilfsmittel für den Umgang hiermit. Wir wollen uns hier auf die Beschreibung einiger elementarer Logikprozeduren beschränken.

Neben Prozeduren für Eingabe und Ausgabe benötigt man zunächst einmal Möglichkeiten für das Erkennen von syntaktischen Bestandteilen der Formeln. Neben Prozeduren zur Zerlegung einer Formel werden auch Testprozeduren für verschiedene Zwecke benötigt, z.B.

- Feststellung des Vorkommens von
  - Prädikaten,
  - Funktionen,
  - Konstanten,
  - Variablen,
  - Operatoren
- Feststellung des Vorkommens bestimmter Elemente in einer Formel (z.B. Vorkommen von Allquantoren oder eines bestimmten Prädikats)
- Feststellung der Position des nächsten Vorkommens in einer Formel

Die genannten Tests zur Bestimmung z.B. des Vorkommens einer Variablen kann natürlich auch über eine rekursive Zerlegung der Formel in ihre Bestandteile erfolgen, aus Effizienzgründen muß allerdings auch die Möglichkeit vorhanden sein, direkt auf die rechnerinterne Darstellung zuzugreifen und eine Formel nur als Baum zu betrachten.

Im Rahmen von Prozeduren für die Elimination z.B. der Identität, Skolemisierung, usw. sind Umbenennungen notwendig. Hierfür benötigt man Hilfsprozeduren für die

- Bestimmung "neuer" Variablen-, Konstanten-, Funktions- oder Prädikatsnamens ("neu" im Sinne von nocht nicht in der Formel(-menge) vorkommend),
- Umbenennung von Variablen, Konstanten, Funktionen und Prädikaten

Für die Realisierung solcher Prozeduren muß man über Variablen der Basissprache in Formeln der Logik sprechen können. Eine Formulierung wie

"Wenn die Formel F die Konjunktion zweier Formeln G und H ist,..."

muß in der erweiterten Basissprache möglich sein.

Weitere Prozeduren zur elementaren Logikverarbeitung, die in der ersten Ebene als Spracherweiterung realisiert sein sollen, sind z.B.

- Umwandlungen einfachen Typs in logisch äquivalente Formeln
    - gebundene Umbenennung von quantifizierten Variablen
    - Anwendung von Distributivgesetzen
    - Herstellung pränexer Formen
    - Herstellung der Negationsnormalform
- Umwandlungen einfachen Typs in erfüllbar äquivalente Formeln
    - Skolemisierung
    - Elimination der Identität
- Bestimmung der Zugehörigkeit zu Teilklassen der Prädikatenlogik
    - Aussagenlogik
    - Horn-Formeln
    - Krom-Formeln
    - Präfix-Klassen
    - Monadische Prädikatenlogik
    - Reine Identitätslogik

Die letztgenannten Verfahren gehören schon zu den komplexeren aus elementaren Logikprozeduren zusammengesetzten Verfahren, wie das Beispiel zur Erstellung der Negationsnormalform einer Formel zeigt. Als Voraussetzung gelte, daß $F eine Formel der klassischen Prädikatenlogik erster Stufe sei, nur aufgebaut mittels der Operatoren $\neg$ (nicht), $\wedge$ (und), $\vee$ (oder), $\forall$ (für alle) und $\exists$ (es gibt). (Für die Verarbeitung durch den Rechner müssen in der Regel statt der Sonderzeichen andere ASCII-Zeichen gewählt werden, z.B. % = $\neg$, & = $\forall$, # = $\vee$, Λ = $\forall$, E = $\exists$. Variablen der Basissprache sind wieder durch ein führendes "$" gekennzeichnet.)

```
procedure neg_norm( $F : formel ; var $NNF : formel);


(* $F Ausgangsformel, $NNF zugeh. Negationsnormalform *)


var $G,$G1,$NNG,$NNG1,..... : formel ;
    $x                      : variable ;


begin
  if ( $F = E $x : $G )
    then begin
          neg_norm($G,$NNG) ;
          $NNF := E $x : $NNG ;
        end
    else begin
          .
          .                       (* Andere Fälle analog *)
          else begin
                if ($F = % E $x : $G )
                  then begin
                        $G1 := % $G ;
                        neg_norm($G,$NNG1) ;
                        $NNF := A $x : $NNG1 ;
                      end
                  else begin
                        .
                        . (* Andere Fälle analog *)
                      end
        end
end;
```

Man erkennt deutlich an diesem Beispiel, wie groß die Bedeutung der Formulierbarkeit von Formeln mit Variablen der Basissprache für die Programmierung solcher an sich einfacher Verfahren ist. Man sieht aber auch, daß eine Programmierung direkt in der Basissprache einen erheblichen Zeit- und Platzgewinn bedeutet. Auf der anderen Seite zeigt es sich, daß bei der Implementation der Basiserweiterungen sehr sorgfältig alle Möglichkeiten der Laufzeitverkürzung ausgenutzt werden müssen, aber auch, daß eine solche erweiterte Basissprache sich sehr gut für ein schnelles Prototyping eignet. Hierzu gehört aber eine entsprechende Entwicklungsumgebung.

Ein System in dem mit Hilfe solcher Erweiterungen die Logikverarbeitung vorgenommen werden kann, läßt sich mit verschiedenen Hilfsmitteln zu einer komfortablen Entwicklungsumgebung ausbauen.

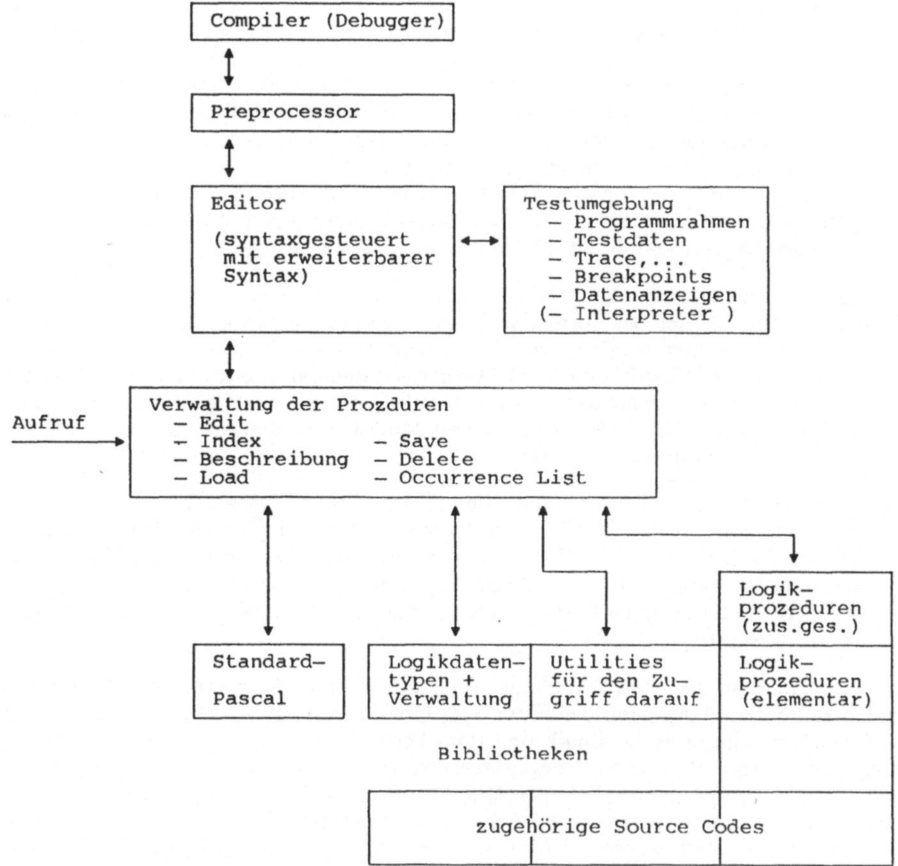

Programmierumgebung für die erste Ebene

Zu einem solchen System gehören Hilfsmittel für die Programmierung in der (erweiterten) Basissprache, wie

- Editoren für die Programmerstellung in der (erweiterten) Basissprache
- Parser zur Unterstützung der syntaktisch korrekten Programmierung während des Editiervorgangs
- Präprozessor zur Übersetzung der Programme in der erweiterten Basissprache zurück in die Basissprache für den eigentlichen Compilerlauf
- Testumgebung für die erstellten Module, d.h. insbesondere Bereitstellung von einfachen Möglichkeiten, die Module in passenden Rahmen auf ihre Korrektheit zu testen, und Bereitstellung von kritischen Daten für die Tests
- Verwaltung der erstellten Module für nachträgliche weitere Änderungen
- Grundbibliothek von Modulen
    - zur (interaktiven) Erfassung von Logik
    - zur (provisorischen) Ausgabe von Logik
    - für syntaktische Bearbeitung und Tests von Logik (elementare Logikprozeduren)
    - für komplexere Verfahren wie Skolemisierung von Formeln oder für Verfahren auf Wissensbasen statt auf Formeln
    - programmiertechnische Hilfsmittel, wie z.B. Prozedurrahmen für die rekursive Bearbeitung von in Bäumen abgelegten Formeln mit Hilfe von lokalen Modulen
    - zur Erzeugung von Parsern z.B. für die Überprüfung von logischen Formeln bestimmten Typs bei interaktiver Eingabe
    - zur Unterstützung für den Aufruf externer Programme
    - für die Dokumentation der mit Makroprogrammen erfolgten schrittweisen Änderung von Daten z.B. für Testzwecke (Trace-Modul).

Die Programmierung bzw. Anpassung von Modulen kann in einer Umgebung vorgenommen werden, die der bei normalen Programmiervorgängen entspricht. Es muß allerdings darauf geachtet werden, daß dem Benutzer Hilfsmittel an die Hand gegeben werden, die ihm einen Überblick über die bisherigen und damit auch im neuen Programm verwendbaren Module verschaffen oder die Aufnahme eines fertigen Programms in die Bibliothek erlauben. Für die Verwaltung von Modulen werden deshalb z.B. zumindest die folgenden Informationen nötig sein:

- vorhandene Module (für die Kontrolle auf definierte Makroaufrufe)
- Schnittstellenparameter (für Test der Typkorrektheit der Übergabeparameter)
- Leistung des Moduls (für Hilfen bei der Programmierung mit solchen Modulen)und
- Quellcode des Moduls (für evtl. Änderungen und Ergänzungen an Modulen)
- Library mit den (compilierten) Modulen (für die Erstellung komplizierter Prozeduren wie z.B. Resolution)

Um Verfahren für die Prädikatenlogik auch auf andere Wissensrepräsentationen anwenden zu können, benötigen wir Filter oder Oberflächen, die eine Übersetzung von der jeweiligen Darstellung in die Logik und umgekehrt leisten. Die eigentliche Anwendung dieser Filter wird erst bei der Programmierung von Anwendungen in der dritten Stufe des Systems vorgenommen. Da ein solches Transfermodul aber sehr stark auf die zugrunde liegenden Datentypen Bezug nehmen muß, sollten sie ebenfalls als Basismodule zur Verfügung gestellt werden. Für einen Teil dieser externen Repräsentationen des Wissens bedeutet der Filter dann lediglich eine bequeme Möglichkeit der Eingabe, wie z.B. für Produktionsregeln, die mit einem speziellen Prädikat *action(...)* unmittelbar in die interne Repräsentation übertragbar wären, andere sind nur Einschränkungen der internen Repräsentation. Externe Repräsentationen wie die natürliche Sprache erfordern aber einen ganz erheblichen Übersetzungsaufwand, und sind wahrscheinlich nur mit einschneidenden Beschränkungen realisierbar. Die folgenden Filter sind einige Beispiele für extern zu bearbeitende Wissensrepräsentationen

- Prädikatenlogik - Produktionsregeln
- Prädikatenlogik - Frames
- Prädikatenlogik - Aussagenlogik
- Prädikatenlogik - Natürliche Sprache
- Prädikatenlogik - Semantische Netze

4.3.2 Programmierung komplexer Logikprozeduren

Die zweite Ebene des Systems dient vor allem der Programmierung von komplizierteren Logikverfahren, z.B. der Erzeugung von Herbrand-Beispielen einer Formel bis hin zu komplexen Verfahren wie z.B. einem Prolog-Interpreter. Dadurch unterscheidet sich diese Ebene nicht von der ersten Ebene, in der dies auch möglich war. Allerdings soll von dieser Ebene an die Benutzung von Logikdatentypen nur im Sinne von Basisdatentypen gestattet sein, d.h. es ist hier nur die Programmierung von Prozeduren möglich, die mit den Objekten der Logik umgehen, wie es die Werkzeuge, die von der ersten Ebene zur Verfügung gestellt werden, gestatten. Auf einem abstrakten Niveau lassen sich so Verfahren formalisieren und testen. Diese Ebene ist also mehr eine Umgebung für das Prototyping von Logikprozeduren.

Auf der anderen Seite müssen gerade bei komplexen Verfahren große Mengen an Verfahrensinformationen und Zwischenergebnissen gehalten werden, so daß auch prototypische Anwendungen von Kontrollmechanismen programmiert werden müssen. In diesen Kontrollmechanismen liegen oft die Unterschiede verschiedener Inferenzverfahren, während das logische Prinzip des Schließens gleich sein kann.

Da die Aufgaben, die in der zweiten Ebene des Systems zu lösen sind, denen der ersten Stufe ähneln, ist auch der Aufbau analog der ersten Ebene. Allerdings haben sich die Schwergewichte verschoben. Während dort ein Sortiment von Grundwerkzeugen bereitgestellt werden soll, das eine möglichst flexible Programmierung ermöglicht, liegt das Schwergewicht hier auf der prototypischen Entwicklung von Logikverfahren. Dies führt eher zu einer umfangreichen Programmbibliothek, für die man eine übersichtliche Organisation liefern muß. Die Schwerpunkte sind hier also Organisation und Testen.

Daneben entstehen aus dem Umgang mit der zweiten Stufe des Systems umfangreiche Verfahrensbanken, die für eine Realisierung von Expertensystemshells oder Logikprogrammen in der dritten Ebene benötigt werden. Allerdings kann man nur erwarten, daß die Logik betreffende Algorithmen erarbeitet werden können. Andere, die z.B. eine Prozeßsteuerung im Multitasking Betrieb leisten, oder intelligente Speicherstrukturen betreffen, müssen hier, z.T. aber auch erst in der dritten Ebene zur Verfügung gestellt werden.

Die vier Schwerpunkte bei den in Ebene 2 zu entwickelnden und bereitzustellenden Prozeduren sind die Wissensaktualisierung, die Inferenzmechanismen, die Verwaltung von Statusinformation und das Angebot von Test-Interfaces für diese Mechanismen.

Zur Wissensaktualisierungskomponente gehören Verfahren mit den folgenden speziellen Aufgaben:

- Wissensaquisition: Hierunter fallen insbesondere die Konsistenzprüfungen für Wissensbasen und die den verschiedenen Wissensrepräsentationen entsprechenden Eingabemöglichkeiten.

- Wissensverwaltung: Sie umfaßt Verfahren zur logikgerechten Abspeicherung der verwandten Datenstrukturen, die Einteilung des Wissens in Partitionen (Worlds), sowie in den Modulen zur Speicherung, ggf. Datenbankschnittstellen zur Verarbeitung großer Datenmengen.

- Update: Der Update von Wissensbasen, die aus logischen Formeln bestehen, enthält große logische Probleme, z.B. Konsistenzfragen bei Insert-Operationen.

Die Wissensaktualisierung kann allerdings nicht isoliert gesehen werden. Die Mechanismen für Konsistenztests sind sehr stark mit Ableitungsmechanismen verwandt, die Wissensaquisition benötigt der Wissensrepräsentation entsprechende Eingabe-, Editier- und Parsingmöglichkeiten.

Die Inferenzmechanismen, die eine Verfahrensbank in unserem Sinne bereitstellen sollte, sind zunächst einmal Verfahren, wie sie im Moment eingesetzt werden:

- Zielorientierte Resolutionsverfahren
- Datengetriebene Resolutionsverfahren
- Mischungen beider Verfahren
- Tableau-Verfahren
- Realisierung von Monitorregeln

Ebenso müssen die verschiedenen Möglichkeiten der Gleichheitsbehandlung abgedeckt werde.

In die Inferenzmechanismen müssen Möglichkeiten der Protokollierung der vorgenommenen Schlüsse eingebaut sein. Diese sind jedoch in Grundzügen schon vorhanden in Form von für die Programmierung benötigten Tests.

- Bereitstellung von Programmrahmen für die Einbindung von neuen Verfahren zu Testzwecken (Ein Inferenzmechanismus benötigt eine Wissensbasis und Anfragen, läßt sich also nicht allein testen.)
- Verschiedene Trace-Möglichkeiten (Anzeige der Unifikationen, der betrachteten Formeln,...)
- Protokollierung von Input- und Outputvorgängen
- Setzen von Breakpoints für die Ausführung
- Bereitstellung von Testdaten vordefinierter Datentypen mit bestimmten Ausgaben zur Überprüfung der Korrekheit von Verfahren und der Performance
- Bibliothek mit Komponenten für Erklärungen und Hilfen wie
    - Informationsdatenbanken
    - Demoprogramme
    - Hilfen während des Programmablaufs

Eine wichtige Forderung an eine Programmierumgebung auf dieser Ebene ist eine gute Verwaltung von erstellten Modulen und die Unterstützung des Programmierers bei deren Erstellung. Da viele dieser Aufgaben auch in Programmen für die Logikverarbeitung auftreten und die Testmöglichkeiten z.B. bei der deklarativen Programmierung über einem Logikverfahren wieder benötigt werden, sind die Verfahren, die bei der Programmierung von Anwendungen in dem System verwandt werden sollen, auch schon bei der Erstellung der Umgebung selbst verwendbar.

4.4 Erstellung von Umgebungen für die Logikprogrammierung

Mit den in den beschriebenen Bibliotheken abgelegten Prozeduren und Funktionen sowie den zusätzlichen Datentypen erhält man eine prozedurale Programmiersprache mit umfangreichen Möglichkeiten der Bearbeitung von Logik. Aus diesem Baukasten von Modulen lassen sich eine Reihe von komplizierten Algorithmen, z.B. Interpreter für ein reduziertes Prolog, auf einfache Weise erstellen, da die benötigten Teilstücke wie Unifikation zweier Prädikate, Verwaltung von Formeln, Substitutionen, Backtrack-Informationen durch verschiedene Module komplett erledigt, oder einfach beschreibbar gemacht wird.

In dieser dritten Ebene des Systems sollen zielgerichtet die einzelnen Module zu kompletten Programmen zusammengesetzt werden, die die gewünschten Anwendungen erfüllen, wie etwa der gerade genannte Interpreter für Pure-Prolog sein, dessen Inferenzmechanismus vielleicht um spezielle Features erweitert worden ist (verschiedene Möglichkeiten der Loop-Erkennung, kombinierte Breiten- und Tiefensuche).

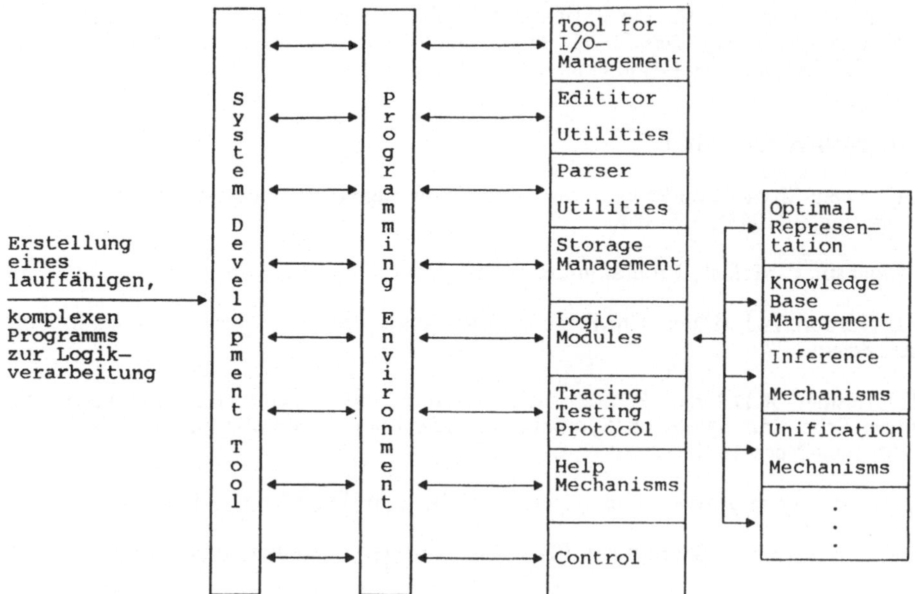

Umgebung für die Programmierung von Anwendungen

Die Komplexität der erzeugten Programme oder Prozeduren ist mit jeder der Stufen des Gesamtsystems angewachsen. Für den Entwurf von in der Regel so umfangreichen Systemen wie Interpretern für Logiksprachen ist aber eine Computerunterstützung für die Planung und Realisierung notwendig. Für eigenständige Programme werden dann auch umfangreiche Werkzeuge für die Realisierung von Input und Output benötigt wie

- Generierung von Bildschirmmasken
- Bildschirm Manager (Windowing)
- Menu-Utilities
- Generierung von anwendungs- und syntaxorientierte Editoren
- Generierung spezieller Parser (für benutzerspezifische Wissensrepräsentation)
- passende Ausgabemöglichkeiten für z.B. Graphen, Frames, Tabellen, Beweise,... für Bildschirm, Drucker,...
- Tastatur-, Bildschirm- und Druckertreiber

Die Bereitstellung solcher Module sollte gleichzeitig schon mit der Erstellung der ersten Ebene des Systems geschehen, da viele der Hilfsmittel, die unter den gerade genannten Begriffen zu finden sind, dort schon angewandt und dabei auch erprobt werden können.

5.0 Schlußbemerkungen

Für die Brauchbarkeit einer solchen Sprache zur Verarbeitung von Logik ist die gewählte Basissprache entscheidend. Da wir nicht eine neue Sprache entwerfen und implementieren wollen, sondern eine existierende Sprache erweitern wollen, ist die (langfristige) Verbreitung der Basissprache ein notwendiges Kriterium. Die Realisierung der prozeduralen Gesichtspunkte in der Logikprogrammierung und die Erstellung von Algorithmen aus vorgefertigten Modulen unter Berücksichtigung der im Software Engineering entwickelten Methoden lassen es sinnvoll erscheinen, sich für eine prozedurale Programmiersprache als Basissprache zu entscheiden. Daneben sollte die Basissprache abstrakte Datentypen für die Definition der gewünschten Logikdatentypen zur Verfügung stellen.

Wichtig ist aber, daß für die Basissprache komfortable Entwicklungsumgebungen zur Verfügung stehen, wie dies für C, Pascal und Modula der Fall ist. Wir haben bisher Pascal für die Implementation einer Teilversion der Stufen 1 und 2 des Systems gewählt.

Literaturverzeichnis

K.A.Bowen: Meta-Level Programming and Knowledge Representation, New Generation Computing, 3 (1985), 359-383

W.Clocksin, C.Mellish: Programming in PROLOG, Heidelberg: Springer-Verlag, 1984

M.J. Gordon, A.J.Milner, Chr.P.Wadsworth: Edinburgh LCF, Lecture Notes in Computer Science 78

J.H.Griesmer, R.D.Jenks: Scratchpad/1- An Interactive Facility for Symbolic Mathematics, Proc. 2nd Symp. on Symbolic and Algebraic Manipulation (ed. S.R.Petrick), ACM, New York 1971

E.Horowitz: Programming Languages, Heidelberg: Springer-Verlag, 1983

H. Kleine Büning, S. Schmittgen: PROLOG, Stuttgart: Teubner, 1986

H.Ito, H.Ueno: ZERO: Frame + Prolog, Proc. of the 4th Conf. on Logic Programming '85, LNCS 221, 1986

R.Kowalski: Logic for Problem Solving, Amsterdam: North-Holland, 1985

Newton S. Lee: Programming in P-shell, IEEE Expert, 1986

J.W.Lloyd: Foundations of Logic Programming, Heidelberg: Springer-Verlag, 1984.

E.Lusk, R.A.Overbeek: A Portable Enviroment for Research in Automated Reasoning, Proc.CADE-7, 43-52, 1984

E.Lusk, R.A.Overbeek: Data Structures and Control Architecture for Implementation of Theorem-Proving Programs, LNCS 87 (1980)

A.Mycroft, R.A.O'Keefe: A Polymorphic Type System for Prolog, Artificial Intelligence 23, 295-307, 1984

J.Reynolds: Types, Abstraction and Parametric Polymorphism, Proc. IFIP 9th World Comp. Congr., R.E.A. Mason (ed.) 513-523, 1983

Vererbungshierarchien und Prädikatenlogik

P. H. Schmitt
IBM Deutschland GmbH
Wissenschaftliches Zentrum Heidelberg
Wilckensstraße 1a
6900 Heidelberg

Einleitung

Nachdem zunächst prädikatenlogisch orientierte und framebasierte Wissensrepräsentationssprachen als getrennte oder nur lose gekoppelte Formalismen aufgefaßt wurden, sind im Laufe der etwa drei letzten Jahre Vorschläge für eine intensivere Integration der beiden Repräsentationsformen veröffentlicht worden. Die beiden Arbeiten (Ait-Kaci & Nasr 1986) und (Mycroft & O'Keefe 1984) mögen hier stellvertretend genannt werden. Der prinzipielle Ansatz sieht vor in einem mehrsortigen Prädikatenkalkül die Menge der Sorten mit einer Teilsortenbeziehung zu versehen und eine interne Struktur auf den Sorten einzuführen. In den beiden zitierten Arbeiten wird dabei nur der universelle Hornklauselteil des Prädikatenkalkül betrachtet. Im Rahmen des Grundlagenforschungsprojekts LILOG, das die IBM Deutschland GmbH im Verbund mit fünf deutschen Universitäten und einem Softwarehaus auf dem Gebiet der sprachverstehenden Systeme durchführt, arbeitet man mit einer Variante dieses Ansatzes als Wissensrepräsentationssprache. In der vorliegenden Publikation soll auf einen Teilaspekt dieses Unterfangens näher eingegangen werden. Wie in allen mehrsortigen Kalkülen, so hat man auch in der LILOG-Wissensrepräsentationssprache die Wahl zwischen der Darstellung einer Menge als Sorte oder als einstellige Relation, ja sogar zwischen der Darstellung einer Beziehung als Sorte mit interner Attributstruktur oder als mehrstellige Relation. Wir geben in den ersten beiden Kapiteln eine präzise Übersetzung der sorten-, oder wie wir etwas neutraler sagen, der mengenorientierten Darstellung in eine relationenorientierte und zwar sowohl auf syntaktischer als auch auf semantischer Ebene. Unsere Übersetzung weicht ab von der üblichen, die auf der relationenorientierten Seite nur ein- und zweistellige Relationen liefert.

In den letzten beiden Kapiteln werden unabhängig von den vorangegangenen zwei Forschungsvorschläge aus dem Interaktionsbereich von mathematischer Logik bzw. klassischer Algebra und Künstlicher Intelligenz vorgeschlagen. Während des workshops "Wissensrepräsentation in Expertensystemen", auf dem die vorliegende Arbeit zuerst präsentiert wurde, war viel die Rede davon, wie erfolgversprechend und wichtig ein Austausch von Resultaten, Ideen oder Anregungen zwischen der alten und der jungen Forschungsdisziplin zu beiderseitigem

Vorteil sei. Wir hoffen mit den beiden letzten Kapiteln einen fruchtbaren Beitrag in diesem Sinne geleistet zu haben.

Es ist mir eine angenehme Verpflichtung mich bei allen Teilnehmern des workshops "Wissensrepräsentation in Expertensystemen" zu bedanken, die durch ihre Kommentare und Anregungen zum Gelingen der vorliegenden Arbeit beigetragen haben. Mein besonderer Dank gilt Herr Rudolf Wille für seine klärenden Bemerkungen bezüglich MacNeille-Vervollständigung und freier Erweiterung einer partiellen Ordnung.

Mengenorientierte Darstellung

In diesem Kapitel stellen wir die Wissensrepräsentationssprache L_G vor. Wir gehen so vor, daß zunächst eine vollständige Beschreibung der Syntax gegeben wird, danach eine Erklärung der im wesentlichen mengentheoretischen Semantik folgt und erst anschließend Beispiele, Kommentare und Erläuterungen ihren Platz finden.

Die Syntax von L_G

Die Ausdrücke von L_G werden aus folgendem **Vokabular** aufgebaut:

- Sortennamen

- Attributnamen

- Objektnamen

- Funktionsnamen

- Variable: $X, Y, ..., X_1, Y_i, ..$

- Reservierte Relationszeichen: $<$, ε

- Aussagenlogische Operatoren: $\wedge, \vee, \neg, \rightarrow$

- Quantoren: $\forall X, \exists Y$

- Klammern: (,)

Im Gegensatz zu den letzten fünf Klassen des Vokabulars ist der Umfang der ersten vier variabel. In Abhängigkeit davon, welche Sorten- , Attribut- , Objekt- und Funktionsnamen zur Verfügung stehen, erhält man verschiedene Ausprägungen der Sprache L_G. Für die Zwecke dieser Arbeit braucht diese Abhängigkeit nicht gesondert berücksichtigt zu werden. Es sollen jedoch stets die zwei Sortennamen:

    all   für die universelle Sorte
    none   für die leere Sorte

vorhanden sein.

Es ist keine Konvention für die Namen in den vier ersten Klassen des Vokabulars nötig, außer der trivialen, daß sie nicht Namen für Variablen sein dürfen. Aus der Position, an der Namen in den Ausdrücken der Sprache L_G vorkommen, läßt sich rückschließen, ob es sich um Sorten- , Attribut- , Objekt- oder Funktionsnamen handelt. Theoretisch kann in einem L_G-Ausdruck derselbe Name für eine

Sorte, für ein Attribut, für ein Objekt und für eine Funktion stehen. Es bleibt dem Einzelnen überlassen, ob er das für sinnvoll hält.

Jedem Objektnamen und jeder Variablen ist ein von "none" verschiedener Sortennamen zugeordnet.

Jedem n-stelligen Funktionsnamen f ist ein (n+1)-Tupel von Sorten $<s_1, s_2,...,s_n, s>$ zugeordnet, mit der intendierten Bedeutung, daß der Wert der durch f bezeichneten Funktion an der Argumentstelle $<a_1, a_2,...,a_n>$ nur dann definiert ist, wenn für alle i a_i die Sorte s_i hat. In diesem Fall hat der Wert die Sorte s. Alle s_i und s sind von "none" verschieden.

In L_G gibt es zwei Arten von **Termen**, und zwar **Objektterme**, die dazu dienen Objekte zu bezeichnen, und **Sortenterme**, die dazu dienen Sorten zu bezeichnen. Außerdem ist jedem Objektterm eine Sorte zugeordnet. Die beiden Arten von Termen als auch die **Sorte eines Objektterms** werden durch die folgende induktive Definition simultan definiert:

1. Jeder Sortenname s ist ein Sortenterm.
2. Jede Variable ist ein Objektterm und zwar von der ihr zugeordneten Sorte.
3. Jeder Objektname b ist ein Objektterm und zwar von der b zugeordneten Sorte s.
4. Sind $t_1,...,t_k$ Objektterme mit den Sorten $s_1,...,s_k$ und ist f ein Funktionsname mit der Sortierung $<s_1,...,s_k,s>$, so ist $f(t_1,...,t_k)$ ein Objektterm und zwar der Sorte s.
5. Ist s ein Sortenname, sind $a_1,...,a_n$ paarweise verschiedene Attributnamen und $t_1,...,t_n$ Terme, was sowohl Sortenterme als auch Objektterme einschließt, so ist $s(a_1 = t_1,...,a_n = t_n)$ ein Sortenterm.

Atomare Formeln kommen in zwei Formen vor:

- als **Elementformeln**

und

- als **Teilmengenformeln**

Elementformeln sind von der Form

$$r \, \varepsilon \, t$$

wobei t ein Sortenterm und r ein Objektterm ist.

Teilmengenformeln sind von der Form

$$t_1 < t_2$$

wobei t_1 , t_2 Sortenterme sind.

Die **Formeln** von L_G werden nun in der im Prädikatenkalkül üblichen Art erhalten:

- Jede atomare Formel ist eine Formel.

- Sind ϕ_1 und ϕ_2 Formel, so auch $\phi_1 \wedge \phi_2$, $\phi_1 \vee \phi_2$, $\phi_1 \rightarrow \phi_2$ und $\neg \phi_1$

- Ist ϕ eine Formel und X eine Variable, so sind auch $\forall X \phi$ und $\exists X \phi$ Formeln.

Semantik von L_G

Den Formeln der Sprache L_G wird in Abhängigkeit von einem Modell M und einer Belegung der Variablen eine Interpretation $I_M = I$ zugeordnet. Das Modell M besteht aus einer Menge U_M von Objekten. Jedem Sortennamen s ist eine Teilmenge I(s) von U_M, jedem Objektnamen b ist ein Objekt I(b) in U_M zugeordnet. Die Belegung der Variablen wird im folgenden nicht explizit hervorgehoben, es wird vorausgesetzt, daß für jede Variable X von der Sorte s der Funktionswert I(X) definiert ist und in I(s) liegt.

Jedem Attributnamen a entspricht eine einstellige Funktion I(a) auf U_M und jedem Funktionsnamen f mit der Sortierung $< s_1,...,s_n, s >$ eine Funktion I(f) von dem kartesischen Produkt der Mengen $I(s_1),..., I(s_n)$ in die Menge I(s).

Die Interpretation $I = I_M$ läßt sich nun auf alle L_G-Terme t fortsetzen durch die, der induktiven Definition des Begriffs Term folgenden, Definitionen:

- Ist t ein Objektterm der Form $f(t_1,...,t_n)$, so setzen wir:
  $I(f(t_1,...,t_n)) = I(f)(I(t_1),..,I(t_n))$

- Ist t ein Sortenterm der Form $s(a_1 = t_1,...,a_k = t_k)$ dann setzen wir:
  $I(s(a_1 = t_1,..., a_k = t_k) = \{ b \; \varepsilon \; I(s) :$ für alle i $I(a_i)(b) = I(t_i)$ falls t_i ein Objektterm ist und $I(a_i)(b) \; \varepsilon \; I(t_i)$ falls t_i ein Sortenterm ist $\}$.

Für jede atomare Formel ϕ ist $I(\phi)$ einer der beiden Wahrheitswerte "wahr" oder "falsch", und zwar gilt für Elementformeln:

$$I(r \; \varepsilon \; t) = \text{"wahr"}$$
genau dann, wenn
$$I(r) \text{ ein Element der Menge } I(t) \text{ ist.}$$

Für Teilmengenformeln gilt:
$$I(t_1 < t_2) = \text{"wahr"}$$
genau dann, wenn
$$I(t_1) \text{ eine Teilmenge von } I(t_2) \text{ ist.}$$

Die Fortsetzung von I auf alle L_G-Formeln erfolgt nun wie im klassischen Prädikatenkalkül und soll hier nicht noch einmal wiederholt werden.

Beispiele

1. Beispiel

In diesem Beispiel wird eine Regel zur Bedeutung des Verbs "beobachten" formuliert. Es treten dabei

die Sortennamen

    beobachten, Vorgang, Betrieb, Aufgang, unbeweglich, beweglich

die möglichst neutral gehaltenen Attributnamen

    wer, was, wann, wessen

und die Objektnamen

    wir, Sonne, altertümliche Schleuse, r, r_1, r_2

auf.

Ausgangspunkt zu diesem Beispiel war der Versuch eine semantische Bedeutung der beiden natürlichsprachigen Sätze

> Wenn wir etwas Glück haben, können wir den Betrieb der altertümlichen Schleuse beobachten.

> Wenn wir etwas Glück haben, können wir den Aufgang der Sonne beobachten.

anzugeben. Die Bedeutung der beiden Sätze wird bestimmt durch die Klasse der Modelle, in denen sie wahr sind; präziser: durch die Klasse der Modelle M, in denen die folgenden L_G-Formeln wahr sind:

1. $\exists T$ (r ε beobachten(wer $=$ wir,
   $$was \;=\; r_1$$
   $$wann \;=\; T))$$

2. r_1 ε Betrieb(wessen $=$ Schleuse)

3. Schleuse ε unbeweglich

4. $\exists T$ (r ε beobachten(wer $=$ wir,
   $$was \;=\; r_2$$
   $$wann \;=\; T))$$

5. r_2 ε Aufgang(wessen $=$ Sonne)

6. Sonne ε beweglich

Eine Bemerkung bezüglich des Bereichs, in dem die Quantoren $\exists T$ interpretiert werden sollen, ist noch anzufügen. Wir nehmen einfachheitshalber an, daß zu jedem in den betrachteten Modellen vorkommenden Zeitpunkt eine Beobachtung der beiden Vorgänge r_1 und r_2 möglich ist, jeder Zeitpunkt im Prinzip als Belegung für die existentiell quantifizierte Variable T in Frage kommen kann. Diese vereinfachende Annahme ist nicht mehr realistisch, wenn wir von sich bewegenden Beobachtern ausgehen. Die durch die Benutzung der Redewendung "Glück haben" ausgedrückte Modalität haben wir versucht durch Existenzquantoren zu modellieren. Dieses Vorgehen erhebt keinen Anspruch auf universelle Gültigkeit. Es reicht gerade aus für die Zwecke dieses Beispiels und ist in dem vorliegenden Kontext eine naheliegende Lösung.

Das Phänomen, das wir in eine Regel fassen wollen, liegt in der Beobachtung, daß wir auf die Frage, ob in allen Modellen M der betrachteten Art die Aussage

> r ε beobachten(wer $=$ wir,
> $$was \;=\; Schleuse)$$

gültig ist, die Antwort ja erwarten, während wir die Gültigkeit von

> r ε beobachten(wer $=$ wir,
> $$was \;=\; Sonne)$$

verneinen würden.

Wir schlagen die folgende Regel vor:

$$\exists\, T(X \;\varepsilon\; \text{beobachten}(\;\text{wer} \;=\; Y,$$
$$\text{was} \;=\; \text{Vorgang}(\;\text{wessen} \;=\; Z),$$
$$\text{wann} \;=\; T)$$

$$\wedge$$
$$Z \;\varepsilon\; \text{unbeweglich}$$
$$\rightarrow$$
$$\forall\, T(X \;\varepsilon\; \text{beobachten}(\;\text{wer} \;=\; Y,$$
$$\text{was} \;=\; \text{Vorgang}(\;\text{wessen} \;=\; Z),$$
$$\text{wann} \;=\; T)$$

2. Beispiel

Wir reproduzieren hier einen Ausschnitt einer häufig zitierte Vererbungshierarchie, (Fahlmann 1979), in unserem Formalismus. Dabei treten die Sorten:

Tiere, Säugetiere, Elephanten, warm, grau

die Attribute:

Bluttemperatur, Farbe

und als einziger Objektname "Clyde" auf.

Die Hierarchie selbst ist gegeben durch die zwei Teilmengenformeln:

$$\text{Säugetiere} \;<\; \text{Tiere(Bluttemperatur} \;=\; \text{warm)}$$

$$\text{Elephanten} \;<\; \text{Säugetiere(Farbe} \;=\; \text{grau)}$$

Aus dem Faktum: Clyde ε Elephant folgt durch Vererbung der Attributwertrestriktionen:

$$\text{Clyde } \varepsilon \text{ Tiere(Bluttemperatur} \;=\; \text{warm, Farbe} \;=\; \text{grau)}$$

Relationenorientierte Darstellung

In diesem Kapitel wird gezeigt, wie sich die Formeln von L_G in äquivalente Formeln einer prädikatenlogischen Sprache L_R übersetzen lassen.

Die Syntax von L_R

Die Ausdrücke von L_R werden aus folgendem **Vokabular** aufgebaut:

- Relationsnamen

- Objektnamen

- Funktionsnamen

- Variable: $X, Y, ..., X_1, Y_i, ..$

- Aussagenlogische Operatoren: $\wedge, \vee, \neg, \rightarrow$

- Quantoren: $\forall X, \exists Y$

- Klammern: (,)

Wie aus dem Vokabular die prädikatenlogischen Formeln aufgebaut werden, soll an dieser Stelle nicht noch einmal wiederholt werden. Wir wollen uns auf die Frage konzentrieren, wie das Alphabet von L_R zusammenhängt mit demjenigen von L_G. Die auftretenden Objektnamen, Funktionsnamen, Variablen und natürlich auch die logischen Zeichen sind in beiden Vokabularen die gleichen, mit dem Verständnis, daß in L_R keine Sortierung nötig ist. Um die Menge der auftretenden Relationszeichen zu beschreiben, müssen wir etwas weiter ausholen. Man kann jeden Sortenterm als einen Baum darstellen, dessen Kanten mit Attributsnamen markiert sind, an dessen inneren Knoten Sortennamen stehen und dessen Blätter entweder einen Sortennamen oder einen Objektterm tragen.

Besteht der Sortenterm nur aus einem Sortennamen s, so hat der zugehörige Baum genau einen Knoten und dieser ist mit s markiert. Ist t ein Sortenterm der Form $s(a_1 = t_1 ,...,a_k = t_k)$, so besteht der zugeordnete Baum aus der mit s markierten Wurzel, von welcher k Kanten ausgehen, die der Reihe nach mit $a_1 ,...,a_k$ markiert sind. Am zweiten Ende der mit a_i markierten Kante hängt entweder ein Knoten mit der Markierung t_i, falls t_i ein Objektterm ist oder der t_i zugeordnete Baum, falls t_i ein Sortenterm ist. Diejenigen Pfade des einem Sortenterm t zugeordneten Baums, die in einem mit einem Objektterm markierten Blatt enden, heißen die **Objektpfade von t**. Jedem Sortenterm t ist ein $(k+1)$-stelliges Relationszeichen R_t zugeordnet, wobei k die Anzahl der Objektpfade von t ist.

Nach diesen Vorbereitungen kann man nun jeder L_G-Formel ϕ eine Übersetzung ϕ_0 in L_R zuordnen.

- Ist ϕ eine Elementformel der Form r ε t, so ist
  $\phi_0 = R_t(r,t_1,...,t_k)$, wobei $<p_1,...,p_k>$ die lexikographisch angeordnete Folge von Objektpfaden von t ist und t_i der an dem durch p_i bestimmten Blatt stehende Objektterm.

- Ist ϕ eine Teilmengenformel der Form $t_1 < t_2$, und sind $<t_{1,1},....,t_{1,k_1}>$, $<t_{2,1},....,t_{2,k_2}>$ die an den durch die Objektpfade von t_1, respektive von t_2 bestimmten Blätter auftretenden Objektterme, so ist $\phi_0 = \forall Z(R_{t_1}(Z,t_{1,1},...,t_{1,k_1}) \rightarrow R_{t_2}(Z,t_{1,2},...,t_{1,k_2}))$

- $(\phi \wedge \psi)_0 = \phi_0 \wedge \psi_0$ und analog für alle anderen aussagenlogischen Verknüpfungen

- $(\forall X \phi)_0 = \forall X \phi_0$ und analog für $\exists X$.

Semantik von L_R

Analog zur Übersetzung von L_G-Formeln ϕ in L_R-Formeln ϕ_0, definieren wir eine Übersetzung von L_G-Strukturen M in L_R-Strukturen M_0.

Beim Übergang von M zu M_0 bleibt das Universum der Struktur ebenso unverändert wie die Interpretation der Funktions- und Objektnamen. Zu erklären bleiben nur die Interpretionen $I_{M_0}(R_t)$ für Relationsnamen. Um die Präsentation zu vereinfachen, nehmen wir an, daß jedes Element von M durch einen Objektnamen benannt ist.

Sei t sein Sortenterm und $<p_1,...,p_k>$ die lexikographisch geordnete Folge seiner Objektpfade. Für ein beliebiges $(k+1)$-Tupel $<a,a_1,...,a_k>$ von Elementen der Struktur M_0 setzen wir

$I_{M_0}(R_t)$ trifft auf $<a,a_1,...,a_k>$ zu genau dann, wenn
$a \ \varepsilon \ I_M(t_0)$ gilt

wobei t_0 aus t hervorgeht, indem für jeden Objektpfad p_i die Markierung seines Blattes umgeändert wird in einen Objektnamen, der das Element a_i bezeichnet.

Das folgende Theorem ist nun leicht einzusehen:

Theorem 1:   Für jede L_G-Formel ϕ und jede L_G -Struktur M und jede Belegung der freien Variablen in ϕ (in der folgenden Notation nicht explizit hervorgehoben) gilt:
ϕ ist wahr in M genau dann, wenn ϕ_0 ist wahr in M_0.

Eine Konsequenz aus diesem Sachverhalt ist:

Theorem 2:   Für jede L_G-Formel ϕ gilt:
ϕ ist allgemeingültig genau dann, wenn ϕ_0 allgemeingültig ist.

Zum Beweis muß man nur noch nachweisen, daß zu jeder L_R -Struktur N eine L_G-Struktur M existiert mit $M_0 = N$.

Ist T eine Menge von L_G-Formeln und $T_0 = \{\ \phi_0 :\ \phi\ \varepsilon\ T\ \}$, dann läßt sich die Aussage von Theorem 2 in naheliegender Weise verschärfen zu:

Korollar: ψ ist eine Konsequenz von T genau dann, wenn ψ_0 eine Konsequenz von T_0 ist.

Aus Zeit- und Platzgründen können wir hier nicht mehr auf die Übersetzung in umgekehrter Richtung von L_R-Formeln in L_G -Formeln eingehen. Wir hoffen jedoch, daß aus den bisher dargelegten die prinzipielle Möglichkeit und vielleicht sogar die Details einer solchen Transformation klar geworden sind.

Ein verbandstheoretisches Problem

Bei der deduktiven Verarbeitung der mehrsortigen Prädikatenlogik im Rahmen eines Resolutionskalküls muß auch der Unifikationsalgorithmus die Sorten und insbesondere die partielle Ordnung zwischen den Sorten berücksichtigen. In diesem Kapitel soll auf einige dabei auftretende Probleme näher eingegangen werden.

Wir gehen dabei von der Voraussetzung aus, daß allen an der Termbildung beteiligten Variablen und Konstanten eine Sorte zugeordnet ist; außerdem ist für jedes Funktionszeichen die Sorte des Funktionswertes spezifiziert und ebenso welche Sorten an den verschiedenen Argumentpositionen erwartet werden. Unter diesen Voraussetzungen läßt sich jedem Term t eindeutig eine Sorte zuordnen, nämlich die Sorte von t, falls t eine Konstante oder eine Variable ist, oder die Wertesorte des äußersten Funktionszeichens, falls t ein zusammengesetzter Term ist. Wir schreiben t: s um auszudrücken, daß dem Term t die Sorte s zugeordnet ist. Ein Term t heißt **sortiert**, wenn in seinem Aufbau die Sortenbeschränkungen an den Argumentstellen von Funktionszeichen berücksichtigt wurden, d.h. für jeden Teilterm von t von der Form $f(t_1,...,t_n)$ ist für alle i, $1 \leq i \leq n$ die Sorte von t_i eine Teilsorte von s_i, der Sorte die der i-ten Argumentstelle des Funktionszeichens f zu geordnet ist. Wir nehmen im folgenden ohne weitere Erwähnung stets an, daß die auftretenden Terme sortiert sind.

Die Aufgabenstellung besteht darin, zu zwei gegebenen **sortierten** Termen t_1 , t_2 eine **sortengerechte** Substitution σ zu finden, so daß $\sigma(t_1) = \sigma(t_2)$ gilt, bzw. zu erkennen, daß es eine solche Substitution nicht geben kann. Eine Substitution σ heißt sortengerecht, wenn für jede Variable X der Sorte s die Sorte des Funktionswert $\sigma(X)$ eine Teilsorte von s ist.

Betrachten wir zwei Beispiele, um die Unterschiede zur Unifikation unsortierter Terme deutlich werden zu lassen.
Sei zuerst $t_1 = X : s_1$, eine Variable der Sorte s_1 und t_2 ein Term der Sorte s_2. Die Unifikation von X mit t_2 scheitert, falls X in t vorkommt, aber auch wenn s_2 keine Teilsorte von s_1 ist. Anderenfalls ist die durch $X \rightarrow t_2$ gegebene Substitution ein Unifikator.
Seien jetzt beide Terme Variablen von der Sorte s_1, bzw. s_2 , $t_1 = X{:}s_1$ und $t_2 = Y{:}s_2$. Eine unifizierende Substitution σ muß X und Y auf eine Variable Z der Sorte s abbilden, wobei jedenfalls s eine Teilsorte, sowohl von s_1, als auch von s_2 sein muß. Man möchte jedoch nicht irgendeinen Unifikator, sondern einen allgemeinsten Unifikator. Ist s in der partiellen Ordnung der Sorten die größte untere Schranke von s_1 und s_2, dann ist das angegebene σ offensichtlich ein allgemeinster Unifikator. Liegt dagegen die in der Abbildung 1 gezeigte partielle Ordnung vor, so gibt es zwei Unifikatoren

$\sigma_1 = Z : s_3$

$\sigma_2 = Z : s_4$

Es gibt keine sortengerechte Substitution τ, die σ_1 in σ_2 überführt oder umgekehrt, also auch keinen **allgemeinsten** Unifikator.

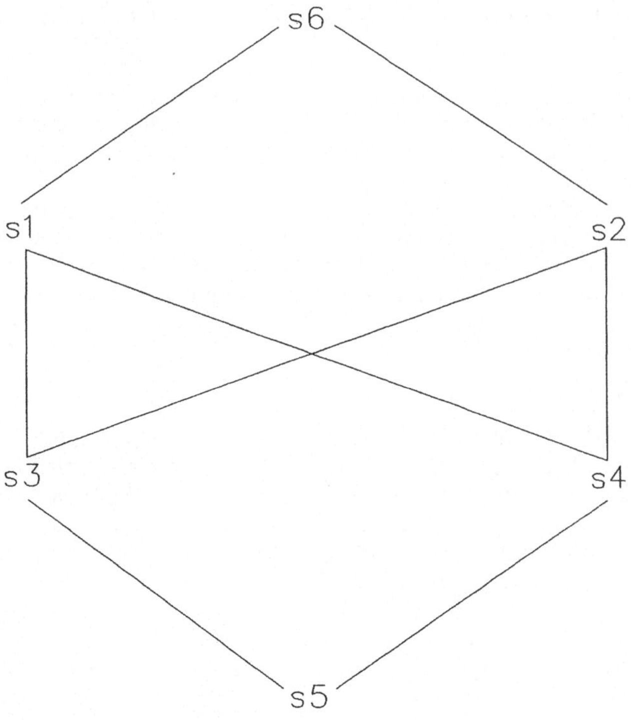

Abbildung 1.   Die partielle Ordnung P

Schließt man die in Abbildung 1 gezeigte Konfiguration aus, verlangt man also, daß die partielle Ordnung auf den Sorten ein Durchschnittshalbverband ist, so besitzen je zwei Terme, die überhaupt unifizierbar sind, auch einen allgemeinsten Unifikator.

Im allgemeinen wird man nicht erwarten können, daß die auftretenden Sortenordnungen schon Durchschnittshalbverbände sind, noch wird man einem Benutzer die Aufgabe aufbürden wollen, das Vorliegen dieser Voraussetzung zu überprüfen oder gar herzustellen. Glücklicherweise läßt sich jede partielle Ordnung in einen Durchschnittshalbverband, ja sogar in einen Verband, einbetten.

Theorem: Zu jeder partiellen Ordnung $(P,\leq)$ gibt es einen Verband $(V,\leq)$, der P als Teilmenge enthält, so daß in P existierende Infima und Suprema in V erhalten bleiben.

Einen Beweis dieses Theorems findet man z.B. in (Gätzer 1971). Das Resultat ist jedoch viel älter und taucht schon in (MacNeille 1936) auf. In der Arbeit (Ait-Kaci & Nasr 1986) wird eine Einbettung einer partiellen Ordnung in einen Durchschnittshalbverband vorgeführt. Die Beweise sind keine abstrakten Existenzbeweise, sondern beinhalten auch jeweils ein effektives Verfahren wie $(V,\leq)$ aus $(P,\leq)$ konstruiert werden kann. Es handelt sich dabei in allen drei Fällen im wesentlichen um dieselbe Konstruktion, um die **MacNeille Vervollständigung**. Die MacNeille-Vervollständigung einer partiellen Ordnung $(P,\leq)$ enthält als Elemente alle **Ideale** von $(P,\leq)$, d.h. alle Teilmengen I von P mit den Eigenschaften:

1. aus a ε I und b ε P mit b $\leq$ folgt auch b ε I

2. liegen a und b in I und existiert das Supremum c von a und b in P, dann liegt auch c in I

Die verbandstheoretischen Operationen , Durchschnitt und Vereinigung, sind auf der MacNeille-Vervollständigung definiert als der mengentheoretische Durchschnitt, bzw. als das von der mengentheoretischen Vereinigung erzeugte Ideal, siehe Abb. 2.
Eine alternative Einbettung einer partiellen Ordnung P in einen Verband V stellt die sogenannte **freie Erweiterung** von P in der Klasse aller Verbände dar. Die motivierende Idee ist dabei, keine Annahmen in die Konstruktion von V einfließen zu lassen, die nicht zwingend durch die beiden Ziele:

V soll ein Verband sein

P soll in V eingebettet sein

erforderlich sind. Das führt dazu, daß anstelle des einen neuen Elements t in der MacNeille-Vervollständigung (siehe Abb.2) in der freien Erweiterung zwei neue Elemente t_1 und t_2 hinzugefügt werden (siehe Abb.3), denn es besteht kein zwingender Grund zu der Annahme, daß das Infimum von s_1 und s_2 zusammenfallen soll mit dem Supremum von s_3 und s_4 . Für den an mathematischen Details interessierten Leser geben wir eine formale

Definition: Ein Verband $(V,\leq)$ heißt eine freie Erweiterung der partiellen Ordnung $(P,\leq)$, falls gilt:

1. $(V,\leq)$ ist ein Verband,

2. P ist eine erzeugende Teilmenge des Verbandes $(V,\leq)$,

3. in P existierende Infima und Suprema bleiben in V erhalten,

4. erfüllt $(V_1,\leq_1)$ ebenfalls die Forderungen 1 bis 3, so gibt es einen Verbandshomomorphismus von $(V,\leq)$ auf $(V_1,\leq_1)$, der auf P konstant ist.

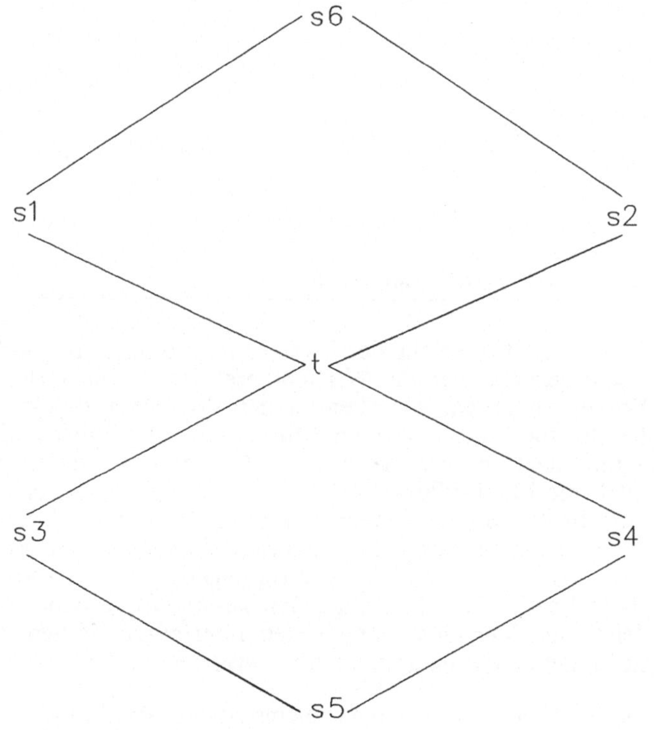

Abbildung 2. **Die MacNeille-Vervollständigung von P**

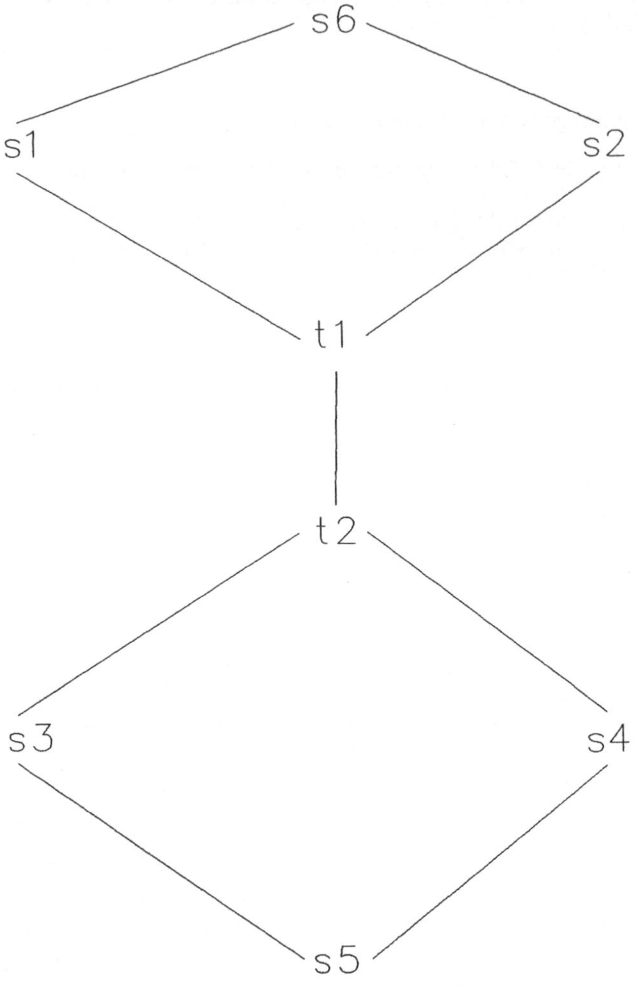

Abbildung 3.   Die freie Erweiterung von P

Allgemeine Ratschläge, für welche der beiden Einbettungen man sich entscheiden soll, können nicht gegeben werden. Wir tendieren jedoch dazu, der freien Erweiterung den Vorzug zu geben, vor allem wegen der Attraktivität und Überzeugungskraft der ihr zugrunde liegenden Motivation. Der Vorteil der MacNeille-Vervollständigung liegt in ihrer geringeren Komplexität, insbesondere ist für endliches P auch die MacNeille-Vervollständigung von P stets endlich. Dagegen kann selbst für sehr kleine P die freie Erweiterung unendlich werden, siehe (Wille 1981) für ein frappierendes Beispiel. Für unsere Zwecke ist das jedoch kein entscheidender Nachteil; es genügt uns zu zwei gegebenen Verbandselementen ihr Infimum zu berechnen, was lokal, ohne den gesamten Verband zu kennen, berechnet werden kann. Vor einer endgültigen Beurteilung sollten jedoch die Erfahrungen mit implementierten Systemen abgewartet werden.

Eine Variation des bisher erörterten Problems besteht darin, nicht von einer partiellen Ordnung, sondern von einem partiellen Verband auszugehen, darunter verstehen wir, abweichend von der Terminologie in (Grätzer 1971), eine partielle

Ordnung, bei der zusätzlich Infimums- und Supremumsbeziehungen fixiert werden können. Ein aus der partiellen Ordnung aus Abb.1 gewonnener partieller Verband könnte etwa aussehen wie in Abb. 4.

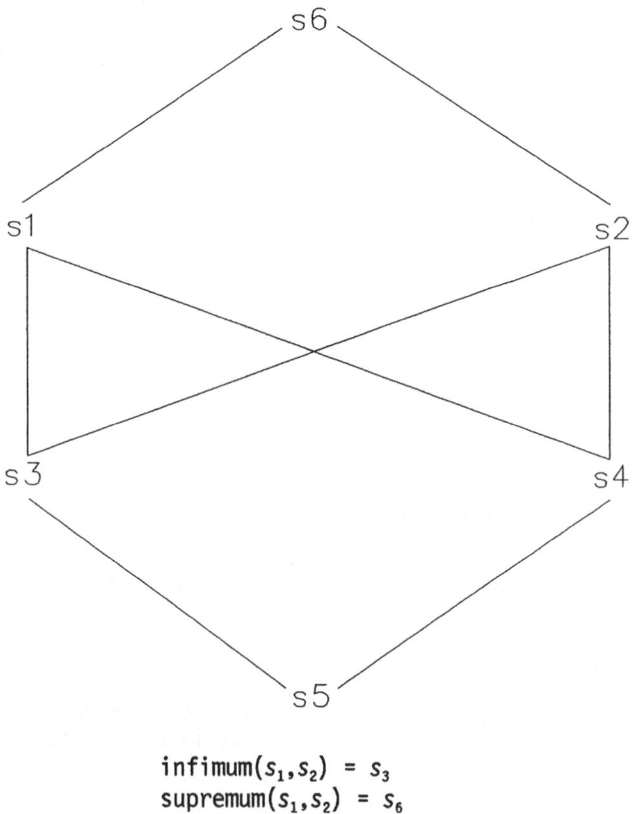

Abbildung 4.   Der partielle Verband P_0

Ein einfacheres Beispiel ist in Abb. 5 dargestellt.

Die freie Erweiterung partieller Verbände ist analog zur freien Erweiterung partieller Ordnungen definiert mit dem Unterschied, daß bei der Einbettung die tatsächlich fixierten Suprema und Infima erhalten bleiben. Die freie Erweiterung von P_0 kommt jetzt im Unterschied zur freien Erweiterung von P ohne die Hinzufügung neuer Elemente aus, siehe Abb. 6.

Die freie Erweiterung von P_1 (siehe Abb. 7) erfordert dagegen die Einführung eines neuen Elements, was bei der freien Erweiterung der P_1 entsprechenden partiellen Ordnung nicht der Fall gewesen wäre. Die Benutzung partieller Verbände bringt einerseits eine größere Flexibilität in der Spezifizierung von Inklusions-, Infimums- und Supremumsbeziehungen, auf der anderen Seite kann nicht mehr jeder partielle Verband zu einem Verband erweitert werden. Das bringt uns zur Formulierung der in der Einleitung versprochenen Forschungsaufgabe. Zwar sind hinreichende und notwendige Kriterien bekannt für die Erweiterbarkeit eines partiellen Verbandes zu einem Verband, z.B. die Bedingungen von Funayama (

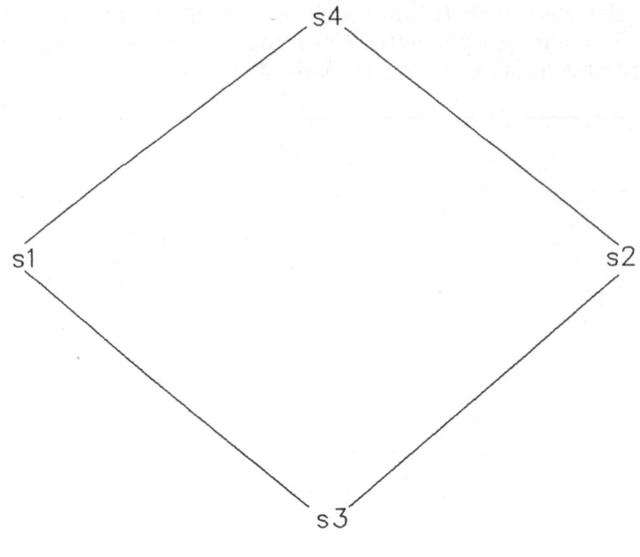

$$\text{supremum}(s_1, s_2) = s_4$$

Abbildung 5. Der partielle Verband P_1

---

siehe Grätzer 1971, Theorem 20 auf Seite 51). Diese sind jedoch nicht effizient nachprüfbar. Wir stellen daher die

Forschungsaufgabe

Man finde effizient nachprüfbare hinreichende und notwendige Bedingungen für die Einbettbarkeit eines partiellen Verbandes in einen Verband.

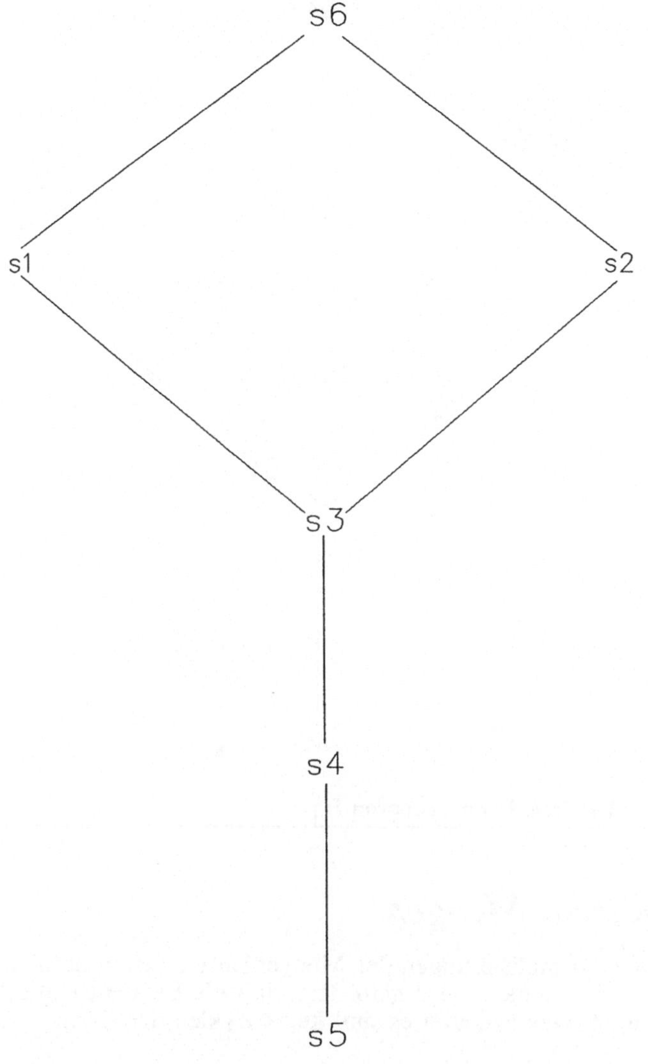

Abbildung 6. Die freie Erweiterung von P_0

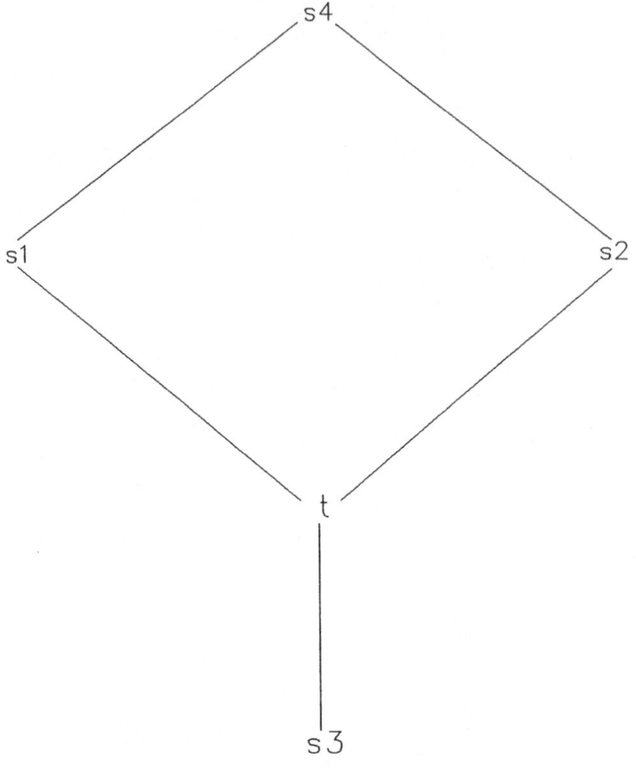

Abbildung 7.   Die freie Erweiterungvon P$_1$

Nichtfundierte Mengen

In den gängigen Formalisierungen der Mengenlehre , z.B. in der Axiomatisierung von Zermelo und Fraenkel, wird gefordert, daß die Elementrelation, ε, eine fundierte Relation ist. Das bedeutet es sind keine Zyklen der Form

$$a \; \varepsilon \; b_1...\varepsilon \; b_n \; \varepsilon \; a$$

zugelassen, für welches n auch immer. Insbesondere gibt es in diesen Systemen keine Menge a, die sich selbst als Element enthält, für die also $a \; \varepsilon \; a$ gilt.

Zwar hat es immer vereinzelte Untersuchung mengentheoretischer Systeme ohne die Forderung nach der Fundiertheit der ε-Relation gegeben, jedoch scheint jetzt im Rahmen eines neuen Ansatzes zur Semantik natürlicher Sprache ein weiterreichender Versuch unternommen zu werden. In der von Jon Barwise und John Perry in (Barwise & Perry 1983) eingeführten Situationssemantik wird die Bedeutung eines natürlichsprachigen Satzes gegeben durch die Situationen, die er beschreibt. Diese Situationen kann man darstellen als mengentheoretische Strukturen, wie sie z.B. in der mathematischen Logik verwendet werden. Es ist nun in natürlichsprachigen Äußerungen keine Seltenheit, daß auf die durch einen Satz s beschriebene Situation in s selbst bezug genommen wird. Zwei Beispiel aus (Barwise 1985) mögen das illustrieren:

Das ist eine peinliche Situation.

Diese Durchsage wird nicht wiederholt werden.

Nimmt man an, daß die Bestandteilsrelation zwischen Sitationen, s_1 ist Bestandteil der Situation s, durch die ε -Relation formalisiert wird, so wird man in natürlicher Weise zu einer nichtfundierten Mengenlehre geführt. Ein konkreter Vorschlag in dieser Richtung ist von Peter Aczel in (Aczel 1986) gemacht worden.

Wir beginnen die Erklärung des Aczelschen Systems mit der Beobachtung, daß jede Menge a sich durch einen punktierten, zugänglichen Graphen G veranschaulichen läßt. Ein **punktierter, zugänglicher Graph** ist ein gerichteter Graph mit einem ausgezeichneten Anfangspunkt p so, daß jeder Knoten des Graphen von p aus entlang eines gerichteten Pfades erreichbar ist. Die leere Menge wird durch einen Graphen, der aus einem einzigen Knoten und keiner Kante besteht, dargestellt. Die Menge a $= \{a_1,...,a_k\}$ wird durch einen Graphen G dargestellt mit ausgezeichnetem Knoten p, von dem k Kanten ausgehen,an denen der Reihe nach die Graphen $G_1,...,G_k$ aufgehängt sind, die ihrerseits die Mengen $a_1,...,a_k$ darstellen. Wir nennen in diesem Fall G ein **Bild** von a und umgekehrt a eine **Dekoration** von G. In der Abbildung 8 sind Bilder der Mengen $\{\emptyset,\{\emptyset\}\}$ und $\{ \emptyset,\{\emptyset\},\{\emptyset,\{\emptyset\}\} \}$ dargestellt.

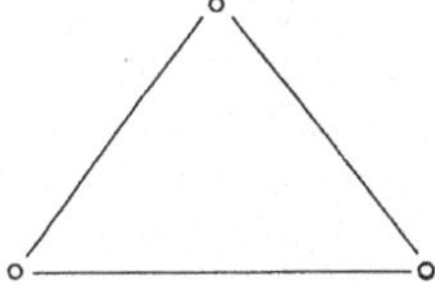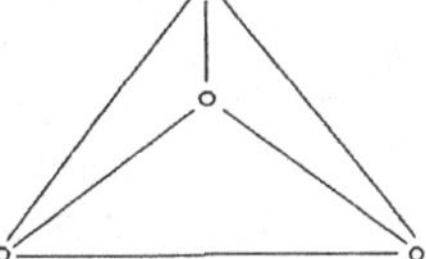

Abbildung 8.

Es ist leicht einzusehen, daß jede Menge ein Bild besitzt. Die Umkehrung führt zu:

Aczels Anti-Fundierungsaxiom:

Jeder punktierte, zugängliche Graph besitzt eine eindeutig bestimmte Dekoration.

Insbesondere besitzt der Graph

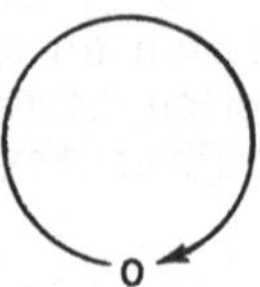

Abbildung 9.

eine Dekoration Ω, welche der Bedingung $\Omega = \{\Omega\}$ genügt. Die Eindeutigkeitsforderung des Anti-Fundierungssaxioms führt zu einem Gleichheitskalkül zwischen nichtfundierten Mengen. Neben Ω ist auch die Existenz einer Menge Ω_1 sichergestellt mit der definierenden Eigenschaft:

$$\Omega_1 = \{\Omega_1, \{\Omega_1\}\}$$

Da Ω dieselbe Gleichung erfüllt, muß $\Omega_1 = \Omega$ gelten.

In der zitierten Arbeit untersucht Peter Aczel einige Konsequenzen seines Antifundierungsaxioms, zeigt die Widerspruchsfreiheit durch die Konstruktion eines Modells und diskutiert den Zusammenhang mit ähnlichen Systemen von Finsler, Scott und Boffa. Eine Fortführung dieser Forschungen (z.B. eine Untersuchung der Entscheidungsprobleme "wann sind zwei Graphen Bilder derselben Menge ?" und "wann definieren zwei Gleichungssysteme dieselbe Menge ?") ist in meinen Augen ein interessantes und lohnenswertes Unterfangen. Abgesehen von einer Anwendung in der Semantik natürlicher Sprache, wo wir offensichtlich täglich mit nichtfundierten Situationen umgehen, sind inzwischen auch schon Versuche unternommen worden, die neuen Mengen in einer Semantik typisierter Programmiersprachen einzusetzen, siehe (Abbott 1986).

Literatur

Abbott, 1986

  Abbott, Curtis
  A Hyperset model of a polymorphic type system.
  forthcoming Report, Center for the Study of Language and Information, Stanford University, Stanford, CA.

Aczel, 1986

  Aczel, Peter
  Non-well-founded sets
  CSLI Lecture Notes, Vol. 3. Center for the Study of Language and Information, Stanford University, Stanford, CA.

Ait-Kaci & Nasr, 1986.

  H. Ait-Kaci und R. Nasr,
  LOGIN: A logic programming language with built-in inheritance,
  J. Logic Programming, vol. 3, pp. 185 - 215.

Barwise & Perry, 1983.
J. Barwise und J. Perry,
Situations and Attitudes,
Bradford Books, Cambridge, Massachusetts.

Barwise, 1985
J. Barwise
The Situation in Logic - III: Situations, Sets and the Axiom of Foundation
Report No. 85 - 26, Center for the Study of Language and Information, Stanford University, Stanford, CA.

Fahlmann, 1979.
S. E. Fahlmann,
NETL: A system for representing and using real-world knowledge,
MIT Press, Cambridge, Massachusetts, 3. Auflage 1985.

Grätzer, 1971.
G. Grätzer,
Lattice Theory,
W. H. Freeman & Co.

MacNeille, 1936
H. M. MacNeille,
Partially ordered sets,
Transactions of the American Mathematical Society, vol. 42, pp. 416 - 460.

Mycroft & O'Keefe, 1984.
A. Mycroft und R. A. O'Keefe,
A Polymorphic Type System for PROLOG,
Artificial Intelligence, vol. 23, pp. 295 - 307.

Wille, 1981
R. Wille,
Restructuring lattice theory: An approach based on hierarchies of concepts.
Technische Hochschule Darmstadt, Fachbereich Mathematik, Preprint-Nr. 628 (1981).

Repräsentation räumlichen Wissens

Christopher Habel

Universität Hamburg
Fachbereich Informatik

1. Einleitende Bemerkungen[*]

Die Künstliche Intelligenz ist als Teildisziplin der Informatik, aber auch der Kognitionswissenschaft, verschiedenen Zielsetzungen unterworfen; einerseits wird an Anwendungssystemen gearbeitet, die im Bereich intelligenzerfordernder Aktivitäten eingesetzt werden sollen, darüber hinaus ist ein weiteres Ziel der KI-Forschung in der Beschreibung und Erklärung kognitiver Prozesse zu sehen. Diese beiden Zielsetzungen der Künstlichen Intelligenz könnten, wenn man den eingeschlagenen Pfad der Gebietsbenennung durch "Künstliche Intelligenz" für einige Augenblicke verlassen möchte, durch die spezielleren Bezeichnungen "artifizielle Intelligenz" bzw. "synthetische Intelligenz" charakterisiert werden[1]. Die beiden oben skizzierten Ausrichtungen sind nicht unabhängig voneinander realisierbar. Kognitionsorientierte Forschungen benötigen - z.B. für ihre Systemrealisierung - die Vorarbeiten der anwendungsorientierten KI; die anwendungsorientierten Arbeiten sind in vielen Fällen durch Erkenntnisse über die kognitiven Prozesse beim Menschen geleitet. Diese wechselseitige Beeinflussung will ich hier in bezug auf die Nützlichkeit der kognitionsorientierten Grundlagen für die "angewandte KI" kurz vertiefen: Sowohl natürliche als auch künstliche Informationsverarbeitungssysteme haben spezifische Eigenarten, die in bestimmten Bereichen ihre jeweilige Verarbeitungsüberlegenheit sichern. Künstliche Systeme sind insbesondere durch ihre grosse Arbeitsgeschwindigkeit z.B. in bezug auf numerische - aber auch bestimmte symbolische - Operationen ausgezeichnet. Im Gegensatz hierzu weisen natürliche Systeme eine bedeutend grössere Flexibilität auf, insbesondere in Hinsicht auf die Adaptierung an neue Situationen. Gerade dies ist ein wesentlicher Gegenstand der Forschungen im Bereich KI. Für die Entwicklung leistungsfähiger KI-Systeme der Zukunft lässt sich aus dieser - kurz skizzierten - Situationsanalyse die folgende Forschungsstrategie ableiten:

[*] Die vorliegende Arbeit entstand im Zusammenhang mit dem Projekt LILOG-Raum, das von der IBM-Deutschland GmbH gefördert wird. Den Mitarbeitern des Projektes, insbesondere C. Eschenbach, M. Herweg, M.Khenkhar, S. Pribbenow und K. Rehkämper, danke ich für ihre Hinweise und Anregungen.
[1] Die Bezeichnung "synthetische Intelligenz" geht auf Haugeland (1985) zurück. Vgl. hierzu auch Habel (1987b).

Synthetische Intelligenz + artifizielle Verstärkung

=

Leistungsfähige Systeme

Die Annahme dieser Forschungsstrategie beinhaltet die Notwendigkeit der Berücksichtigung von kognitionswissenschaftlicher Forschung für die gesamte KI, unabhängig davon, ob diese kognitions- oder anwendungsorientiert ist[2].
Kern vieler Untersuchungen in der Künstlichen Intelligenz ist der Bereich "Repräsentation von Wissen"[3]. Repräsentationen nehmen eine zentrale Position in informationsverarbeitenden Systemen ein, weil sie Ziel und Ausgangspunkt kommunikativer und perzeptiver Prozesse sind, und darüberhinaus die Grundlage für kognitive Prozesse, insbesondere inferentielle Prozesse, bilden, vgl. Abb. 1.

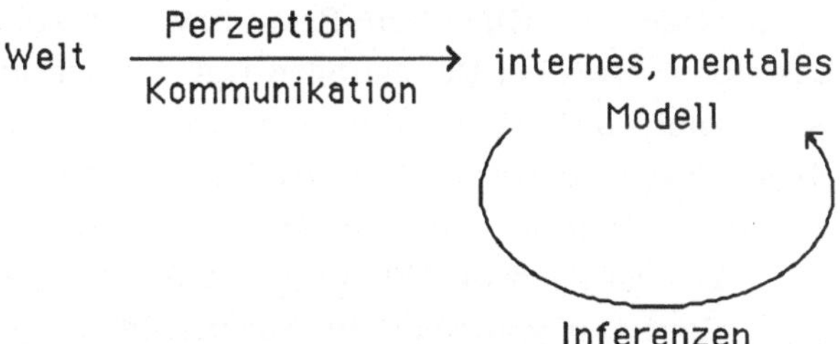

Abb. 1: Die zentrale Stellung von Wissensrepräsentationen

Das Inventar des Repräsentationssystems bestimmt, worüber "gesprochen bzw. gedacht" werden kann. Dies bedeutet, dass die Mächtigkeit der Repräsentationsformalismen, z.B. in bezug auf Speicherung, Manipulation und Erwerb von repräsentationssprachlichen Entitäten und Strukturen, die Leistungsfähigkeit des wissensbasierten Systems bestimmt. Die zentrale Themenstellung des vorliegenden Aufsatzes betrifft einen speziellen Bereich von

---

[2] Beim gegenwärtigen Stand der Dinge, d.h. der KI-Forschung, stehen ausserdem noch zahlreiche interessante informatik-interne KI-Probleme zur Bearbeitung an. Die von mir hier vertretene These der Notwendigkeit einer interdisziplinären Forschung auch in Hinblick auf leistungsfähige Anwendungssysteme der Zukunft, wird in vollem Umfang dann einschlägig werden, wenn man "Benutzerfreundlichkeit" und "Mensch-Maschine-Kommunikation" wirklich Ernst meint, und entsprechende Anforderungen in die Praxis umsetzen will.

[3] Vgl. hierzu Habel (1986): ich habe dort insbesondere auf den Zusammenhang zwischen der Adäquatheit von Repräsentationsformalismen und der Leistungsfähigkeit der über diesen Repräsentationsformalismen realisierten Systeme hingewiesen.

Wissen, nämlich die Frage, wie <u>räumliches Wissen</u> adäquat repräsentiert und verarbeitet werden kann. Die Ausrichtung auf diesen speziellen Bereich der Wissensrepräsentation hat mehrere Gründe: einer davon betrifft die "Allgegenwart räumlicher Konzepte". Diese erkennt man am besten, wenn man sich fragt, wo überhaupt räumliches Wissen eine Rolle spielt. Die Antwort lautet: "(Fast) überall, denn menschliches Handeln (und somit u.a. auch Kommunizieren, Planen, etc.) ist in Raum und Zeit verankert." Bevor ich auf das Repräsentationsproblem für räumliches Wissen detaillierter eingehen werde, will ich einige Subtypen von räumlichem Wissen zusammenstellen und hierauf aufbauend einige potentielle Einsatzbereiche skizzieren. Eine wesentliche Unterscheidung in bezug auf räumliches Wissen betrifft die beiden Aspekte der statischen und dynamischen Gegebenheiten; in die erste Klasse fallen u.a. Form, Gestalt, Lage und räumliche Anordnungen von Objekten in Situationen, die zweite Klasse betrifft Veränderungen der statischen Eigenschaften bzw. Beziehungen in der Ereignisanalyse, insbesondere etwa bei Bewegungen (vgl. Neumann 1987).

In der Zukunft lassen sich m.E. Anwendungen für Systeme, die über die Möglichkeit, räumliches Wissen zu verarbeiten verfügen, in verstärktem Masse in den folgenden Teilbereichen der Informatik finden:

Robotics: Bewegungen und Planung von Bewegungen
Expertensysteme: Analyse und Planung
räumlicher Konfigurationen
Natürlichsprachliche Aufbau räumlicher Konfigurationen aus Texten,
Systeme: Verstehen von Graphiken und Abbildungen in Texten.

Computer Vision: Erkennen und Verstehen von Objekten und Szenen
Computer Graphics: Aufbau räumlicher Konfigurationen

Wenn, wie ich gerade angedeutet habe, räumliches Wissen in vielen Informatikbereichen einsetzbar ist, warum spielt dann die Repräsentation räumlichen Wissens in der traditionellen Informatik (ausser Vision, Graphics und Robotics) eine so geringe, d.h. untergeordnete Rolle? Dies liegt vermutlich daran, dass es überwiegend gelungen ist, die räumlichen Eigenschaften und Beziehungen, wenn in der jeweiligen Domäne überhaupt welche vorhanden sind, zu vernachlässigen. Betrachtet man z.B. klassische Anwendungsfelder, wie Personaldaten, Fabrikationsabläufe, finanzielle Transaktionen, so stellt man fest, dass die räumlichen Aspekte entweder nicht relevant sind, oder auf nicht-echt-räumliche Konzepte zurückgeführt werden können. So ist etwa für eine Lieferung von Maschinen des Typs X vom Fabrikationsort A zum Abnehmer am Ort B meist nur relevant welches Verkehrsmittel über welche Entfernung zu welchen Kosten (eventuell bei welcher Transportzeit) verwendet werden kann. All diese Aspekte können propositional (z.B. relational) repräsentiert und behandelt werden.

In den folgenden Abschnitten werde ich nachweisen, dass zahlreiche interessante und relevante Domänen derart sind, dass nicht-propositionale Repräsentationen, ich werde sie im weiteren (vgl. Abschnitt 3) als "depiktionale Repräsentationen" bezeichnen, für eine adäquate Verarbeitung benötigt werden. Insbesondere werde ich an einigen Beispielen dafür argumentieren, dass menschliche Informationsverarbeitung - in Hinblick auf räumliche Konfigurationen - auch von nicht-propositionalen Repräsentationen Gebrauch macht.

Der Untersuchungsgegenstand "Repräsentation räumlichen Wissens" ist auch deswegen von besonderer Relevanz, weil hier der "Schnittpunkt" zwischen zwei relevanten KI-Teilbereichen liegt, nämlich der zwischen Sprachverarbeitung und Bildverarbeitung, vgl. Abb. 2.

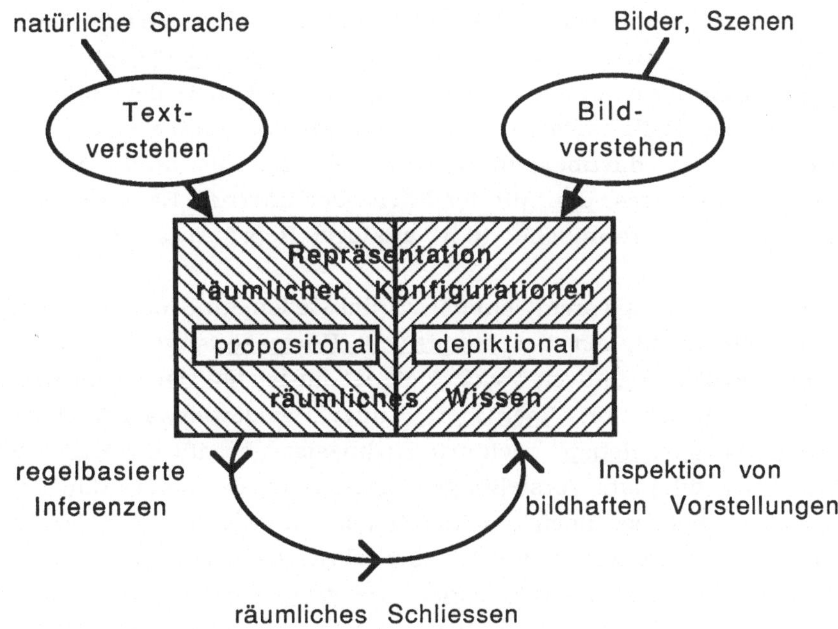

Abb. 2: Die zentrale Stellung räumlicher Repräsentationen

Ein System, das sowohl über Sprach- als auch Bildverstehensfähigkeiten verfügt, wird insbesondere so konzipiert sein, dass die analogen Informationen, die aus dem Bildverstehensprozess resultieren mit den propositionalen Repräsentationen aus dem Sprachverarbeitungsprozess in eine wohldefinierte Beziehung zueinander gesetzt werden können. Dies bedeutet u.a., dass die Frage behandelt werden muss, ob auch aus sprachlichen Eingaben nicht-propositionale Repräsentationen erstellt werden. Wenn dies der Fall ist, und dies ist das Thema des folgenden Abschnitts, so ist das Forschungsgebiet "Repräsentation und Verarbeitung räumlichen Wissens" ein Bereich, in dem das Zusammenspiel von <u>Kognition</u> und <u>Perzeption</u> eine wesentliche Rolle spielt. Diese Konstellation rechtfertigt - für den kognitionsorientierten KI-Forscher - die intensive Bearbeitung der Themenstellung.

2. <u>Repräsentationsformate für räumliches Wissen</u>

Wie sich aus der Skizzierung in Abb. 2 ergibt, sind in bezug auf die Verarbeitung von räumlichem Wissen zwei wesentlich unterschiedliche Repräsentationsformate denkbar, einerseits das Format der propositionalen Repräsentationen, andererseits ein (quasi-) analoges Format, das ich - angelehnt an Kosslyn (1980) - als "<u>depiktional</u>" bezeichnen möchte. Dass beim visuellen <u>Wahrnehmungsprozess</u> analoge Repräsentationen, wenigstens in Zwischenebenen der Bildverarbeitung, eine wesentliche Rolle spielen, ist unumstritten. Interessant - aber auch umstrittener - ist darüber hinaus die Frage, ob auch am Ende des Wahrnehmungsprozesses, d.h. auf der Ebene der internen Repräsentationen noch bildhafte, oder "echt räumliche" (d.h. analoge) Repräsentationen angenommen werden sollten.

Ich werde diesen Punkt vorerst einmal zurückstellen, und den Problemkreis von der anderen Richtung, der der <u>kognitiven Prozesse</u> angehen. Innerhalb der Philosophie und der kognitiven Psychologie ist im letzten Jahrzehnt das Interesse am Phänomenbereich der "<u>mentalen Bilder</u>" wieder erwacht. Die unter der Bezeichnung "<u>imagery debate</u>" geführte Diskussion[4] betrifft die Frage, ob mentale Bilder, auch als "bildhafte Vorstellungen" bezeichnet, existieren, d.h. kognitiv real sind, oder ob es sich bei ihnen um "Epiphänomene" handelt. Für den Bereich der Künstlichen Intelligenz und Kognitionspsychologie stellt sich diese Frage in leicht veränderter Form: "Sind mentale Bilder eine geeignete Form zur Repräsentation räumlichen Wissens?". Wenn man hierzu die in Abb. 2 skizzierte Situation eines informationsverarbeitenden Systems heranzieht, so ergibt sich u.a. die Frage, ob für natürlich-sprachlichen Text ausschliesslich propositionale Repräsentationen anzunehmen sind, oder ob (in gewissen Fällen) die Textbedeutung (bzw. Teile der Textbedeutung) auch durch bildhafte Repräsentationen darzustellen sind. Bevor ich auf die Frage nach der Existenz mentaler Bilder näher eingehen werde, will ich die

---

[4] Vgl. hierzu insbesondere den Sammelband "Imagery" herausgegeben von N. Block (1981).

beiden kontroversen Richtungen innerhalb der imagery debate zusammenfassend skizzieren:

Deskriptionalisten	Depiktionalisten
Existenz eines propositionalen Repräsentationsformats	Existenz mehrerer Repräsentationsformate (propositional + depictional)[5]
Pylyshyn (1981)	Kosslyn (1980)

Die Repräsentationsaufgaben sind dann:

Entwicklung von propositionalen Repräsentationen für räumliches Wissen	Entwicklung von depiktionalen und propositionalen Repräsentationen für räumliches Wissen Interaktion von depiktionalen und propositionalen Repräsentationen.

Wie diese Gegenüberstellung zeigt, ist trotz der Gegensätzlichkeit der kontroversen Haltungen, in vielen Bereichen eine gemeinsame Forschung möglich und notwendig; beide Ausrichtungen gehen von propositionalen Repräsentationen aus, die unterschiedlichen Einstellungen betreffen im wesentlichen die Frage, ob und in welchen Fällen, zusätzlich auch nicht-propositionale Repräsentationen verwendet werden. Bevor ich an einigen Beispielen für die _dual coding theory_ argumentieren werde, ist noch anzumerken, dass die Annahme der Existenz nicht-propositionaler, bildhafter Repräsentationen in kognitiven Prozessen bzw, in mentalen Modellen, eine Brücke zwischen Kognition und Perzeption bildet.

Als erstes Beispiel betrachten wir Situationen der Routenplanung in öffentlichen Verkehrssystemen (vgl. Abb. 3). Menschen verwenden bei Wegplanungsprozessen sicherlich ihre Kenntnisse in Hinblick auf die räumlichen Konfigurationen des entsprechenden Weltaussschnitts, mit anderen Worten ihre "mentalen Karten"[6].

---

[5] Wird eine Kombination von propositionalen und depiktionalen Repräsentationen angenommen, so wird ein entsprechender Ansatz - Paivio folgend - der "dual coding theory" zugeordnet; vgl. Paivio (1983). An dieser Stelle sei angemerkt, dass weitere spezifische Repräsentationformate z.B. für Geruch, Geschmack, etc denkbar sind. Derartige Ansätze, die als "multi coding theories" bezeichnet werden könnten, betreffen stets die Interaktion kognitiver Prozesse mit Prozessen der unterschiedlichen Perzeptionstypen. Wann und ob derartige Fragestellungen für die KI (in ihren Anwendungsrichtungen) relevant werden, ist m.E. gegenwärtig noch nicht mit hinreichender Sicherheit auszumachen.

[6] Der Forschungsbereich der "mentalen Karten" ist ausführlich durch Downs/Stea (1982) dargestellt worden. In dieser Darstellung, die auf Arbeiten der frühen 70er Jahre zurückgeht, nicht hinreichend behandelt ist jedoch die Frage nach dem Repräsentationsformat für kognitive Karten. Dies liegt

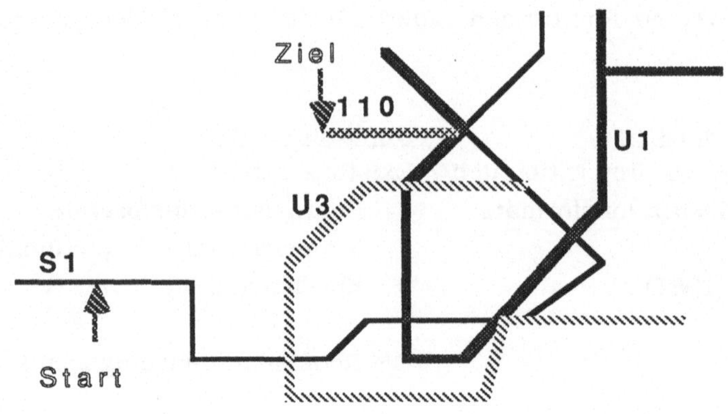

Abb. 3: Ausschnitt aus dem Schnellbahnnetz der HVV

Mit dem Verweis auf Abb. 3 will ich nicht andeuten, dass menschliche Informationsverarbeiter über eine derartige Repräsentation verfügen, sondern, dass Menschen entsprechendes Wissen vermutlich auch in ähnlicher (nicht gleicher) Weise gespeichert haben. Die in der Abbildung angedeutete Routenfindungsaufgabe kann sicherlich bei Verwendung einer bildhaften Vorstellung schnell und adäquat gelöst werden, insofern nämlich, als die Beziehung zwischen Schnellbahnlinien, d.h. die Umsteigemöglichkeiten, bildhaft schnell zu finden sind. Andererseits bereitet es keine Schwierigkeiten, und entsprechend werden derartige Problembereiche normalerweise in der Informatik und Künstlichen Intelligenz behandelt, die Verbindungen in propositionaler, spezieller: in relationaler, Darstellungsweise zu repräsentieren. Dies geschieht z.B. durch "Verbindungsprädikate" mit Einträgen der Art:

IST_DIREKT_ZUGÄNGLICH_ÜBER (St. Pauli, Landungsbrücken, U3)

IST_ZUGÄNGLICH_OHNE_UMSTEIGEN

    definiert als transitive Hülle von IST_DIREKT_ZUGÄNGLICH_ÜBER

IST_ZUGÄNGLICH_MIT_UMSTEIGEN

    ableitbar aus IST_ZUGÄNGLICH_OHNE_UMSTEIGEN

Verbindungsnetze, unter denen Verkehrsnetze wie das in Abb. 3 dargestellte eine herausragende Rolle einnehmen, sind als Graphen stets propositional darstellbar; zu beachten ist hierbei jedoch in Hinblick auf die hier behandelten Fragestellungen, dass Graphen (im mathematischen Sinne) keine "räumlichen

---

sicherlich daran, dass die oben beschriebene Wiederbelebung des Interesses an mentalen Bildern erst nach dem Höhepunkt der Diskussion über mentale Karten einsetzte.

Konfigurationen" sind. Betrachtet man etwa graphen-artige Repräsentationen von Strassennetzen, so sind Konzepte wie "rechts abbiegen" bzw. "geradeaus" in propositionalen Netzdarstellungen üblicherweise nicht dargestellt. Diese Konzepte sind propositional nur durch Annotationen in Graphen handhabbar. Abgesehen von den recht einfachen Anwendungen in Verkehrsnetzen (etwa für Bahnen und Fluglinien) sind in anderen natürlichen Aufgabenstellungen "echt räumliche Repräsentationen" notwendig, z.B. für die adäquate Routenbeschreibung und effiziente Routenfindung für Fussgänger und Autofahrer in Städten[7].

Im weiteren will ich einige Resultate aus der kognitiven Psychologie und Philosophie, die für die Existenz bildhafter Vorstellungen und depiktionaler Repräsentationen sprechen, anführen. Diese betreffen einerseits die psychologische Evidenz für ein nicht-depiktional Repräsentationsformat und andererseits die Eigenschaften bildhafter Vorstellungen und somit depiktionaler Repräsentationen.

Shepard und Metzler haben in längeren Versuchsreihen[8] die Fähigkeiten menschlicher Versuchspersonen überprüft, Objekte daraufhin zu prüfen, ob sie durch Rotation ineinander überführbar sind; anders ausgedrückt: sind zwei Objekte Exemplare desselben Objekts, die durch Rotation auseinander hervorgehen, oder handelt es sich um unterschiedliche Objekte. Die Versuchspersonen erhielten jeweils Paare von Objektskizzen unter der Aufgabenstellung, die Überführbarkeit zu entscheiden. Gemessen wurde die Zeit, die für die Entscheidung benötigt wurde. Unterschieden wurden drei Typen von Stimulus-Paaren:

     Überführbar durch Rotation in der Ebene (2D)

     Überführbar durch Rotation im Raum (3D)

     Nicht ineinander überführbar

Für 2D- und 3D-Rotation ergab sich hierbei, dass die Antwortzeit (abgesehen von einer Basisverzögerung, die der Überprüfung identischer Objekte entspricht) proportional zum Rotationswinkel ist. Dieses Phänomen spricht, wie Shepard/Metzler schlüssig nachweisen, dafür, dass Repräsentationen verwendet werden, in denen Winkel analog repräsentiert werden. Propositionale Repräsentationen würden entsprechende Resultate schwerlich beschreiben und erklären[9].

---

[7] Für den Fall von Wegbeschreibungen durch Menschen, ist dies durch Klein (1979) belegt. In Habel (1987a) habe ich entsprechende Probleme aus der Sichtweise der Künstlichen Intelligenz und kognitiven Linguistik unter Verwendung des Konzepts depiktionaler Repräsentationen behandelt.

[8] Die ausführlichste Darstellung dieser Experimente enthält Metzler/Shepard (1974); diese Arbeit und andere Untersuchungen zu mentalen Rotationen sind in Shepard/Cooper (1982) dargestellt.

[9] An dieser Stelle sei darauf hingewiesen, dass Pylyshyn (1980) eine propositionale Erklärung der Experimente zu mentalen Rotationen vornimmt; diese Erklärung wird von Depiktionalisten nicht akzeptiert.

Neben dieser Evidenz für analoge, bildhafte Repräsentationen, die aus der experimentellen Psychologie stammt, will ich im weiteren durch zwei Selbstversuche, die J. Haugeland (1985) folgen, für die Existenz bildhafter Vorstellungen argumentieren. Ich will hiermit den Lesern die Möglichkeit geben, eine eigene Haltung in der imagery-Kontroverse einzunehmen. Man stelle sich die folgende Frage:

"Wieviele Fenster besitzt das Haus, in dem ich gegenwärtig lebe, auf der Frontseite?"

Die meisten Befragten geben an, dass sie sich eine Vorstellung ihres Wohnhauses bilden, etwa so wie es in Abbildung 4.a angedeutet ist, und dann in diesem Bild "nachsehen", wieviele Fenster das Haus besitzt.

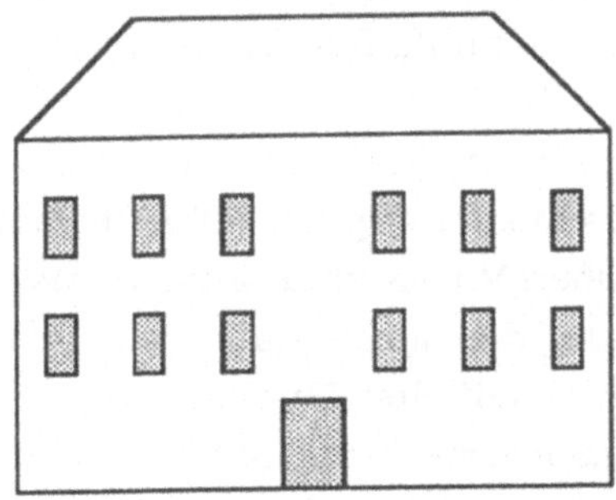

Abb. 4.a: Bildhafte Vorstellung des Wohnhauses in bezug auf die "Fensterfrage"

Welche Möglichkeiten für die Bearbeitung der Fensterfrage ergeben sich, wenn man propositionale Repräsentationen annimmt? Eine erste Möglichkeit besteht darin, davon auszugehen, dass die Kardinalität der Fenstermenge zum Wissen des Systems gehört, genauer, dass sie als Faktum in der Wissensbasis enthalten ist, etwa durch einen Ausdruck der Art:

card ({ x / fenster (x) & teil_von (x, 'haus') }) = 6

Eine derartige Annahme ist sicherlich nicht haltbar; vom Systemstandpunkt aus betrachtet ist es nicht sinnvoll, derartige Kardinalitätsinformation von vorneherein aufzunehmen, vom kognitiven Standpunkt aus betrachtet würde hier ebenfalls ein Fall kognitiver Ineffizienz vorliegen. Als weitere Möglichkeit, die ebenfalls dem Prinzip des Abzählens folgt, bleibt eine explizite Repräsentation der einzelnen Fenster in der propositionalen Repräsentation, wie ich es beispielhaft für den Fall der semantischen Netze in Abb. 4.b andeute[10].

---

[10] Entsprechende Darstellungen findet man in zahlreichen Beispielrepräsentationen der Künstlichen Intelligenz, z.B. für die Beine eines Stuhls, die Räder eines Autos, etc. In welchen Fällen eine derartige

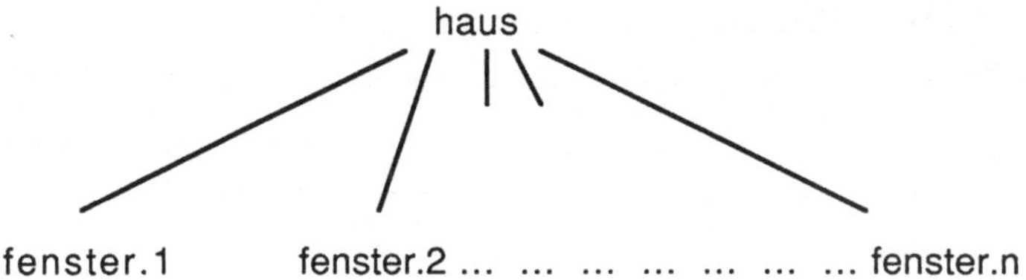

Abb. 4.b: Semantisches Netz zur "Fensterfrage"

Bevor ich auf ein weiteres Beispiel eingehen werde, sei auf eine relevante Ähnlichkeit zwischen der Netzrepräsentation und der bildhaften Vorstellung hingewiesen: in beiden Fällen sind interne Stellvertreter für die einzelnen Fenster vorhanden. Der wesentliche Unterschied liegt jedoch darin, dass die propositionale (hier netzartige) Repräsentation eine stärkere Individualisierung der Exemplare voraussetzt[11].

> Im zweiten Selbstversuch bearbeite man die folgende Aufgabenstellung:
> "Ein drei-inch Würfels ist an zwei gegenüberliegenden Flächen rot eingefärbt und besitzt eine weitere blaue Fläche.
> Der Würfel wird in ein-inch Würfel zerschnitten, indem parallel zu den Flächen jeweils zwei Schnitte durchgeführt werden."
> Frage-1: "Wieviele der kleinen Würfel besitzen genau eine rote und eine blaue Fläche?"
> Frage-2: "Wieviele kleine (ein-inch) Würfel gibt es?"

An dieser Stelle sollte der Leser zuerst einmal die Problemlösung versuchen und sich hierbei selbst beobachten. Üblicherweise wird für Frage-1 als Lösungsweg genannt, dass zuerst in der Vorstellung ein Würfel generiert wird, dieser anschliessend eingefärbt und im dritten Schritt zerschnitten wird. Anschliessend wird in der bildhaften Vorstellung inspiziert: es wird nach blau-roten Würfeln gesucht und diese werden abgezählt[12]. Dieses Verfahren wird für Frage-2 in Hinblick auf die Kardinalitätsproblematik nicht verwendet; stattdessen wird errechnet, dass 27 kleine Würfel vorliegen. Abbildung 5.a veranschaulicht das

---

explizite Repräsentation von Teilen eines Objekts gerechtfertigt ist, und in welchen nicht, soll an dieser Stelle nicht diskutiert werden.

[11] Dieses Problem wird ausführlich bei Kosslyn (1980) und diesem folgend bei Rehkämper (1987) diskutiert. Bildhafte Repräsentationen sind in einem wohldefinierten Sinn "holistisch" im Gegensatz zu "partikularistischen" propositionalen Repräsentationen.

[12] Es sind 6 blau-rote Würfel.

108

Resultat der drei oben skizzierten Imaginationsschritte; über der entsprechenden Repräsentation kann dann die Kardinalitätsfrage beantwortet werden.

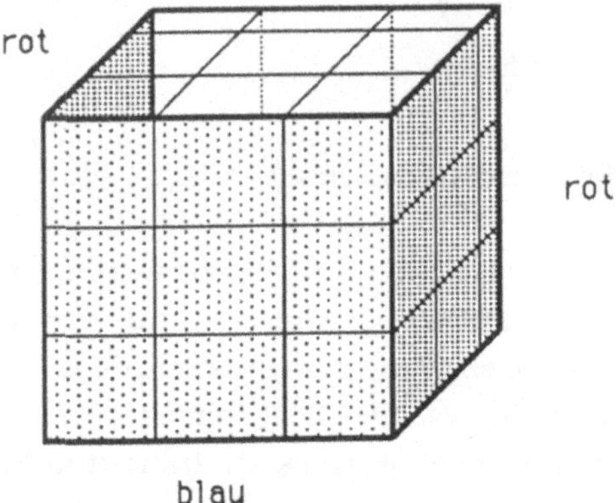

Abb. 5.a: Imagination des Haugeland-Würfels

Betrachtet man die Abbildung 5.a (bzw. die eigene bildhafte Vorstellung), so sieht man, und dies ist wörtlich gemeint, dass die blaue Fläche die beiden gegenüberliegenden roten Flächen verbindet. Während in der bildhaften Vorstellung dieser Sachverhalt direkt gegeben ist, müsste in einer propositionalen Repräsentation, diese "Brückenfunktion" der blauen Fläche erst inferentiell erschlossen werden[13]. (In Abb. 5.b ist beispielhaft ein Ausschnitt aus einem diese Konstellation repräsentierenden semantischen Netz dargestellt.)

---

[13] Zu diesem Unterschied zwischen propositionalen und depiktionalen Repräsentationen, vgl. insbesondere Kosslyn (1980) und Rehkämper (1987).

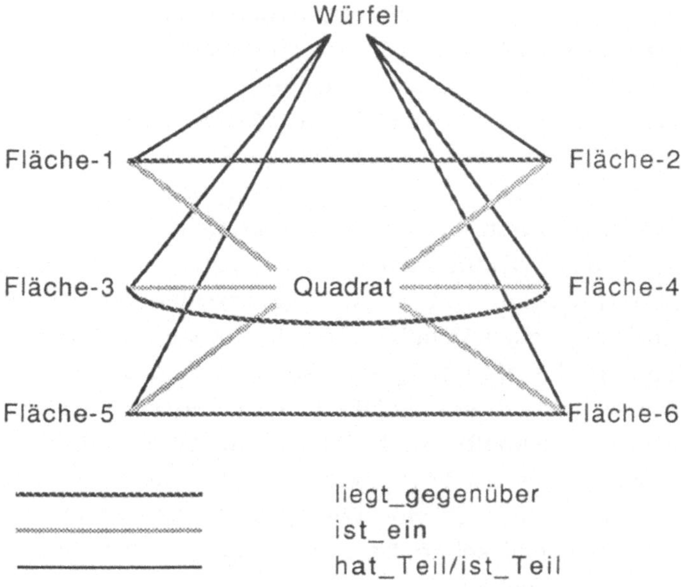

Abb. 5.b: Ausschnitt aus einem semantischen Netz "Würfel"

Die beiden oben genannten Fragen bzw. die Verfahren zu ihrer Beantwortung zeigen, dass nicht davon ausgegangen werden sollte, dass räumliche Objekte, z.B. Würfel, stets nur depiktional repräsentiert werden, sondern vielmehr, dass die Repräsentationsform abhängig von der Aufgabenstellung gewählt wird; in komplexen Aufgaben ist insbesondere davon auszugehen, dass beide Repräsentationsformen interagierend verwendet werden. Während etwa die Frage wieviel Flächen ein Würfel besitzt, vermutlich über dem semantischen Netz beantwortet wird, dürfte für die Frage nach den Kanten die bildhafte Vorstellung herangezogen werden[14].

Abschliessend für diesen Abschnitt seien noch einige Anmerkungen über den Charakter von Depiktionen zusammengestellt, die die Frage betreffen, ob mentale Bilder (Images) Bilder im eigentlichen Sinne des Wortes sind, oder nur bildhaften Charakter aufweisen. Block (1983) hat einige der wichtigsten Argumente in dieser Diskussion vorgestellt, insbesondere solche, die sich mit der sogenannten "photographic fallacy" befassen. Der Kernpunkt hierbei ist die Frage nach dem Detailreichtum und der Vollständigkeit von mentalen Bildern. Insbesondere von Dennett (1969) wurde darauf hingewiesen, dass mentale Vorstellungen weder zur

---

[14] Diese Vermutung, die ich bisher nicht durch "harte Experimente" belegen kann, wird jedoch bei Befragung von Testpersonen "bestätigt".

Vollständigkeit noch zur Detaillierung verpflichtet sind, und in dieser Hinsicht starke Ähnlichkeit zu propositionalen Repräsentationen aufweisen. So kann man sich - dem Beispiel des Hauses (s.o.) folgend - das Haus, in dem man lebt, vorstellen, ohne z.B. die Fragen behandeln zu müssen, ob etwa eine oder mehrere Stufen zur Haustür führen, oder welche Farben die Vorhänge an den Fenstern aufweisen, oder ob die Fenster gerade geöffnet oder geschlossen sind. Die skizzenhafte Darstellung in Abb. 4.a vernachlässigt dementsprechend diese Punkte. Hieraus ergibt sich, dass Depiktionen in vielen Fällen skizzenhaften Charakter aufweisen: die Interpretation von Skizzen geht weder von der Annahme der Vollständigkeit noch der vollen Detailliertheit der Skizze aus. Betrachtet man aus diesem Gesichtspunkt die Abbildung 4.a, so wird man auf die Frage, wieviele Fenster des skizzierten Hauses geöffnet sind, normalerweise die Antwort verweigern, und zwar deshalb, weil die Abbildung in Hinblick auf diesen Informationsaspekt nichts aussagt. Man beachte, dass gerade hierin der Unterschied zu einem Photo liegt: eine Photographie des entsprechenden Hauses würde - falls sie hinreichend scharf ist - eine Aussage über die Frage nach den geöffneten Fenstern ermöglichen.

Wenn - wie oben angedeutet - mentale Bilder in vielen Fällen[15] einen skizzenhaften Charakter aufweisen, so bedeutet dies, dass die depiktionalen Repräsentationen, diesen Charakter berücksichtigen. Der im folgenden Abschnitt erläuterte Repräsentationsvorschlag ist in diesem Sinne zu interpretieren. Die durch ihn bildhaft dargestellten räumlichen Beziehungen und Eigenschaften sind eher topologisch als metrisch bzw. geometrisch anzusehen.

3. Propositionale und depiktionale Repräsentationen

Das im vorangegangenen Abschnitt angesprochene Problem der Interaktion von Repräsentations- und Verarbeitungsprozessen über propositionalen und bildhaften Repräsentationen werde ich im weiteren am Beispiel der <u>Wegplanung</u> und <u>Wegbeschreibung</u> für Verkehrsverbindungen erläutern[16]. Bevor ich auf die Interaktion der beiden Repräsentationssysteme eingehen kann, werde ich das in Abb. 3 dargestellte Wegeproblem wieder aufnehmen: Standort von Sprecher und

---

[15] Es sollte nicht davon ausgegangen werden, dass mentale Bilder immer skizzenhaften Charakter besitzen, d.h. unvollständig und von geringerem Detaillierungsgrad sind. Wichtig ist , dass sie einen derartigen Charakter besitzen können.

[16] Eine ausführliche Untersuchung auf der Grundlage von real erhobenen Wegauskünften für Fusswege habe ich in Habel (1987a) beschrieben. Gegenwärtig wird für die im vorliegenden Aufsatz behandelte Domäne der Routenplanung und -beschreibung innerhalb des Schnellbahnnetzes des Hamburger Verkehrsverbundes (HVV) eine Sammlung von aktualen Daten erhoben; erste (Vor-)auswertungen, auf die sich die folgenden Darstellungen zum Teil stützen, sind in Arbeit.

Hörer, in diesem Fall vom Auskunftgeber und Auskunftnehmer sei der S-Bahnhof Blankenese (Punkt 1 in Abb. 6, die einen Ausschnitt aus der räumlichen Konstellation des HVV-Netzes darstellt), das Ziel der Flughafen Fuhlsbüttel (Punkt 7).

Abbildung 6 sei vorerst als skizzenhafte Vergröberung einer netzartigen Darstellung des Systemwissens aufgefasst[17]: Systemintern kann hier etwa von einer Graphrepräsentation in Relationenschreibweise ausgegangen werden. Basis dieser relationalen Darstellung ist das Prädikat DIR-VERB, das die unmittelbare Nachbarschaft zweier Haltepunkte (z.B. Schnellbahn-Bahnhöfe) in bezug auf eine Schnellbahnverbindung (bzw. den Flughafenbus 110) repräsentiert.

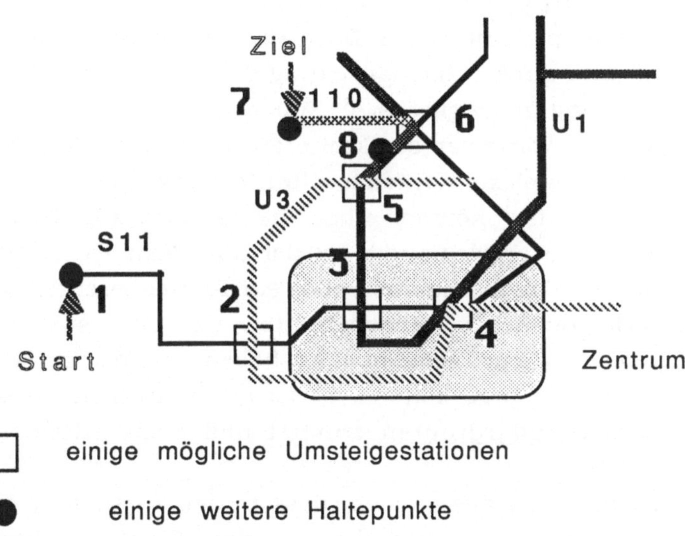

Abb. 6: Ausschnitt aus dem Schnellbahnnetz der HVV

Bei vorgegebener Problemstellung, intern etwa durch

    ? ROUTE ("punkt_1", "punkt_7")

dargestellt, können in der Informatik übliche Algorithmen der Pfadfindung über Graphen verwendet werden, wobei z.B. ROUTE als transitive Hülle von DIR-VERB aufgefasst wird. Diese Lösung weist jedoch mehrere Inadäquatheiten auf; zuerst einmal ist hier sicherlich das Problem der Komplexität zu nennen. Selbst dann, wenn man die Busverbindungen ausser Acht lässt, ergibt sich ein äusserst umfangreicher "Raum" möglicher Routenprobleme (und somit möglicher Lösungspfade): bei gegenwärtig ca. 160 Schnellbahn-Bahnhöfen liegt die Anzahl

---

[17] Eine andere Interpretation wird weiter unten in Zusammenhang mit depiktionalen Repräsentationen verwendet werden.

möglicher Routenprobleme in der Grössenordnung von 12000. (Das komplette HVV-Netz - einschliesslich Buslinien - verfügt über 2852 Haltepunkte und somit ca. 4 x 106 Aufgabenstellungen.) Eine adäquate Behandlung der Routenprobleme sollte daher von komplexeren Basiseinheiten (als den "direkten Verbindungen" ausgehen; geeignet hierfür sind u.a. die Linien. Bevor ich hierauf im weiteren ausführlicher eingehen werde, sei ein weiterer Aspekt der Inadäquatheit erwähnt. Als Resultat eines elementaren Routenfindungsalgorithmus bietet sich eine formale Routenbeschreibung in Listenschreibweise an, derart, dass die Listenelemente beginnend und endend mit einem Knoten (Haltepunkt) stets alternierend einen Knoten und die verbindende Linie bezeichnen, formal dargestellt durch:

$$\text{ROUTE}(n_1, n_k) = < n_1, p_1, n_2, \ldots\ldots\ldots, n_{k-1}, p_{k-1}, n_k > ,$$

wobei 'n' Knoten und 'p' Kanten des Basiswegenetzes bezeichnet. Es ist nun offensichtlich, dass eine direkte Textualisierung dieser Route (in ihrer Listenform) für eine Wegbeschreibung ungeeignet ist[18]. Eine benutzergerechte Generierung von Wegbeschreibungen hat von einer strukturierten (formalen) Routenbeschreibung auszugehen, in der komplexe Routenabschnitte verwendet werden. Derartige komplexe Routenabschnitte können über die Generierung hinaus die oben skizzierten Routenfindungsprobleme, die auf der Komplexität des Netzes beruhen, erheblich vereinfachen. Darüberhinaus sollte ein Routenbeschreibungssystem in der Lage sein, "erfolgreiche Routenabschnitte", das sind solche, die sich in Hinblick auf zahlreiche Wegeprobleme bewährt haben, erlernen zu können, um auf diese später wieder zugreifen zu können. So ist bei "natürlichen Auskunftgebern" zu beobachten, dass <u>Standardrouten</u> erinnert und nicht jedesmal neu geplant werden[19].

Es ist daher sinnvoll, davon auszugehen, dass in der Wissensbasis des Systems Wissen sowohl über atomare als auch über komplexe Objekte vorliegen sollte. Mit diesem Ziel werde ich nun die Wissensstruktur der Basiswegenetze um eine weitere Komponente, in der <u>objektorientiertes Wissen</u> über atomare und komplexe Objekte vorliegt, erweitern. Ausgangspunkt der Darstellungen ist die Konzeption Referentieller Netze, die ich hier nur am Beispiel skizzieren werde (eine ausführliche Darstellung findet sich in Habel 1986). Basis ist eine propositionale,

---

[18] Ausführlich habe ich diese Textualisierungsprobleme in bezug auf Wegauskünfte in Habel (1987a) beschrieben. Die unterschiedlichen Problemklassen "Fusswege", "Autorouten" und hier z.B. "Schnellbahnrouten" weisen zwar in Hinblick auf die korrespondierenden Textklassen der Beschreibungen zahlreiche Unterschiede auf, es zeigt sich jedoch bei näherer Betrachtung, dass auch die vermeintlich unproblematische Klasse der "Schnellbahn-Auskünfte" die - im weiteren erläuterte - Interaktion von Wegenetzen und Referentiellen Netzen mit depiktionalen Beschreibungen (s.u.) notwendig macht.

[19] Diese Fähigkeit, Routen zu lernen und bei Bedarf wieder zu verwenden, ist in gegenwärtigen KI-Systemen noch nicht systematisch berücksichtigt; vgl. hierzu McDermott/Davis (1984), sicherlich eines der interessantesten derartigen KI-Systeme, bei dem für jede Problemstellung von neuem Routen geplant werden.

logik-orientierte Repräsentationssprache (SRL), in der zwischen Termen und Formeln (im Sinne der Logik) unterschieden wird. Für Objekte der Realität (oder des Denkens) werden interne Stellvertreter angenommen, die als <u>Referenzobjekte</u> (RefO) bezeichnet werden; die Menge der Stellvertreter wird durch REFO bezeichnet. RefOs können durch Terme der SRL designiert werden; die Menge der designationsfähigen Terme heisst DESIGN. Zusätzlich werden essentielle Eigenschaften der RefOs durch Attribute (genauer Referenz-Attribute, daneben existieren auch Designationsattribute) direkt mit dem betreffenden RefO in Beziehung gesetzt. Aufgrund der netzartigen Beziehungsstruktur zwischen RefOs und ihren Attributen bzw. Designationen wird die entsprechende Wissenstruktur als <u>Referentielles Netz</u> (RefN) bezeichnet.

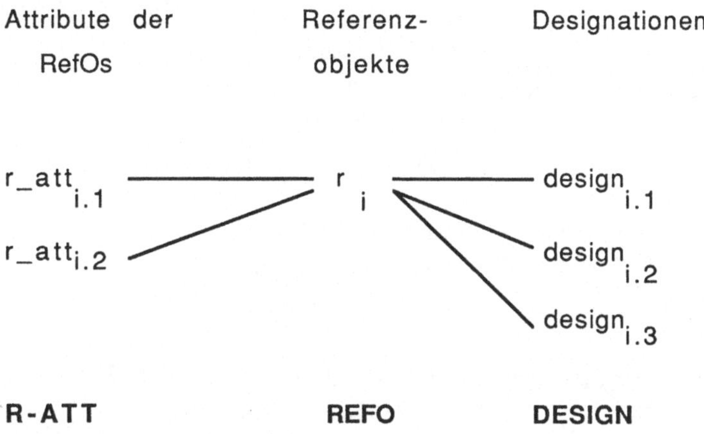

Abb. 7: Struktur referentieller Netze

(Die in Abb. 7 verwendeten Indizes machen deutlich, dass RefOs, deren Attribute und Designationen einzeln "ansprechbar" sind; d.h.: auf die verschiedenen Objekte im Referentiellen Netz kann einzeln zugegriffen werden.)
Das Verkehrsnetz (Abb. 6) kann - hier ausschnittsweise für einige wichtige Teile aufgeführt - in einem referentiellen Netz (vgl. Abb. 8) dargestellt werden[20]:

---

[20] Fasst man Wegenetze als formelorientierte Wissensdarstellungen auf, so stellen Referentielle Netze ihre "Invertierung" in eine termorientierte Gestalt dar. Ausführlich ist diese Sichtweise der doppelten, nämlich formel- und termorientierten Repräsentation in Habel (1986) erläutert; insbesondere gehe ich dort auf die Vorteile einer derartigen, redundanten Repräsentation ein.

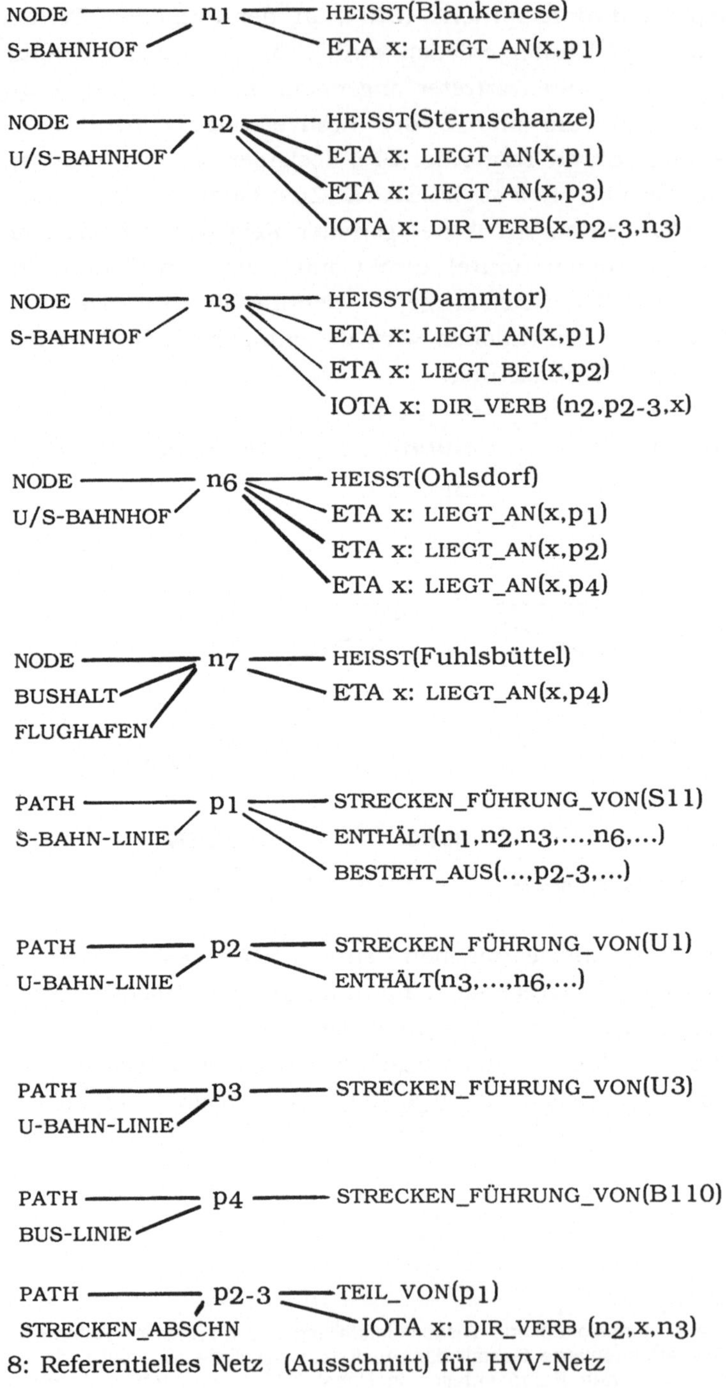

Abb. 8: Referentielles Netz (Ausschnitt) für HVV-Netz

Bevor ich auf die Verwendung von Referentiellen Netzen für das Routenfindungs- und beschreibungsproblem eingehen werde, sind einige erläuternde Anmerkungen zum Beispielnetz (Abb. 8) angebracht:

1. Für RefOs werden hier solche interne Bezeichner verwendet, die dem menschlichen Leser die Interpretation des referentiellen Netzes erleichtern, etwa n-RefOs für Knoten, p-RefOs für Pfade (Verallgemeinerung von Wegen, Routen, Wegabschnitten, ...) . Man beachte, dass diese Unterscheidung wirklich nur dem Komfort des menschlichen Lesers dient, denn die entsprechende Information ist im Netz über die Referenzattribute explizit kodiert (siehe Anm. 2.). Zur weiteren Erleichterung werden hier die Indizes verwendet, die im Wegenetz (Abb. 6) auftreten. $p_{2\text{-}3}$ ist Abkürzung für "die Kante zwischen den Knoten n_1 und n_2", d.h. hierdurch wird eine direkte Verbindung, ein S-Bahn-Abschnitt bezeichnet.

2. Durch Referenzattribute werden essentielle Eigenschaften unterschiedlicher Art kodiert. Zum einen Eigenschaften, die den Darstellungstyp im Netz betreffen (z.B. NODE, PATH), zum anderen Eigenschaften in bezug auf die Zugehörigkeit zu Kategorien (z.B. BAHNHOF, SCHNELLBAHNLINIE). Auch die Funktion eine Landmarke (ausführlich s.u.) zu sein, wird über ein R-ATT ausgedrückt. (Englische Bezeichnungen wie NODE oder LANDMARK werden für theorie-interne Kategorien verwendet. Diese unterschiedliche Bezeichnungsweise trägt den unterschiedlichen Typen der Attribute Rechnung.)

Die hier verwendeten Attribute sind nicht allein durch ihre "technische bzw. formale Nützlichkeit" im Rahmen der Entwicklung eines Systems zur Routenfindung oder Routenbeschreibung gerechtfertigt; sie basieren auf den im Forschungsbereich kognitive Karten (vgl. Downs & Stea 1982, Lynch 1960) gewonnenen Erkenntnissen: Die mentalen Vorstellungen, die Menschen über ihre Umwelt besitzen, basieren auf entsprechenden Kategorien.

3. Die Operatorenbezeichnungen, die in Abb. 8 für die Designationen verwendet werden, sollen ebenfalls (vgl. Anm. 1.) informell die Bedeutung dieser Operatoren bzw. der hiermit gebildeten Designationen charakterisieren. Daher seien hier nur einige formale Aspekte skizziert. HEISST ist ein termbildender Operator, der u.a. erlaubt, dass ein Name für mehrere Objekte verwendet wird; so kann etwa "Blankenese" sowohl als Name einer S-Bahn-Station, als auch als Name für einen Stadtteil verwendet werden. (Der Einfachheit wegen habe ich im vorliegenden Beispiel die Bushaltestelle und den Flughafen "Fuhlsbüttel" in einem RefO zusammengeführt. ETA und IOTA sind Deskriptionsoperatoren für indefinite bzw. definite Kennzeichnungen, die "kognitive Entsprechungen" (vgl. Habel 1986) der "gleichnamigen" logischen Operatoren darstellen. "IOTA x: DIR_VERB $(n_2, p_{2\text{-}3}, x)$" ist zu lesen als: "das Objekt, das über $p_{2\text{-}3}$ in direkter Verbindung zu n_2

steht". BESTEHT_AUS und ENTHÄLT sind als Operatoren mit variabler Stelligkeit ausgelegt.

4. Die Verwendung von RefOs in den Argumentstellen der Designationen zeigt, dass neben den expliziten Verweisen zwischen RefOs und ihren Designationen implizite Verweise zwischen den RefOs existieren. Ausserdem existieren, hier im Beispiel weitgehend vernachlässigt, Verweisoperatoren zwischen RefOs: mit BESTEHT_AUS und TEIL_VON ist ein Paar dualer Verweisoperatoren verwendet.

Durch eine Interaktion von referentiellen Netzen und Basiswegenetzen können zahlreiche Inadäquatheiten, die bei der ausschliesslichen Verwendung von Wegenetzen auftreten würden, vermieden werden, und zwar dadurch, dass zusätzliche für Wegfindung und Wegbeschreibung relevante Information aus dem referentiellen Netz hinzugezogen wird. Dies sei an dem Beispiel, das ich zu Beginn des vorliegenden Kapitels eingeführt habe, erläutert: Die Aufgabenstellung kann durch

    ? ROUTE ("S-Bahnhof Blankenese", "Flughafen Fuhlsbüttel")

repräsentiert werden. Durch das referentielle Netz wird der Übergang von der natürlich-sprachlichen Formulierung, bzw. derjenigen Repräsentationsebene, die auf Bezeichnungen der natürlichen Sprache basiert, in die systeminterne Ebene, die die gemeinsamen Bezeichnungen des Wegenetzes und des RefNs verwendet, vermittelt. Orientiert an Referenzobjekten ergibt sich hieraus (vgl. Abb.8):

    ? ROUTE(n_1,n_7).

Diese Aufgabe kann von Systemkomponenten, die auf den oben erwähnten Graphalgorithmen basieren, gelöst werden, so dass als Zwischenergebnis eine Route in Listenschreibweise vorliegt, wobei die einzelnen Abschnitte der Route über direkten Verbindungen gebildet sind. Der eigentlich interessante Punkt bei der Beschreibung von Routen beginnt an dieser Stelle[21]: Einerseits ist die detaillierte Route in komplexe, insbesondere relevante Abschnitte zu gliedern, und andererseits ist sie mit weiteren, für die Wegfindung wichtigen Informationen zu ergänzen. Im vorliegenden Fall ist eine Gliederung in

    $<n_1,p_1,n_6,p_4,n_7>$

vorzunehmen. (Diese Darstellung ist aus Gründen der Übersichtlichkeit etwas vereinfacht worden: an und für sich ist nicht "p_1" sondern "p_1*", ein hier nicht näher bestimmter Teil von "p_1" zu verwenden; entsprechendes gilt für "p_4".) Diese formale Routenbeschreibung hat als natürlichsprachliche Entsprechung:

---

[21] In der Terminologie von Klein (1979) betrifft die ausführliche (formale) Routenbeschreibung den Sekundär-Plan des Auskunftgebenden. Den nun folgenden Strukturierungsprozess habe ich - ebenso wie wesentliche Eigenschaften der Textualisierungsverfahren - ausführlich in Habel (1987a) beschrieben.

"Sie fahren mit der S11 nach Ohlsdorf und nehmen von dort aus den Bus 110."

In einer adäquaten, d.h. für den Ortsfremden leicht verwendbaren, Wegbeschreibung sind folgende zusätzliche Informationen zu berücksichtigen:
<u>Richtungsangaben</u>, die z.B. bei der Wahl eines Verkehrsmittels angeben, welcher von zwei in entgegengesetzte Richtungen fahrenden Zügen verwendet werden soll,
<u>Informationen über lange Wegabschnitte</u>, denn für jemanden, der einer Routenauskunft folgt, ist es wichtig zu wissen, wie lange er einer Teilbeschreibung zu folgen hat. Sehr lange Abschnitte sollten als solche gekennzeichnet werden, damit man weiss, ob man "noch auf dem rechten Weg" ist.
<u>Detaillinformation über Umsteigevorgänge</u>, denn gerade an diesen Punkten treten erfahrungsgemäss Probleme auf.
Einige der hierbei benötigten Informationen können offensichtlicherweise leicht im referentiellen Netz kodiert werden, so können etwa Pfade, z.B. "p_1" durch Anfangs- und Endstation deskribiert werden (formal gesehen handelt es sich hierbei um weitere Designationen des entsprechenden Pfad-RefOs). Ebenso ist es möglich, die Pfadlänge explizit im RefN zu speichern, oder implizit aus entsprechenden Kantenmarkierungen im Wegenetz zu berechnen. Im vorliegenden Fall müsste also der Abschnitt von Blankenese bis zum Bahnhof Ohlsdorf (n_6) als "langer Abschnitt" erkennbar sein, der durch eine zusätzliche Pfadcharakterisierung erläutert werden sollte. Derartige Charakterisierungen greifen auf relevante Objekte (Landmarken) zurück, die auf dem (oder am) Weg liegen; im vorliegenden Beispiel bietet sich etwa der Hauptbahnhof (n_4) an. Als Resultat des Textualisierungsprozesses, den ich hier nicht im Detail erläutern werde, ergibt sich z.B.:

"Sie nehmen die S11 in Richtung Hauptbahnhof und fahren bis Ohlsdorf. Das liegt noch einiges hinter dem Hauptbahnhof. Dort steigen Sie in den Flughafenbus (Linie 110) um, der fährt direkt bis zum Terminal."

Nach dieser skizzenhaften Erläuterung, wie Wegfindungs- und Wegbeschreibungsprozesse über propositionalen Repräsentationen realisiert werden können, werde ich auf den zweiten für räumliche Phänomene relevanten Repräsentationstyp eingehen, den der Depiktionen. Ausgangspunkt hierfür wird vorerst wieder das oben verwendete Beispiel sein: Die Richtungsangabe könnte ebensogut auch (vgl. Abb. 6) lauten:

"Nehmen Sie die S11 ins Zentrum ...."

Sicherlich lässt sich für Knoten des Wegenetzes die Eigenschaft, zum Zentrum zu gehören, auch durch Attribute im Wegenetz oder im referentiellen Netz darstellen, es ist jedoch ebenso deutlich, dass eine derartige, rein propositionale Repräsentation nicht (kognitiv) adäquat wäre. Im Gegensatz hierzu scheint eine bildhafte Charakterisierung des Zentrums angemessener. Ohne dass ich den Gesichtspunkt der kognitiven Adäquatheit hier intensiv behandeln möchte[22], seien weitere ähnliche Probleme/Phänomene aus dem Bereich der Richtungsangaben angeführt. Betrachtet man eine andere Aufgabenstellung, etwa die, die durch

> ? ROUTE("Kellinghusenstr", "Lattenkamp") $\approx$? ROUTE (n_5, n_8)

gegeben ist (vgl. Abb. 6), so sind einschlägige Richtungsangaben "in nördlicher Richtung" oder "stadtauswärts" (die zweite Angabe findet sich in der Tat auf entsprechenden Hinweistafeln). Die Bedeutung derartiger Lokaladverbiale lässt sich, insbesondere da es sich um relative Beziehungen handelt, adäquater aus "echt räumlichen" Repräsentationen der lokalen Gegebenheiten ermitteln. Hierzu benötigt man neben den propositionalen Repräsentationen ein zweites quasi-analoges Repräsentationsformat[23] wie es etwa von Paivio (1983) oder Kosslyn (1980) im Rahmen von <u>dual-coding</u> Theorien gefordert wird.

Die Forderung nach speziellen Repräsentations- und Verarbeitungsmechanismen für bildhafte, und somit auch für räumliche Vorstellungen, bedeutet nicht, dass propositionale Repräsentationen geleugnet würden, sondern vielmehr, dass zwei (oder mehr) Repräsentationsformate nebeneinander verwendet werden, und dass insbesondere die Interaktion entsprechender Komponenten für die Leistungsfähigkeit eines kognitiven, aber auch eines künstlichen wissensbasierten, Systems ausschlaggebend ist. Dementsprechend wird hier davon ausgegangen, dass die propositionale Repräsentationsweise, die in den vorangegangenen Abschnitten vorgestellt wurde, durch bildhafte Repräsentationen, die an Kosslyns Terminologie angelehnt als <u>Depiktionen</u> bezeichnet werden, ergänzt werden muss. Depiktionen werden ebenso wie Designationen zur "Beschreibung" (Deskription) von Referenzobjekten in referentiellen Netzen verwendet; dies bedeutet, dass die Grundstruktur <u>referentieller Netze</u>, wie sie in Abb. 6 dargestellt wurde, in Hinsicht auf Depiktionen erweitert wird (vgl. Abb. 9):

---

[22] Vgl. zu diesem Punkt z.B. Habel(1987a) und Rehkämper (1987); in beiden Arbeiten wird hierauf - speziell in Hinblick auf Routenbescheibungen - detailliert eingegangen.

[23] Was genau unter analogen Repräsentationen zu verstehen ist, ist ein nicht-triviales Problem, dessen Klärung im Rahmen des vorliegenden Aufsatzes nicht unternommen werden soll. Ich werde im weiteren auf die Intuition des Lesers vertrauen und aus "Vorsichtsgründen" stets die Bezeichnung "quasi-analog" verwenden.,

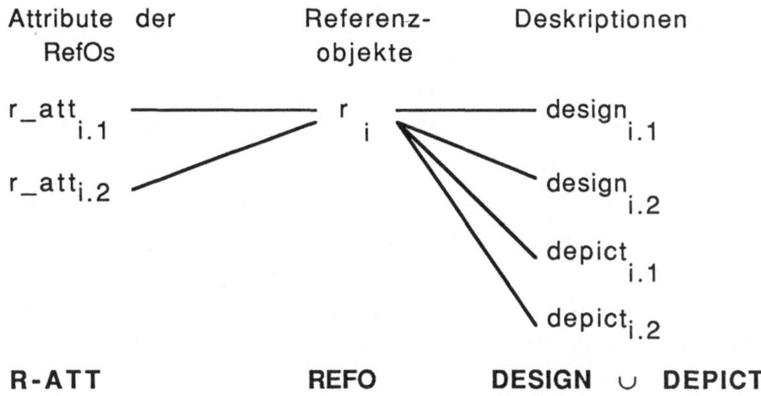

Abb. 9: Referentielle Netze mit Designationen und Depiktionen

Es ist nun also zu klären, wie Depiktionen darzustellen sind, d.h. in welcher Weise Ausdrücke der Menge DEPICT, des Repräsentationsformalismus für bildhafte, räumliche Vorstellungen intern gebildet und verarbeitet werden[24]. Für den Knoten n_2, der sowohl als Knoten im Wegenetz (Abb. 6) als auch als RefO im RefN (Abb. 8) aufgefasst werden kann, wird als _eine_ (unter mehreren, s.u.) Depiktionen vorgeschlagen, eine entsprechend Abb. 10.a dargestellte Repräsentation zu verwenden:

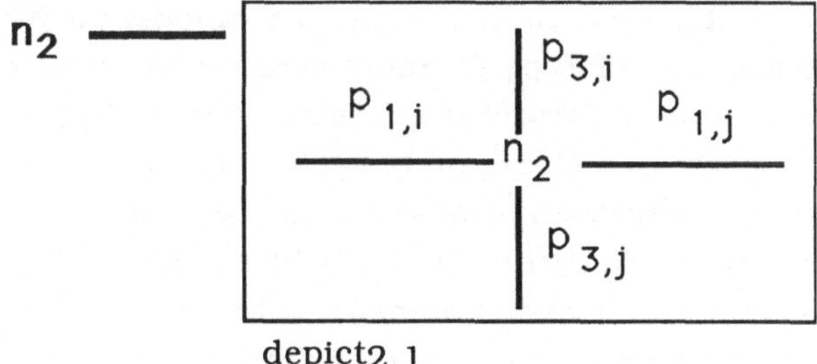

Abb. 10.a: Depiktion der Schnellbahn-"Kreuzung" Sternschanze (n_2)

In der hier angedeuteten Repräsentation wird - wenn man sie räumlich interpretiert, im Gegensatz zur üblichen (formal graphen-theoretischen) Sichtweise von Netzen - die räumliche Konstellation um den Knoten n_2

---

[24] Die folgenden Überlegungen, die zum Teil einen vorläufigen und spekulativen Charakter aufweisen, sind als Vorschlag für ein entsprechendes Repräsentationssystem anzusehen. Eine detailliertere Darstellung findet sich bei Khenkhar (1987). Ohne dass hierauf im weiteren jeweils detailliert eingegangen werden wird, sei hier erwähnt, dass die Arbeiten Kosslyns wesentlichen Einfluss auf die Vorgehensweise ausgeübt haben.

berücksichtigt; diese ist gegeben durch vier Kanten, von denen jeweils zwei eine Schnellbahnlinie repräsentieren. Die beiden Schnellbahnlinien kreuzen sich in ungefähr rechtem Winkel. Die Information über die Typzugehörigkeit der beteiligten Objekte ergibt sich, da es sich um RefOs handelt, aus dem referentiellen Netz. Die in Abb. 10.a skizzierte Depiktion ist sowohl propositional als auch quasi-analog interpretierbar. Obwohl das Ziel des vorliegenden Abschnittes in einem Vorschlag zur <u>quasi-analogen Repräsentation</u> liegt, soll zuerst eine propositionale Darstellung der in Abb. 10.a skizzierten räumlichen Anordnung gegeben werden. Aus dieser wird sich auch erkennen lassen, worin die Schwierigkeiten bzw. <u>Inadäquatheiten</u> bei der Verwendung entsprechender <u>propositionaler Repräsentationen</u> liegen.

Die wesentlichen Fakten bzgl. der Einmündung am Knoten n_2 können wie folgt zusammengefasst werden:

$$\text{EINMÜNDUNG}(n_2, \quad 0, \ p_{1,i}) \qquad \text{EINMÜNDUNG}(n_2, \quad 90, \ p_{3,i})$$
$$\text{EINMÜNDUNG}(n_2, \ 180, \ p_{1,j}) \qquad \text{EINMÜNDUNG}(n_2, \ 270, \ p_{3,j})$$

Abb. 10.b: Propositionale Repräsentation von depict$_{2.1}$

Anmerkungen zur Depiktion depict$_{2.1}$:

1. EINMÜNDUNG ist z.B. zu lesen als "in den Knoten n_2 mündet im Winkel 0° - bzgl. des lokalen Bezugssystems - der Pfad $p_{1,i}$". Somit wird durch die vier propositional repräsentierten Fakten die "Vorstellung" sich rechtwinklig kreuzender Schnellbahnlinien dargestellt. Der Operator EINMÜNDUNG, der ein systeminterner Operator des depiktionalen Repräsentationssystems ist, setzt die Verwendung eines Winkelkonzeptes voraus. Hierbei wird (ähnlich) wie bei McDermott & Davis (1984) jeweils eine Normrichtung angenommen, wobei jedoch eine einheitliche "Ausrichtung" etwa eine "Nordung" nicht notwendig ist, und daher auch nicht gefordert wird. Die Winkelangaben sind also als relative Winkel eines lokalen, durch die Depiktion bestimmten Bezugssystem anzusehen.

2. Die hier, in Abb. 10.b, verwendete propositionale Repräsentation geht von exakten Winkelangaben aus. Da bildhafte Vorstellungen - wie am Ende des 2. Abschnittes erläutert wurde - nicht volle Detaillierung und Exaktheit haben, müssen derartig genaue Winkelangaben als "überexakt" angesehen werden. Um an dieser Stelle hinreichende Adäquatheit zu erreichen, müsste im propositionalen Bereich eine Verarbeitung vager, d.h. unscharfer Massangaben erfolgen. Eine entsprechende Fähigkeit wird dadurch, dass Depiktionen nicht metrisch sondern

topologisch (mit zusätzlichen Annotationen) interpretiert werden, auch im quasi-analogen Repräsentationsformat zur Verfügung gestellt werden.
3. Im Fall von Depiktionen für Strasseneinmündungen, den ich in Habel (1987a) ausführlich behandelt habe, werden weitere "Depiktionsoperatoren", wie z.B. SEKTOR zur Beschreibung der "Regionen zwischen den Einmündungen" verwendet.

Die Auswertung bzw. Interpretation dieser speziellen Propositionen über Lagen und Richtungen, die z.B. als Richtungsangabe zwischen den Pfaden $p_{1,i}$ und $p_{3,i}$ (in "Strasseninterpretation") - von $p_{1,i}$ ausgehend - "nach links" ergeben würde, erfolgt über spezielle Prozesse zur Bearbeitung von Orientierungen und räumlichen Anordnungen, die im vorliegenden Fall über die Winkelangabe "+90°" vermittelt würde.

Die nächste Erweiterung des Repräsentationsformalismus wird nun darin bestehen, Depiktionen quasi-analog darzustellen. Durch das Präfix "quasi" soll - wie oben erwähnt -angedeutet werden, dass natürlich keine volle Analogiebeziehung zwischen der formalen Repräsentation von Depiktionen, mentalen Vorstellungen und den repräsentierten räumlichen Gegebenheiten der realen Welt angenommen werden kann. Als Repräsentationsmedium werden <u>Zellmatrizen</u> vorgeschlagen, bei denen die Zelleninhalte nicht als Farb- oder Grauwerte interpretiert werden, wie dies etwa im Bereich der Bildverarbeitung (Computer Vision) geschieht, sondern durch Verweise auf RefOs. Durch dieses Vorgehen ist ein impliziter Bezug zwischen den Depiktionen, also formalen Entsprechungen für bildhafte Vorstellungen, und dem propositions-orientierten referentiellen Netz gegeben. (Man beachte, dass auch Designationen den impliziten Bezug zu weiteren RefOs herstellen.) Eine entsprechende Darstellung der Depiktion "depict$_{2.1}$" ("2.1" steht für erste Depiktion zum RefO n_2.) aus Abb. 10.a im Zellenformat ist in Abb. 11 gegeben.

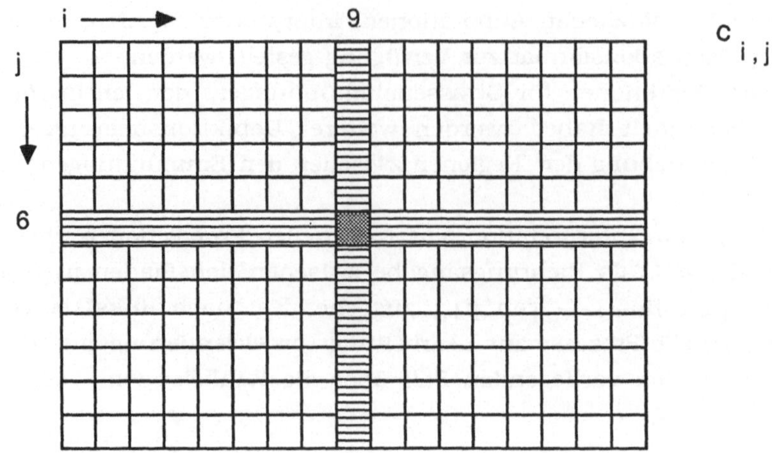

Abb. 11: Quasi-analoge Repräsentation von depict 2.1 durch Zellenbelegung in einer Zellmatrix

Die vorliegende Abbildung 11, die ein wohlgeformtes Objekt der "Depiktionssprache" darstellt, ist insofern unvollständig, als die Verweise zu den RefOs, also in das referentielle Netz, noch nicht ausgeführt sind. Auszüge aus dem entsprechenden System von Verweisen sind in Abb. 12 aufgeführt.

$c_{9,6}$ ---- n2
$c_{9,6}$ ---- TEIL_VON(p_1) $c_{9,6}$ ---- TEIL_VON(p_3)
$c_{8,6}$ ---- TEIL_VON(p_1) $c_{10,6}$ ---- TEIL_VON(p_1)
$c_{9,5}$ ---- TEIL_VON(p_3) $c_{9,7}$ ---- TEIL_VON(p_3)

Abb. 12: Netz der Zelleninhalte (Auszug) bzgl. depict2.1

Anmerkungen zu den Abbildungen 11 und 12:

1. Der hier skizzierte Vorschlag geht von einer "quadratischen Zellenform" aus; diese geometrische Eigenschaft ist jedoch nicht zwingend: andere Zellformen, z.B. hexagonale sind als Alternativen vorstellbar. Welches die geeignete Darstellungsform ist, ist zum gegenwärtigen Zeitpunkt nicht eindeutig bzw. endgültig geklärt. (Ähnliche Fragestellungen werden auch im Bereich Computer Graphics untersucht; die dort erzielten Resultate werden bei den zukünftigen Ausarbeitungen und Implementierungen eine wesentliche Rolle spielen.) Man sollte sich jedoch an dieser Stelle klar machen, dass der Kern des

Zellmatrixansatzes von der Gestalt der Zellen weitgehend unabhängig ist; relevant ist, dass eine Teilmenge **C** von **Z**2 verwendet wird, über der u.a. eine spezielle Basisrelation der <u>direkten Nachbarschaft</u> vorliegt (vgl. Khenkhar 1987).

2. In Abb. 12 ist darauf verzichtet worden, die Zugehörigkeit der Zellen zur betreffenden Depiktion durch weitere Indizes, nämlich "2.1", da es sich um Zellen der Depiktion $depict_{2.1}$ handelt, anzugeben. Es wird hier davon ausgegangen, dass für jede Depiktion ein Zellennetz der in Abb. 12 skizzierten Art existiert; dieses ist ein referentielles Netz besonderer Art.

3. Genauso wie ein designierender Term, d.h. Ausdruck aus DESIGN, zur Designation verschiedener RefOs verwendet werden kann, kann auch eine Depiktion zur bildhaften Beschreibung mehrerer RefOs eingesetzt werden: die in Abb. 11 erläuterte Depiktion ist sicherlich auch in Hinsicht auf die Pfade p_1 und p_3 relevant, insofern nämlich, als nicht nur der Bahnhof n_2 depiktoriell beschrieben wird, sondern insbesondere auch die Lage der Schnellbahnlinien zueinander. Dies bedeutet auch, dass der Index "2.1" nicht so verstanden werden darf, als ob die entsprechende Depiktion nur für n_2 einsetzbar wäre, sondern, dass sie hier als solche verwendet wird.

4. Durch eine Invertierung der Zellennetze kann der Verweis von RefOs zu ihren Entsprechungen in verschiedenen Depiktionen hergestellt werden. So kann innerhalb des RefNs die Anordnung von p_1 in $depict_{2.1}$ durch

p_1 ---- IM-BESTEHT-AUS($depict_{2.1}$, $<c_{1,6}$, $c_{2,6}$,... $c_{9,6}$, $c_{10.6}$,...$c_{15,6}>$)

repräsentiert werden. (IM-BESTEHT-AUS ist zu lesen als: "in $depict_{2.1}$ besteht das Bild (image) von p_1 aus den in <...> aufgelisteten Zellen".) Man beachte, dass zwischen der Beschreibung durch eine Depiktion, wie sie in Abb. 11 vorliegt, und der Beschreibung durch einen Teil einer Depiktion, hier von p_1 durch einen Teil einer Depiktion zu n_2, unterschieden werden muss. Der vorliegende Fall zeigt auch (vgl. Abb. 12), dass eine Zelle, hier $c_{9.6}$, Verweise auf mehrere RefOs aufweisen kann, nämlich auf den Bahnhof n_2 und die Linien p_1 und p_3.

Zur Erläuterung der Möglichkeiten, die sich aus der Kombination von propositionalen und depiktionalen Beschreibungen ergeben, werde ich nun ein weiteres Beispiel, d.h. ein weiteres Wegeproblem, verwenden:

? ROUTE("Blankenese", "Lattenkamp") ≈ ? ROUTE (n_1,n_8)

Wie sich aus dem HVV-Netz (Abb. 3 bzw. Abb. 6) ergibt, kommen hier im wesentlichen zwei Routen in Frage, nämlich:

ROUTE (n_1,n_8) := $< n_1$, p_1, n_2, p_3, n_5, p_2, $n_8 >$,

bei der die oben (in den Abb. 10-12) erläuterte Umsteigesituation am Bahnhof Sternschanze (n_2) beteiligt ist, und

ROUTE (n_1,n_8) := $< n_1$, p_1, n_3, p_2, $n_8 >$,

bei der nur einmal, nämlich am Dammtor (n3), umgestiegen werden muss[25]. Ich werde im weiteren diese zweite Route, bzw. speziell die Beschreibung dieses Umsteigevorganges, behandeln. Grundlage für eine derartige Planung ist, dass in der kognitiven Karte des Auskunftgebenden eine "Kreuzung" der Schnellbahnlinien, etwa entsprechend zu der in Abb. 11 enthalten ist. Das Problem bei der Umsteigesituation "p1, n3, p2" liegt darin, dass der S-Bahnhof Dammtor kein Haltepunkt der U-Bahnlinie U1 (p2) ist[26]; im referentiellen Netz (Abb. 8) schlägt sich dies in der dritten Designation von n3 nieder, die über das Prädikat LIEGT-BEI gebildet ist. Die Kreuzungskonstellation ist in Abb. 13 dargestellt.

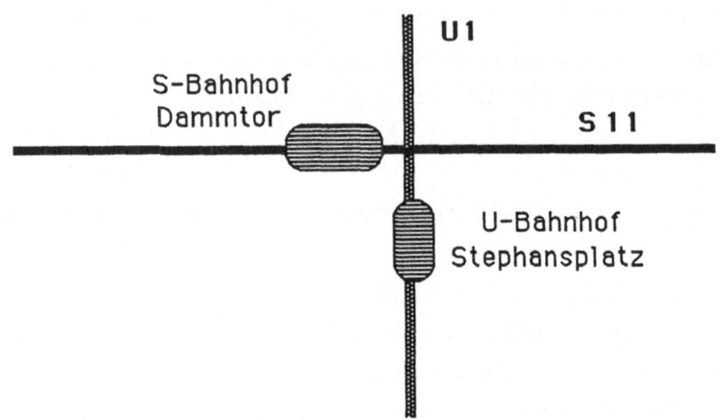

Abb.13: Umsteigen am Dammtor

Für die depiktionalen Repräsentationen durch Zellmatrizen bedeutet dies, dass die bildhafte Vorstellung der Kreuzungssituation, depict3.1, die in Abb. 14 dargestellt

---

[25] Das Routenfindungssystem sollte optimale Routen bestimmen, wobei normalerweise ein Problem darin besteht, verschiedene, z.T. konkurrierende Optimalitätskriterien gleichzeitig zu berücksichtigen. In der Schnellbahndomäne sind die beiden wichtigsten derartigen Kriterien die der <u>Schnelligkeit</u> (Suche eine schnelle Verbindung!) und die der <u>Bequemlichkeit</u> (Minimiere Umsteigen!). Die Wahl der zweiten Route weist dem Bequemlichkeitskriterium eine höher Präferenz zu. Neben diesen beiden Kriterien, die sich auf die Routen selbst beziehen, wird auch ein Kriterium wirksam, das sich auf die Routenbeschreibung bezieht, nämlich das der guten <u>Beschreibbarkeit</u> (Wähle eine Route, die gut zu beschreiben, d.h. der leicht zu folgen, ist!). Wie das im folgenden beschriebene Beispiel zeigt, können Umsteigesituationen zum Teil komplexe Beschreibungen erforderlich machen. In solchen Fällen wird häufig eine andere Route gewählt, wenn diese vom Beschreibungsaufwand her einfacher ist. In aktualen Wegauskünften kann man derartige Konflikte z.T. in Äusserungen der Art "Nein doch nicht, dass finden Sie sowieso nicht." oder "Das kann ich Ihnen nicht beschreiben." beobachten. Diese Fälle zeigen auch (wie ich in Habel 1987a erläutert habe), dass die Routenfindung und Routenbeschreibung nicht als voneinander unabhängige Prozesse aufgefasst werden dürfen.

[26] In der Tat scheinen zahlreiche Personen, die befragt wurden, zwischen S11 und U1 keine für einen Umsteigevorgang geeignete Kreuzung der Linien konzeptualisiert zu haben. Ich werde im folgenden also auf solche Fälle eingehen, in denen eine derartige Konzeptualisierung vorliegt.

ist, so beschaffen sein muss, dass ein Verweis in eine feinere, d.h. detailreichere, Depiktion (depict$_{3.2}$) gegeben ist. Dieser ist in Abb. 14 dadurch angedeutet, dass gewisse Zellen Informationen über eine im Wissenssystem vorliegende "Vergrösserung" (=Verfeinerung) enthalten.

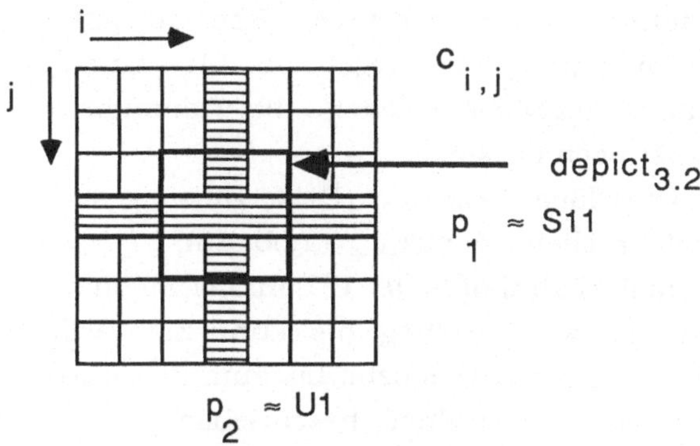

Abb. 14: depict$_{3.1}$: "Grobe" Zellmatrix für die Kreuzungssituation

Der Übergang zu einer Verfeinerung kann als Einbettungsoperation aufgefasst werden; im Fall der Wegenetze, die in gewisser Weise die Grundlage der depiktionalen Darstellungen bilden, würde es sich um eine Grapheinbettung handeln.

Die räumliche Konstellation am Dammtorbahnhof, die für eine erste Charakterisierung des Umsteigevorgangs verwendet wird, ist in Abb. 15 dargestellt:

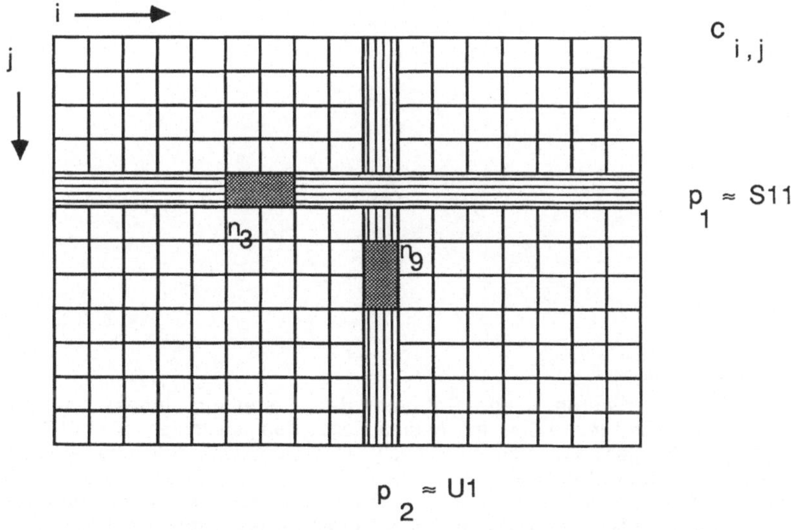

Abb. 15: depict$_{3.2}$: Verfeinerte Zellmatrix für die Umsteigesituation

Die in den Abbildungen 13 -15 erläuterte Umsteigesituation will ich am Beispiel einer realen Routenauskunft erläutern[27]: Die Auskunft enthält erst die Mitteilung

"also, Sternschanze is S-Bahn und U-Bahn, eine Station",

d.h. eine erste Umsteigemöglichkeit an n_2 wird erwähnt. Etwas später bemerkt der Auskunftgebende eine weitere Kreuzungskonstellation, d.h. Umsteigemöglichkeit, an n_3: $depict_{3.1}$ (vgl.: Abb. 14) wird aktiviert. Dies ist durch

"...Sie können auch folgendes machen,...bis Dammtor können sie fahren mit der S-Bahn, das ist noch besser..."

an der sprachlichen Oberfläche realisiert. Diese Umsteigesituation wird zuerst nur grob beschrieben (entsprechend $depict_{3.2}$ - Abb. 15):

"...direkt am Dammtorbahnhof is der U-Bahnhof Stephansplatz."

Anschliessend wird der weitere Weg bis zum Ziel erläutert. Nachdem die Routenbeschreibung auf einer Detailebene bis zum Ziel durchgeführt ist, wird der Umsteigevorgang in grösserer Detailtiefe beschrieben:

"...kommen Sie ausm Dammtorbahnhof raus,......, da müssen sie rechte Hand rausgehen, ja? und dann kommen sie en kleinen Anstieg, gehen sie die Brücke hoch und gleich rechts liegt dann der U-Bahnhof...".

Die hier beschriebene räumliche Konstellation ist in Abb. 16 dargestellt; auf eine Repräsentation in Zellmatrixdarstellung wird hier verzichtet.

---

[27] Diese Routenauskunft wurde - im Rahmen der Erstellung eines Korpus von HVV-Routenbeschreibungen - von Ulrich Kühn und Andrea Schopp aufgenommen. Sie betrifft die beteiligten Linien (S11, U1 und U3), geht aber von einer leicht anderen Aufgabenstellung aus; dies ist für die Umsteigesituationen jedoch nicht relevant.
Die Transskriptionen stellen eine möglichst getreue Wiedergabe der mündlichen Auskünfte dar; daher sind morphologische und syntaktische Unkorrektheiten, sowie Auslassungen, nicht "geglättet worden.

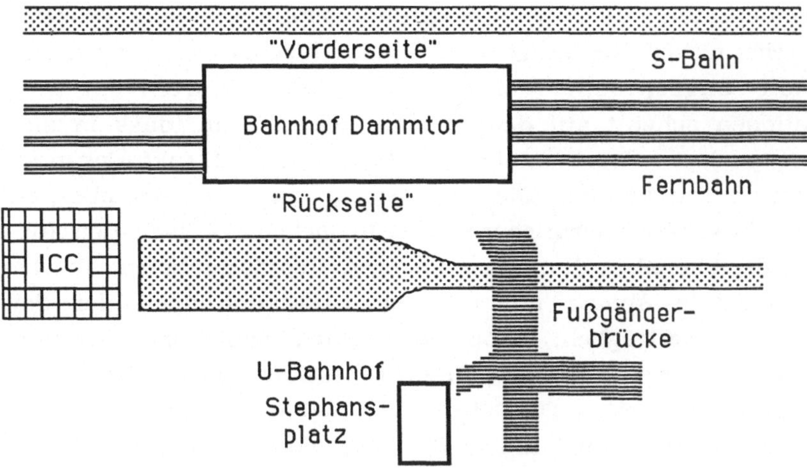

Abb. 16: depict3.3: Skizze der Konstellation "Dammtor - Stephansplatz"

Aus dieser Skizze lässt sich auch entnehmen, warum die obige Beschreibung die Passage "da müssen Sie rechte Hand rausgehen" enthält; diese Richtungsangabe ergibt sich nach dem Prinzip der "imaginären Wanderung"[28]: der Auskunftgebende vollzieht auf seiner kognitiven Karte die Wanderung, die er für den Fragenden im Rahmen der Auskunft für geeignet hält. Der Ausdruck "rechts" setzt eine Basisorientierung voraus, die hier durch die Fahrtrichtung des S-Bahn vermittelt wird. Man beachte, dass derartige Richtungshinweise über depiktionalen Repräsentationen adäquat bearbeitet werden können, während ein strikt propositionaler Repräsentationsformalismus hierfür nicht geeignet ist (vgl. Habel 1987a). Beschreibungen in der Gegenrichtung, d.h. vom U-Bahnhof Stephansplatz zum Dammtor-Bahnhof machen von anderen Beschreibungsmöglichkeiten Gebrauch. Da der Bahnhof ein sehr auffälliges Bauwerk ist, das alle Eigenschaften einer Landmarke aufweist, wird meist ausschliesslich eine Richtungsangabe in Hinblick auf dieses Gebäude durchgeführt, ohne die Fussgängerbrücke zu erwähnen. Dies bedeutet, dass die zugrundeliegenden internen Repräsentationen, d.h. mentalen Vorstellungen, perspektivenabhängig ausgewertet werden.
Die Darstellung der Routenbeschreibungen der letzten Wegauskünfte machen deutlich, dass die depiktionalen Repräsentationen, aber auch die propositionalen durch referentielle Netze, als Teile der mentalen Modelle aufgefasst, d.h. kognitiv interpretiert, werden können.
Abschliessend für diesen Abschnitt sei darauf hingewiesen, dass die Annahme von zwei gleichberechtigt nebeneinander verwendeten Repräsentationssystemen noch

---

[28] Vgl. hierzu Klein (1979) und Habel (1987a).

keine Vorentscheidung über die Strukturierungsprinzipien der Wissensentitäten beinhaltet. Hiermit ist die Frage nach hierarchischer vs. nicht-hierarchischer Organisation angesprochen. Ein wesentlicher Vorteil propositionaler Repräsentationen scheint auf den ersten Blick zu sein, dass in diesen - im Gegensatz zu analogen Repräsentationen - hierarchische Strukturierungsprinzipien gut realisiert werden können. Dies gilt jedoch, auf grund der oben erläuterten Einbettungs- bzw. Verfeinerungsprozesse, in gleicher Weise auch für die hier vorgestellten depiktionalen, d.h. quasi-analogen, Repräsentationen. Insofern ist der von mir erläuterte Ansatz mit neueren Untersuchungen der Psychologie (McNamara 1986) verträglich, in denen aufgrund empirischer Befunde "partiell hierarchische Theorien" für die Repräsentation räumlicher Anordnungen vorgeschlagen werden. Die in den Wegauskünften aufgedeckten Textualisierungsprinzipien, die z.B. erst eine Globalbeschreibung mit anschliessenden Detailbeschreibungen nahe legen, stützen ebenfalls die Annahme hierarchischer Strukturierung.

4. Zusammenfassung und Ausblick

In den vorangegangenen Abschnitten habe ich dafür argumentiert, dass ein Dual-Coding-Ansatz zur Repräsentation räumlichen Wissens, d.h. eine Konzeption die die Interaktion von propositionalen und depiktionalen Repräsentationssystemen sowohl aus Gründen der kognitiven Adäquatheit als auch mit dem Ziel der Entwicklung leistungsfähiger wissensbasierter Systeme notwendig ist. Das hierbei verwendete kombinierte Repräsentationssystem muss die (oben erläuterten) Fähigkeiten besitzen, auch nicht voll detaillierte Informationen verarbeiten zu können. Für den depiktionalen Bereich bedeutet dies, dass bildhafte Repräsentationen (im wesentlichen) topologisch interpretiert werden sollten. Die von mir verwendeten Darstellungen sind gegenwärtig 2-dimensional; der Übergang zu 3-d-Depiktionen ist ein zukünftiges Untersuchungsgebiet. Aus kognitiver Sichtweise ist jedoch davon auszugehen, dass obwohl Probleme in einem 3-d-Raum behandelt werden, nicht alle Konzeptualisierungen 3-dimensional sein müssen. So werden bei Routenauskünften - nach der gegenwärtigen Analyse - zumindest teilweise 2-d-Konzeptualisierungen zu grunde gelegt. Wann und auf welche Weise der Übergang zwischen 2-d- und 3-d-Konzeptualisierungen erfolgt, ist noch nicht geklärt.

Die von mir verwendeten Beispiele betrafen insbesondere Domänen, in denen "über räumlichen Konstellationen agiert" wird, etwa der Fall von Routenauskünften. Dass in die Klasse der primär räumlich orientierten Domänen auch die Aufgabenstellungen von Computer Graphics, Computer Vision und

Robotics gehören, ist offensichtlich. Abschliessend möchte ich zwei weitere Bereiche, die mir relevant erscheinen, kurz erwähnen.

In zahlreichen Anwendungen von <u>Expertensystemen</u> treten ebenfalls räumliche Konstellationen auf: Konfiguration ist sicherlich in vielen Fällen (auch) ein räumliches Problem. Als anderes mögliches, d.h. zukünftiges, Anwendungsfeld sei das des <u>Qualitativen Schliessens</u> genannt[29]. Wenn Systeme des qualitativen Schliessens verwendet werden, um "physikalische Anordnungen" zu analysieren, so besteht eine der wesentlichen Aufgaben darin, die Ausgangsanordnung (in der realen Welt) über eine skizzenhafte Repräsentation dieser Anordnung in eine "topologische Struktur" des qualitative reasoning systems zu überführen. Derartige Überführungen, die gegenwärtig intellektuell vorgenommen werden, sollten in Zukunft automatisiert werden. Dies ist sicherlich nur durch ein eigenständiges wissensbasiertes System möglich, das insbesondere über komplexe Fähigkeiten zur Verarbeitung räumlichen Wissens verfügen muss.

Als weiteres relevantes Anwendungsfeld sehe ich das Verstehen von (Fach-)texten mit Graphiken an: <u>Graphiken in Texten</u> sollten zum Verstehen des Textes herangezogen werden, und umgekehrt. Dies setzt voraus, dass "räumliche Informationen" in Graphiken verstanden werden können. In linguistischen Texten kann bei Phrasenstrukturen (wie in Abb. 17) etwa auf "die rechte Schwester von V" verwiesen werden; um die NP unter VP als solche erkennen zu können, muss die räumliche Struktur des Baumes "verstanden" werden.

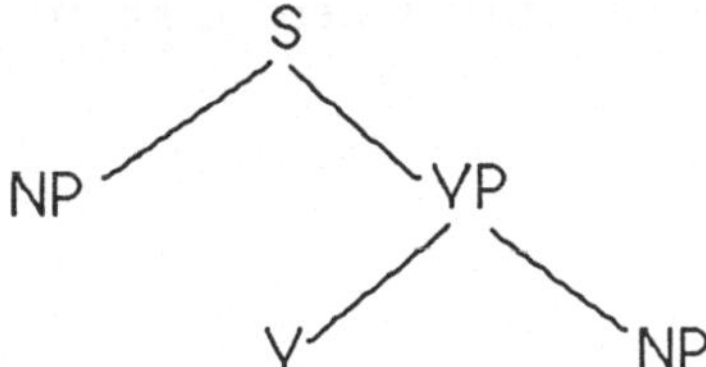

Abb. 17: Rechter Schwesterknoten im Phrasenstrukturbaum

Ähnliches gilt für Texte mit Funktionsgraphen: Der in Abb. 18 dargestellte Funktionsverlauf ist offensichtlicherweise ein asymptotischer. Derartiges wird von einem menschlichen Leser sofort bemerkt, ohne dass dies im Text überhaupt erwähnt werden muss. Entsprechende Fähigkeiten sollten auch von einem textverstehenden System erwartet werden.

---

[29] Vgl. hierzu etwa de Kleer/Brown (1984) oder Dilger/Kippe (1985). Die dort erläuterten Beispiele könnten in der Weise, die ich im folgenden skizzieren werde, behandelt werden.

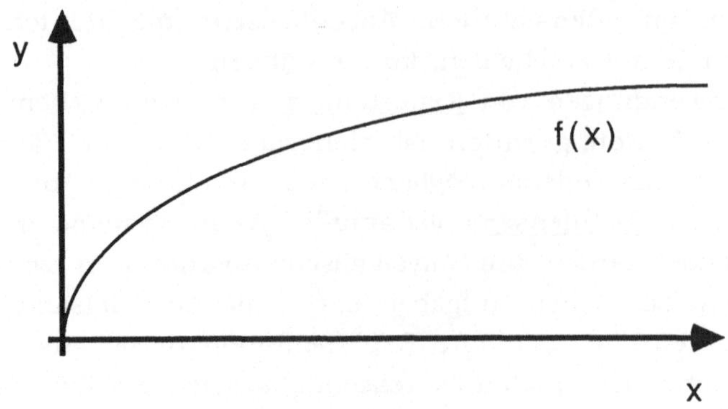

Abb. 18: Funktion mit asymptotischem Verhalten

Diese beiden Beispielbereiche, der Interpretation von Graphen und
Funktionsverläufen, sind sicherlich noch relativ unproblematisch: sie sind hier als
Anregung zu weiteren, insbesondere komplexeren Untersuchungsfeldern
aufgeführt.
Für die Zukunft ist zu erwarten, dass leistungsfähige wissensbasierte Systeme in
der Lage sein müssen und sein werden, derartige Aufgaben zu bearbeiten. Dies wird
nur dann möglich sein, wenn adäquate Verfahren zur Bearbeitung räumlicher
Problemstellungen existieren. Diese werden nur dann entwickelt werden können,
wenn räumliches Wissen in geeigneter Form, und das bedeutet, propositional <u>und</u>
depiktional repräsentiert und verarbeitet werden kann.

Literatur:

Block, N. (ed.) (1981): Imagery. MIT-Press: Cambridge, Mass..
Block, N. (1983): The Photographic Fallacy in the Debate about Mental Imagery.
    Noûs 17. 651-661.
De Kleer, J. / Brown, J. S. (1984): A Qualitative Physics Based on Confluences.
    Artificial   Intelligence 24. 7-83.
Dennett, D. (1969): The Nature of Images and the Introspective Trap,. in:
    D. Dennett: Content and Consciousness. Routledge & Kegan Paul:
    London.132-141.
Dilger, W. / Kippe, J. (1985): COMODEL: A Language for the Representation of
    Technical Knowledge. IJCAI-85. 353-358.
Downs, R. / Stea, D. (1982): Kognitive Karten. UTB-Harper & Row: New York.
Habel, Ch. (1986): Prinzipien der Referentialität. Springer: Berlin.
Habel, Ch. (1987a): Prozedurale Aspekte der Wegplanung und Wegbeschreibung.
    erscheint in: H. Schnelle / G. Rickheit (Hrsg.): Sprache in Mensch und
    Computer. Westdeutscher Verlag: Wiesbaden.1988, auch als: LILOG-Report 17.
Habel, Ch. (1987b): Künstliche Intelligenz = Kognitionswissenschaft + Informatik ?.
    Manuskr. Fachbereich Informatik, Univ. Hamburg.
Haugeland, J. (1985): Artificial Intelligence. MIT-Press: Cambridge, Mass..
Khenkhar, M. (1987): Vorüberlegungen zur depiktionalen Repräsentation
    räumlichen Wissens. LILOG-Report 19.
Klein, W. (1979): Wegauskünfte. Zeitschrift für Literaturwissenschaft und Linguistik
    9. 9-57.
Kosslyn, S. (1980): Image and Mind. Harvard UP: Cambridge, Mass..
Lynch, K. (1960): The Image of the City. MIT-Press: Cambridge, Mass..
McDermott, D / Davis, E. (1984): Planning Routes through Uncertain Territory.
    Artificial Intelligence 22. 107-156.
McNamara, T. (1986): Mental Representations of Spatial Relations. Cognitive
    Psychology 18. 87-121.
Metzler, J./ Shepard, R. (1974): Transformational Studies of the Internal
    Representation of Three-Dimensional Objects. in: R. Solso (ed.): Theories in
    Cognitive Psychology. Erlbaum: Hillsdale, N.J..
Neumann, B. (1987): Propositionale und analoge Repräsentation von Ereignissen.
    in diesem Band.
Paivio, A. (1983): The Empirical Case for Dual Coding. in: J. Yuille (ed.): Imagery,
    Memory and Cognition. Erlbaum: Hillsdale, N.J.. 307-332,
Pylyshyn, Z. (1981): The Imagery Debate: Analogue Media versus Tacit Knowledge.
    Psychological Review 88. 16-45,
Rehkämper, K. (1987): Mentale Bilder und Wegbedeutungen. in: K. Morik (Hrsg.):
    GWAI-87. Springer: Berlin. auch als: LILOG-Report 20.
Shepard, R. / Cooper, J. (1982): Mental Images and Their Transformations. MIT-
    Press: Cambridge, Mass..

Propositionale und analoge Repräsentation von Ereignissen

Bernd Neumann
Fachbereich Informatik, Universität Hamburg
Bodenstedtstr. 16, 2000 Hamburg 50

Zusammenfassung

Dieser Bericht behandelt die computerinterne Repräsentation von Ereignissen, also von zeitlichen Vorgängen, die als sinnvolle Einheit verstanden werden. Die dafür vorgestellten Lösungen orientieren sich an der Struktur von Ereignissen in der sichtbaren Welt, insbesondere an Objektbewegungen. Im ersten Teil werden propositionale Ereignismodelle beschrieben, die eine effektive Ereigniserkennung aufgrund ihrer hierarchischen Struktur und einer algebraischen Behandlung von Zeitbeziehungen erlauben. Im zweiten Teil wird eine analoge Repräsentationsform vorgestellt, die komplementär zur propositionalen ist. Sie unterstützt den zur Ereigniserkennung inversen Prozeß, die Visualisierung von Ereignissen. Als Ereignismodell wird ein 'Trajektorien Akkumulierungsfeld' (TAF) vorgeschlagen, in dem die möglichen räumlich-zeitlichen Ausprägungen eines Ereigniskonzeptes in Form von komprimierten und generalisierten Erfahrungen vorliegen.

1. Einleitung

Zeit ist ein im menschlichen Denken fest verankertes Konzept. Wir nehmen unsere Umwelt in Gestalt von zeitveränderlichen Phänomenen wahr, wir sprechen mühelos über Ereignisse und Vorgänge, wir folgern aus zeitveränderlichen Fakten, wir passen unser Wissen sich verändernden Verhältnissen an, kurz: wir scheinen mühelos alle zeitbezogenen Probleme zu meistern, mit denen heutige KI-Systeme Schwierigkeiten haben. In der Tat wurden temporale Aspekte von KI-Forschern bis vor wenigen Jahren nur sehr nebenbei behandelt. Dies gilt sowohl für anwendungsorientierte Arbeiten als auch für Grundlagenforschung, etwa im Bereich Wissensrepräsentation. Waren in einem Anwendungssystem zeitveränderliche Vorgänge zu repräsentieren, so verwendete man häufig Folgen von Zustandsbeschreibungen, deren innerer Zusammenhang durch die Repräsentationsform in unzureichender Weise wiedergegeben wurde. Beispielsweise erhielten Objekte im Expertensystem MOLGEN mehrere Namen, für jeden Zustand einen anderen. Dadurch wurde die Identität von Objekten in verschiedenen Zuständen verschleiert, fehleranfällige Programmierung und überflüssige Verwaltungsprozesse waren die Folge. Die Programmiersprache PLANNER und die in ihr programmierte Planung von Aktionsfolgen in der Blockswelt bietet ein weiteres typisches Beispiel. In PLANNER übernimmt der Assoziativspeicher die unglückliche Doppelrolle einer Faktenbasis und einer Hypothesenverwaltung. Das führt dazu, daß Veränderungen auf Grund von Realzeitvorgängen (ein Klotz ist bewegt worden) konzeptuell nicht von hypothetischen Veränderungen während der Planung (angenommen, der Klotz würde bewegt) unterschieden werden können.

Die Forderung nach einer konzeptuellen Basis ist keineswegs lediglich eine akademische Marotte, sondern eine wichtige Voraussetzung für Anwendungen. Sie wird umso dringlicher, je komplexer die zu lösenden Probleme sind. MCDERMOTT 82 gibt einen Vorgeschmack von den verwickelten Abläufen, die bei unsauberer Behandlung zeitlicher Aspekte entstehen können. Er skizziert eine dramatische Situation, in der ein KI-System eine an die Schienen gefesselte schöne Frau vor einem herannahenden Eisenbahnzug retten möchte. Das KI-System erkennt folgerichtig, daß es die Frau von den Schienen entfernen muß und konstruiert einen Aktionsplan. Währenddessen überwacht eine Konsistenzkomponente seine Wissensbasis. Sobald klar wird, daß ein Rettungsplan ausgeführt werden soll und erfolgreich sein wird, schließt diese Komponente, daß die schöne Frau nicht mehr in Gefahr ist und beseitigt damit den Anlaß für den Rettungsplan. Der Plan wird aufgegeben und die schöne Frau ist folgerichtig wieder in Gefahr. Von dieser Stelle an wiederholt sich der Vorgang so oft, bis die Notwendigkeit einer Rettung nicht mehr besteht. Offenbar fehlt dem System das rechte Verständnis von Realzeit versus Problemlösungszeit.

McDermott entwickelt in demselben Bericht eine umfassende Zeitlogik mit dem Ziel, gesichert mit Fakten, Ereignissen, Plänen und chronologischen Abläufen in KI-Programmen umgehen zu können. Bemerkenswert ist die beträchtliche Komplexität des vorgeschlagenen Formalismus im Vergleich zur scheinbar formal unbefrachteten Vorgehensweise des Menschen. McDermott braucht immerhin 44 Axiome, so daß bereits vor der Verwendung seiner Theorie Zweifel an ihrer Konsistenz angebracht sind. Vermutlich hat die unplausible Komplexität dieses Ansatzes und auch anderer Ansätze (BRUCE 72, ALLEN 82) dazu geführt, daß Zeitlogiken in anwendungsbezogenen KI-Systemen kaum verwendet worden sind. Auf eine neuere Arbeit von Allen und Hayes (ALLEN und HAYES 85), die unseren Intuitionen eher entspricht, wird am Ende des zweiten Abschnittes näher eingegangen. Für Interessenten an weiteren formal-logischen Ansätzen sei auf eine ausführliche Übersicht in TURNER 84 verwiesen.

In diesem Bericht werden Verfahren zum Beschreiben zeitveränderlicher Phänomene aufgezeigt, deren Ausgangspunkt nicht in einer axiomatischen Basis liegt sondern in der Welt des Gegenständlichen, wie sie vom Menschen wahrgenommen wird. Die Verfahren sind also nicht formal-logisch basiert. Sie erhalten ihre Konsistenz aus den inhärenten Gesetzmäßigkeiten der zu repräsentierenden Realwelt, sie sind also extensional orientiert. Wir gehen davon aus, daß die zu repräsentierenden raum-zeitlichen Objekte Ereignisse sind, wie sie z.B. in MILLER und JOHNSON-LAIRD 76 definiert werden. Ereignisse sind im wesentlichen Ausschnitte aus der als vierdimensional aufgefaßten Realwelt. Im ersten Teil des Berichtes entwickeln wir propositionale Ereignismodelle, deren hierarchische Struktur sich besonders zum Erkennen von Ereignissen in einer Realweltszene eignet. Primitive der Ereignisrepräsentation basieren auf zeitveränderlichen perzeptuellen Merkmalen, also beispielsweise Position und Orientierung eines Gegenstands in einem Zeitintervall. Damit werden zunächst nur sichtbare Vorgänge erfaßt. Wir werden aber argumentieren, daß dieses Konzept auch auf verallgemeinerte Vorgänge mit möglicherweise abstrakten Merkmalen ausgedehnt werden kann, z.B. eine Geldanlage.

Der zweite Teil dieses Berichtes befaßt sich mit der Repräsentation von Erfahrungswissen zur Visualisierung von Ereignissen, wiederum im Kontext von Vorgängen im Gegenständlichen. Die Repräsentationsanforderungen gehen in verschiedener Hinsicht über die im ersten Teil diskutierten Möglichkeiten hinaus. Beispielsweise ist es für Erfahrungswissen typisch, daß zwischen wahrscheinlichen und unwahrscheinlichen Vorgängen unterschieden wird. Erfahrungswissen erlaubt es, Vorerwartungen über zeitliche Vorgänge zu erzeugen und spielt offenbar bei einer Vielzahl von kognitiven Prozessen eine wichtige Rolle, z.B. beim Visualisieren sprachlich beschriebener Vorgänge oder bei Pfadplanungsproblemen in der Robotik. Die hier vorgeschlagene analoge Repräsentationsform ist in gewisser Hinsicht komplementär zu der propositionalen Ereignisrepräsentation des ersten Teils: Sie unterstützt andere kognitive Prozesse und sollte daher eher als eine Ergänzung denn eine Alternative aufgefaßt werden. Dabei wird deutlich, daß die Wahl einer Repräsentationsform für zeitliche Vorgänge im Hinblick auf die jeweilige Aufgabe erfolgen muß.

2. Propositionale Ereignismodelle für zeitveränderliche Szenen

In diesem Abschnitt wird eine propositionale Form der Ereignisrepräsentation beschrieben, deren Primitive perzeptueller Natur sind und im Bildverstehen wurzeln, deren Ausdruckskraft aber sprachlichen Konzepten entspricht, z.B. Bewegungsverben wie "anhalten" oder "abbiegen". Die Ergebnisse gehen im wesentlichen auf Arbeiten zusammen mit H.-J. Novak im Rahmen von Projekt NAOS zurück (NEUMANN und NOVAK 83, NEUMANN und NOVAK 86). Ziel des Projektes war es, eine in Gestalt einer Bildfolge vorgegebene Verkehrsszene automatisch sprachlich zu beschreiben.

Das Erkennen eines Ereignisses kann als die Transformation einer quantitativen in eine qualitative Szenenbeschreibung aufgefaßt werden. Dabei spielen verschiedene konzeptuelle Zwischenebenen eine Rolle (s. Abbildung 1).

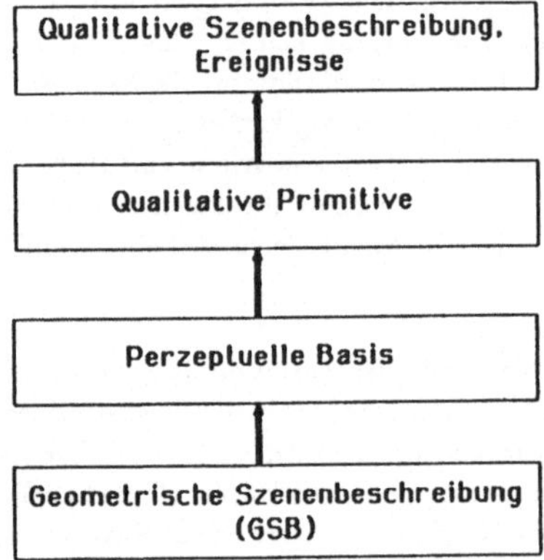

Abbildung 1: Repräsentationsebenen zur Ereigniserkennung

Die quantitative Szenenbeschreibung besteht aus Daten über die räumlich-zeitliche Lage der in der Szene enthaltenen Objekte, sowie ihr Aussehen und ihre Klassenzugehörigkeit. Diese Informationen stellen eine kanonische Szenenbeschreibung dar, wie sie beispielsweise durch ein Bildanalysesystem gewonnen werden könnte. In NEUMANN UND NOVAK 83 wurde dafür die Bezeichnung "Geometrische Szenenbeschreibung" (GSB) eingeführt. Bei einer Szene mit bewegten Objekten enthält die GSB insbesondere Informationen über Objekttrajektorien in räumlichen und zeitlichen Koordinaten. Diese könnte z.B. in folgender Form repräsentiert werden:

```
(LAGE <Objektbezeichner> <xyz-Koordin.> <Orient.-Vektor> <Zeitpunkt>)
```

```
z.B.        (LAGE VW1 (93 158 0) (.9912 -.1322 .0) 18)
            (LAGE VW1 (77 159 0) (.9981 -.0624 .0) 19)
            (LAGE VW1 (60 159 0) (1.0000 .0000 .0) 20)
            etc.
```

Die relationalen Tupel beschreiben Schwerpunktslage und Orientierung eines Objektes für fortlaufende Zeitpunkte. Objekteigenschaften wie Form und Farbe sind in objektzentrierten Schemata enthalten, auf die hier nicht weiter eingegangen wird.

Vollständige Angaben über die exakte räumlich-zeitliche Lage aller Objekte einer Szene stehen wohl weder in technischen noch biologischen Systemen zur Verfügung. Dennoch ist die GSB eine realistische Basis für abgeleitete Beschreibungen. Die in ihr enthaltene Information - eine möglichst genaue quantitative Beschreibung der sichtbaren Umgebung - ist Ziel und Voraussetzung für zahlreiche kognitive Prozesse, z.B. Pfadplanung, Visualisierung, räumliches Schließen. Dies gilt sowohl für den Menschen (soweit man seine kognitive Architektur versteht) als auch für KI-Systeme.

Wir betrachten nun Szenenausschnitte (repräsentiert durch eine GSB), die aufgrund charakteristischer Eigenschaften ein "Ereignis" darstellen. Es gibt keine rein formalen Kriterien dafür, was ein Ereignis ausmacht. Wir orientieren uns hier an der natürlichen Sprache, die mit ihren Begriffen widerspiegelt, welche Szenenausschnitte als sinnvolle konzeptuelle Einheiten aufzufassen sind. Bei zeitlichen Vorgängen spielen die Verben eine entscheidende Rolle. Wir definieren daher eine Ereignis als einen vierdimensionalen Unterraum des Ort-Zeit-Kontinuums, der mit einem Bewegungsverb beschreibbar ist. Das Problem, Ereignismodelle zu definieren, ist damit gleichbedeutend mit der Definition einer extensionalen Semantik für Bewegungsverben. Wenn wir wissen, welche Szeneneigenschaften beispielsweise ein "überholen" ausmachen, haben wir sowohl die Semantik von "überholen" definiert als auch den Weg für die Repräsentation eines entsprechenden Ereignismodells gewiesen.

Bei der Untersuchung von Bewegungsverben für Straßenverkehrsszenen zeigte sich, daß die durch diese Verben definierten Ereignisse eine hierarchisches System bilden. Komplexe Ereignisse wie z.B. "überholen" implizieren einfachere Ereignisse, z.B. "sich nähern" und "sich entfernen". Eine ausführliche Diskussion dieser Verbhierarchie findet sich in NOVAK 86. Die Hierarchie basiert auf Primitiven, die interessante Gesetzmäßigkeiten offenbaren.

- Ereignisprimitive sind durative Prädikate. Sie beschreiben Zeitintervalle, in denen bestimmte Szeneneigenschaften ununterbrochen gültig sind.

- Ereignisprimitive sind qualitative Prädikate über beobachtbaren Größen, die durch die GSB quantitativ vorgegeben sind.

Als beobachtbare Größen kommen nur bestimmte Szeneneigenschaften in Frage. Dies sind relative Position und Orientierung eines Objektes bezüglich geeigneter Referenzobjekte, sowie die zugehörigen zeitlichen Ableitungen, jeweils als Funktion der Zeit. Diese Größen, die bei einer Szene mit vielen Objekten in beträchtlicher Zahl anfallen, stellen die perzeptuelle Basis einer qualitativen Szenenbeschreibung dar (s. Abbildung 1).

Ereignisprimitive erfassen verschiedene Arten von Konstantheiten, die geeignet sind, den zeitlichen Verlauf der beobachteten Größen zu charakterisieren:

- konstanter Wert
  z.B. Stillstand, Geradeausbewegung, konstante Geschwindigkeit
- eingeschränkter Wertebereich
  z.B. parallel, nahe, neben, auf

- größer/kleiner
  z.B. Komparative, ungewöhnliche Werte (rasen)
- monotoner Verlauf
  z.B. beschleunigen, drehen, sich nähern

Für den Aufbau der ca. 50 Verben umfassenden Verbhierarchie sind 19 derartige Ereignisprimitive
verwendet worden. Eine vollständige Liste findet sich in NEUMANN und NOVAK 86. Wir zeigen
nun, wie ein komplexes Ereignis aus Komponenten (und letztendlich aus Primitiven) aufgebaut
wird. Wir betrachten dazu Ereignismodelle, also generische Ereignisbeschreibungen, die jeweils eine
Klasse von Ereignissen definieren. Ein primitives Ereignismodell, z.B. für eine Bewegung, läßt sich
wie folgt notieren:


```
(BEWEGEN OBJ T1 T2)
```


T1 und T2 beschreiben Anfangs- und Endpunkt eines Zeitintervalls, währenddessen sich ein Objekt
OBJ bewegt. Die Durativität impliziert die Gültigkeit des Ereignisses in allen Teilintervallen:


```
(BEWEGEN OBJ T1 T2)  -->  (BEWEGEN OBJ T1' T2')
          T1 =< T1' < T2' =< T2
```


Zwei Ereignisse werden zusammengesetzt, indem ihre relative zeitliche Lage spezifiziert wird. Im
einfachsten Fall sind die Ereignisse gleichzeitig:


```
(E1 ... T1 T2)
(E2 ... T1 T2)
```


Oder sie folgen einander:


```
(E1 ... T1 T2)
(E2 ... T2 T3)
```


Durch die Verwendung identischer Zeitmarken kann die Koinzidenz von Intervallgrenzen ausgedrückt
werden. Fast alle für die Beschreibung von Verkehrsszenen erforderlichen Ereignisse sind so darstellbar. Das folgende ist ein Ereignismodell für "überholen":


```
(UEBERHOLEN OBJ1 OBJ2 T1 T2)  <-->
        (BEWEGEN OBJ1 T1 T2)
        (BEWEGEN OBJ2 T1 T2)
        (NAEHERN OBJ1 OBJ2 T2 T3)
        (HINTER OBJ1 OBJ2 T2 T3)
        (NEBEN OBJ1 OBJ2 T3 T4)
        (ENTFERNEN OBJ1 OBJ2 T4 T2)
        (VOR OBJ1 OBJ2 T4 T2)
```

Um auch ein "vor" oder "während" von Zeitintervallen ausdrücken zu können, wird das degenerierte primitive Ereignis D ("dauern") eingeführt. Es beschreibt verstrichene Zeit, ohne eine Aussage über die Szene zu machen. Ein Ereignis, das (nicht unmittelbar) vor einem zweiten stattfindet, wird dann wie folgt spezifiziert:

```
(E1 ... T1 T2)
(D  T2 T3)
(E2 ... T3 T4)
```

Wir betrachten im folgenden die Intervallgrenzen (T1 T2) eines Ereignisses (E1 ... T1 T2) als Referenzzeitmarken und untersuchen, in welchen zeitlichen Beziehungen der Anfangszeitpunkt T3 eines zweiten Ereignisses (E2 ... T3 T4) zu den Referenzzeitmarken stehen kann. Durch Koinzidenz und durch Anbindung über D-Ereignisse ergeben sich acht verschiedene Möglichkeiten, die in Abbildung 2 gezeigt werden. Links ist die jeweilige Festlegung von T3 durch Kreuz oder durchgezogene Linie auf einer Zeitachse mit den Referenzzeitmarken T1 und T2 dargestellt. Rechts steht die dazugehörige Notation für das Ereignis E2.

```
        T1              T2
..........+..................... (E2 ... T1 T4)
...................+............ (E2 ... T2 T4)
__________...................... (E2 ... T3 T4)(D T3 T1)
..........__________............ (E2 ... T3 T4)(D T1 T3)(D T4 T2)
...................__________... (E2 ... T3 T4)(D T2 T3)
_________________________....... (E2 ... T3 T4)(D T3 T2)
..........____________________   (E2 ... T3 T4)(D T1 T3)
______________________________   (E2 ... T3 T4)
```

Abbildung 2: Acht zeitliche Beziehungen zwischen dem Startzeitpunkt
von E2 und einem Ereignis (E1 ... T1 T2)

Kombiniert man die Möglichkeiten für den Startzeitpunkt mit denen für den Endzeitpunkt eines Intervalls, so ergeben sich insgesamt 27 mögliche Zeitbeziehungen zwischen zwei Ereignissen. Dies wird weiter unten noch im Hinblick auf die 13 Zeitbeziehungen in ALLEN 81 kommentiert.

Ein zusammengesetztes Ereignis ist in der Regel nicht mehr durativ, d.h. es trifft nicht gleichermaßen für alle Teilintervalle seines Gültigkeitsbereichs zu. Man kann sehen, daß die Intervallgrenzen (T1 T2) eines zusammengesetzten Ereignisses einem System linearer Ungleichungen genügen, die von den durativen Primitiven herrühren, aus denen das Ereignis aufgebaut ist. Eine Lösung hat stets die Form:

```
T1min  =<  T1  =<  T1max
T2min  =<  T2  =<  T2max
           T1   <  T2
```

Anfangs- und Endzeitpunkt einer Ereignisinstanz liegen also im allgemeinen in individuell beschränkten Zeitintervallen. Ein konkretes Überholereignis, beispielsweise, kann durch eine Proposition wie diese beschrieben werden:

(UEBERHOLEN BMW1 VW1 (13 19) (54 58))

Das Intervall (13 19) beschreibt die möglichen Werte für T1, das Intervall die möglichen Werte (54 58) für T2. Inchoative Ereignisse (z.B. "losfahren") oder resultative Ereignisse (z.B. "anhalten") sind Sonderfälle, bei denen das Start- bzw. Endintervall punktförmig ist. Ein duratives Ereignis ist aus dieser Sicht auch ein Sonderfall: Start- und Endzeitpunkt unterliegen denselben Beschränkungen.

Die so definierten Ereignismodelle ermöglichen eine effektive Ereigniserkennung. Das Verfahren basiert darauf, die sich durch Teilinstantiierungen akkumulierenden Beschränkungen für Zeitmarken in einem Beschränkungsnetz zu propagieren, so daß der Gültigkeitsbereich einer Zeitmarke zu jeder Zeit ersichtlich ist und Sackgassen bei der Suche frühzeitig erkannt werden können (Details s. NOVAK 85). Darüberhinaus unterstützt die Ereignisstruktur eine hierarchische Suche, deren Effektivität bei einem Strukturvergleich seit langem bekannt ist (BARROW et al. 72).

Wir kehren nun zu den in der Einführung angesprochenen Zeitlogiken zurück und versuchen, einige Unterschiede zwischen jenen und dem hier vorgestellten Ansatz zu beleuchten. Zunächst ist festzustellen, daß unsere Ereignisse strikt intervallbasiert sind. Dies ist keine zufällige formale Entscheidung, sondern trägt zum einen der Vorstellung Rechnung, daß Ereignisse einen endlichen Unterraum des vierdimensionalen Ort-Zeit-Kontinuums einnehmen. Zum anderen sind die hier gewählten Ereignisprimitive aus verschiedenen Gründen naheliegend, nicht zuletzt mit dem Blick auf menschliche Perzeption. Sie sind intervallbasiert und ergeben durch die beschriebenen Verknüpfungsmöglichkeiten intervallbasierte komplexe Ereignisse. Wir befinden uns dabei in Übereinstimmung mit den Ansätzen von McDermott (MCDERMOTT 82) und Allen (ALLEN 81, ALLEN und HAYES 85), die in der KI bisher den nachhaltigsten Einfluß gehabt haben.

Interessant ist der Vergleich mit ALLEN und HAYES 85. Dort wird eine Zeitlogik mithilfe einer einzigen axiomatischen Beziehung zwischen Zeitintervallen entwickelt, der unmittelbaren Folge (MEETS). Dies entspricht der hier verwendeten Kompositionstechnik durch koinzidierende Intervallgrenzen. Die Autoren heben hervor, daß alle 13 Zeitrelationen zwischen zwei durativen Ereignissen, die in ALLEN 82 noch einzeln eingeführt werden mußten, mithilfe der MEETS-Beziehung definiert werden können. Unsere Analyse ergab, daß auch nicht-durative Ereignisse als Ergebnis einer konjunktiven Verknüpfung von durativen Komponenten entstehen können. Bei dieser allgemeineren Ereignisform können Anfangs- und Endzeitpunkt verschiedene Zeitbereiche einnehmen. Daher ergeben sich 27 statt 13 Zeitrelationen, die alle durch die Spezifikation koinzidierender Intervallgrenzen dargestellt werden können. Wir meinen, daß diese allgemeinere Ereignisdefinition sinnvoll ist, denn sie folgt zwangsläufig aus der Verknüpfung von durativen Primitiven und deckt sich auch mit sprachlichen Ereigniskonzepten (z.B. "überholen").

Ein weiterer Vergleichspunkt ist die Ereigniserkennung. Der logisch-axiomatische Ansatz erfordert deduktive Methoden, um eine Ereignis in einer Faktenbasis zu verifizieren. Hier wird dagegen von einer reellwertigen Zeitachse ausgegangen, auf der Intervallgrenzen algebraisch berechnet werden. Obwohl ein direkter Vergleich nicht durchgeführt wurde, halten wir den algebraischen Ansatz für überlegen, weil durch ihn die inhärenten Eigenschaften der Zeitachse besser ausgenutzt werden.

Die letzten vergleichenden Anmerkungen gelten punktuellen Ereignissen. Ohne Zweifel werden Ereignisse im natürlichen Sprachgebrauch und in unserem Denken häufig wie Zeitpunkte behandelt. Man betrachte als Beispiel "als es knallte, lief er los". Hier sind Knall und Loslaufen offenbar punktuelle Ereignisse. Es muß jedoch nicht wundern, wenn ein an solchem Sprachgebrauch orientiertes formales System kompliziert oder inkonsistent wird. Offenbar kann ein Knall in einem anderen Kontext als zeitlich ausgedehnter Vorgang angesehen werden, was zu einem Konflikt mit der anfänglichen Typisierung führt. Andererseits ist der Zeitpunkt des Loslaufens als Grenze zwischen Stehen und Laufen auch bei feinerer zeitlicher Auflösung konzeptuell eine Grenze, also ein Zeitpunkt. Allenfalls erhält er dadurch Intervallcharakter, daß er sich schwer definieren oder feststellen läßt. In ALLEN und HAYES 85 werden deshalb auch zwei Arten von Zeitpunkten unterschieden, solche die Punktereignissen und solche die Ereignisgrenzen entsprechen. Interessanterweise weisen die Autoren nach, daß Punktereignisse nicht mit einer reellwertigen Zeitachse konsistent sind. Wir meinen, daß Punktereignisse überhaupt nicht in die axiomatische Basis einer Zeitlogik gehören, sondern im Zusammenhang mit approximativen Verarbeitungsformen und informellem Sprachgebrauch eingeführt werden sollten. Zeitpunkte als Ereignisgrenzen sind jedoch ein natürlicher Bestandteil von intervallbasierten Formalismen.

Zum Abschluß dieses Abschnittes soll diskutiert werden, inwieweit sich das hier vorgestellte, für eine perzeptuelle Basis entwickelte Ereigniskonzept auf beliebige Vorgänge mit Ereignischarakter übertragen läßt. Formal gesehen spielt es offenbar keine Rolle, ob die Ereignisprimitive perzeptueller Natur sind. Entscheidend ist, daß sich die charakteristischen Eigenschaften von Vorgängen in der betrachteten Domäne auf durative Primitive zurückführen lassen. Dies scheint nicht ausgeschlossen, wie der folgende Versuch eines Ereignismodells für "kaufen" zeigt:

```
(KAUFEN AGENT WARE GELD T1 T2)    <-->
        (BESITZT AGENT GELD T1 T3)
        (GIBT AGENT GELD T1 T3)
        (NIMMT AGENT WARE T3 T2)
        (BESITZT AGENT WARE T3 T2)
```

Das Problem dabei ist offenbar, geeignete semantische Primitive zu finden. Im Gegensatz zur Domäne des Gegenständlichen konnten für allgemeinere Domänen bisher keine zufriedenstellenden Primitive gefunden werden. Die konzeptuelle Dependenztheorie (SCHANK 73), beispielsweise, ist für viele Zwecke nicht genügend differenziert. Vorausgesetzt, eine geeignete Basis von durativen Primitiven wäre vorhanden, dann könnten damit Ereignismodelle in der beschriebenen Weise aufgebaut und Ereignisse effektiv erkannt werden.

3. Ereignismodelle zur Visualisierung von Ereignissen

Die im vorhergehenden Abschnitt diskutierten propositionalen Ereignismodelle eignen sich besonders gut zur Ereigniserkennung, beispielsweise zum Zweck der Transformation einer geometrischen (quantitativen) in eine sprachliche (qualitative) Szenenbeschreibung. Für den umgekehrten Vorgang, der Transformation einer sprachlichen Beschreibung in eine räumlich-zeitliche Darstellung, werden Ereignismodelle mit anderen Eigenschaften gebraucht. In diesem Abschnitt wird eine Repräsentationsform vorgestellt, die dafür geeignet ist. Sie wurde zusammen mit M. Mohnhaupt entwickelt (MOHNHAUPT und NEUMANN 87), um ein bildverstehendes System sprachlich steuern zu können.

Im Gegensatz zur Ereigniserkennung haben wir es jetzt mit einer prinzipiell mehrdeutigen Transformation zu tun: Zu einer sprachlichen Beschreibung, z.B. "Ein gelber VW biegt in die Bieberstraße ein", passen im allgemeinen unendlich viele verschiedene räumlich-zeitliche Vorgänge. Wir konzentrieren uns im folgenden auf die durch ein Bewegungsverb charakterisierte Trajektorie und beschreiben ein Ereignismodell, das die möglichen Ausprügungen dieser Trajektorie repräsentiert. Die Leitidee besteht darin, ein Ereignismodell aus Einzelbeobachtungen erlernbar zu machen. Wir gehen also davon aus, daß das Wissen über die zu einem Verb passenden Trajektorien auf Grund von Erfahrungen entsteht. Darüberhinaus sollen die Ereignismodelle charakteristische Eigenschaften von Visualisierungen unterstützen. Diese sind:

a) Explizite Topologie
Visualisierungen sollen die räumlichen und zeitlichen Beziehungen eines Ereignisses explizit machen. Dazu sind analoge Repräsentationsformen grundsätzlich besser geeignet als propositionale.

b) Quantitativer Charakter
Im Gegensatz zu einer propositionalen, qualitativen Beschreibung sollen Visualisierungen quantitative, geometrische Informationen liefern. Sie sollen also den Charakter einer GSB haben. Beim Menschen stehen Visualisierungen hinsichtlich Form und Repräsentationsmedium in der Tat in engem Zusammenhang mit tatsächlich wahrgenommene Szenen (FINKE 85).

c) Unschärfe
Die mit einem sprachlichen Ereignisbegriff verbundenen räumlich-zeitlichen Vorstellungen sind in der Regel unscharf, d.h. sie spezifizieren Objekttrajektorien (und andere Situationsmerkmale) nicht exakt sondern lassen Alternativen zu. Andererseits kann es durchaus eindeutige Merkmale geben, z.B. die Bewegungsrichtung.

d) Adaptierbarkeit
Visualisierungen müssen an konkrete Randbedingungen angepaßt werden. Ein Ereignismodell wird in der Regel von Situationsdetails abstrahieren, z.B. von gelegentlichen Hindernissen, denen ausgewichen werden muß. Visualisierte Trajektorien mässen deshalb erst an die im konkreten Fall vorliegenden Hindernisse angepaßt werden.

Wir haben für diese Zwecke ein 'Trajektorien-Akkumulierungsfeld' (TAF) entwickelt. Ein TAF ist ein mehrdimensionales Zählerfeld für Zustandsvektoren zur Beschreibung von Objektbewegungen. Wir betrachten im folgenden ein vierdimensionales Zählerfeld $C(x,z,r,b)$, das ein bestimmtes Gebiet der xy-Ebene abdeckt, z.B. eine bestimmte Kreuzung. Jede Zelle des vierdimensionalen Feldes repräsentiert eine bestimmte Kombination von:

```
xy      Ort
 r      Geschwindigkeitsrichtung
 b      Geschwindigkeitsbetrag
```

Die Zähler enthalten die Spuren von beobachteten Trajektorien einer (fiktiven) Lernphase und repräsentieren damit die Wahrscheinlichkeit der ihnen zugeordneten Zustandsvektoren.

Die Visualisierung einer Trajektorie erfolgt im Prinzip dadurch, daß zu einer Startzelle die wahrscheinlichste Fortsetzung aus dem TAF entnommen wird: Dabei muß die Fortsetzung in einer qualifizierten Nachbarschaft, einem Kontinuitätskriterium entsprechend, gesucht werden.

Abbildung 3a zeigt ein TAF für Abbiegevorgänge an einer bestimmten Kreuzung, projiziert auf die xy-Ebene. Das TAF enthält die Spuren von 10 "gelernten" Trajektorien (hier von Hand eingegeben). Vorhersagen folgen - wie zu erwarten - den gelernten Trajektorien (Abbildung 3b), wenn entsprechende Startwerte (schwarzer Kreise) vorgegeben sind.

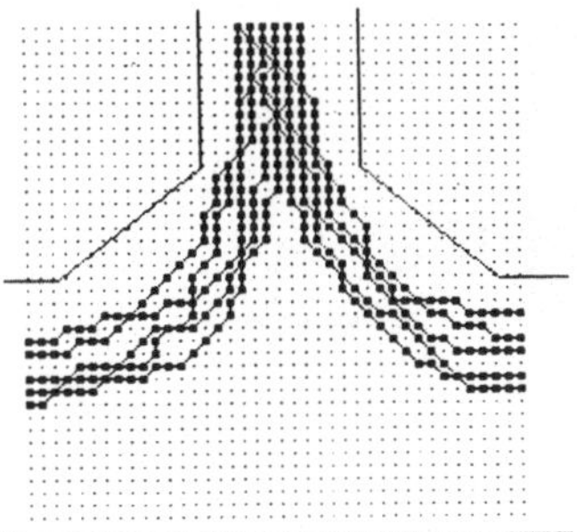

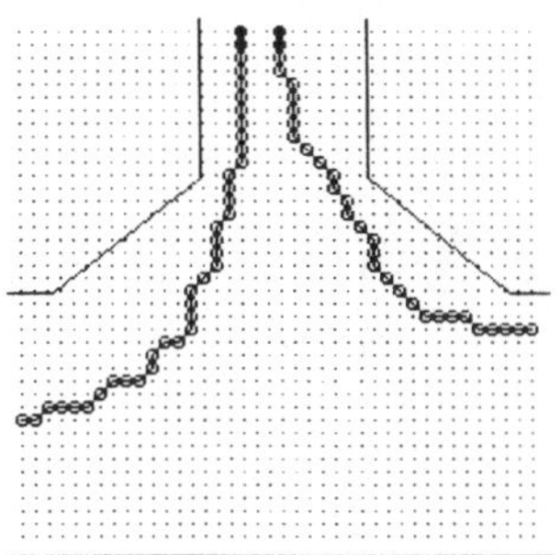

Abbildung 3a:
TAF mit 10 Einzeltrajektorien

Abbildung 3b:
Vorhersage bei vorgegebenen
Startwerten

TAFs sollen allerdings in der Regel keine Einzeltrajektorien speichern und wiedergeben, sondern einen Erfahrungsschatz von sehr vielen Trajektorien auswerten. Ein TAF hat dann eher den Charakter einer Häufigkeitsverteilung, und vorhergesagte Trajektorien stimmen nicht notwendigerweise mit einer beobachteten Trajektorie überein. Dies wird auch zwangsläufig der Fall sein, wenn Vorhersagen von Startwerten aus erfolgen sollen, für die überhaupt keine Erfahrungen vorliegen. Um dies zu ermöglichen, wird eine Verwaschungsoperation eingeführt, die Erfahrungen in bisher unbesetzte TAF-Bereiche propagiert.

Verwaschung

Zu jeder Zelle (x,y,r,b) wird der gewichtete Mittelwert aller Nachbarzellen in Positionen x' y' orthogonal zur Bewegungsrichtung r addiert. Nachbarzellen in Bewegungsrichtung tragen entsprechend ihrer positiven Differenz zur Zelle bei. (Die leichte Unsymmetrie verhindert eine Erosion in Außenkurven und ist nicht wesentlich.) Die Verwaschung hat einen Generalisierungseffekt in dem Sinn, daß das Zählerfeld zusätzlich zu den ursprünglichen Trajektorien auch Nachbartrajektorien unterstützt, die ungefähr dazu parallel verlaufen. Die Abbildungen 4a und 4b zeigen Vorhersagen nach Verwaschen des in Abbildung 3a gezeigten TAF. Wegen der groben Richtungsdiskretisierung (45 Grad Schritte) wurde nur bezüglich x, y und d verwaschen.

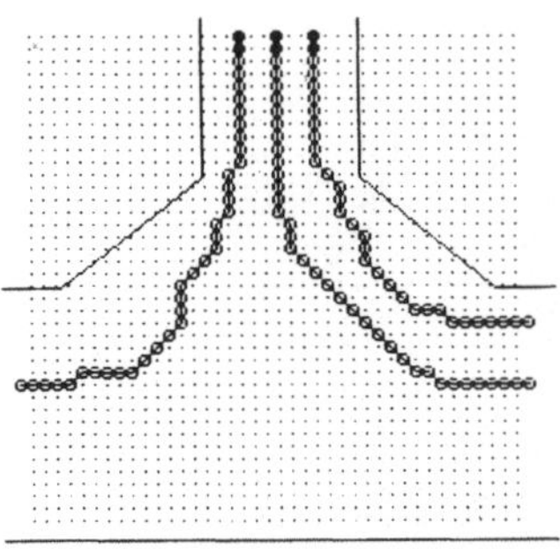 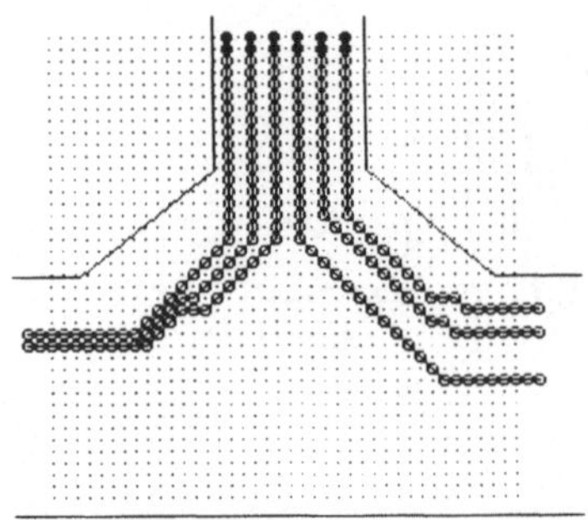

Abbildung 4a:
Vorhersagen nach einmaliger
Verwaschung

Abbildung 4b:
Vorhersagen nach dreimaliger
Verwaschung

Es ist bemerkenswert, daß die Generalisierung auf Grund der analogen Repräsentationsform durch einfache, lokale Operationen erzielt werden kann. Bei einer propositionalen Repräsentation - z.B. bei einem der in Abschnitt 2 beschriebenen Ereignismodelle - wäre ein Prozeß, der die Gültigkeit des Modells erweitert, äußerst komplex.

Statt der expliziten Repräsentation einer einzigen "typischen" Trajektorie bietet ein TAF ein volles Spektrum von typischen bis weniger typischen Trajektorien. Dies hat den offensichtlichen Vorteil, daß differenzierte Prädiktionen für eine Vielzahl unterschiedlicher Trajektorienvorgaben generiert werden können. In Abwesenheit konkreter Vorgaben kann es andererseits nützlich sein, einen einzigen oder sehr wenige typische Verläufe als charakteristisch für den TAF herauszustellen, z.B. um typische Eigenschaften daraus ermitteln zu können. Wir bezeichnen solche typischen Verläufe als Ereignisprototypen. Sie können aus dem TAF durch Anwendung einer Konvergenzoperation gewonnen werden, die im wesentlichen komplementär zur Verwaschungsoperation ist.

Konvergenz

Die Konvergenzoperation besteht darin, daß jede Zelle die zu ihr hinführenden Nachbarzellen proportional zu ihrem eigenen Zählerstand verstärkt. Dadurch entsteht die Tendenz, daß Pfade von beliebigen Ausgangspunkten aus in einen stark ausgeprägten Pfad (einen Ereignisprototypen) einmünden, also konvergieren. Dies illustriert Abbildung 5.

Das linke Bild zeigt den Konvergenz-Effekt bei Prädiktionen, die von verschiedenen Startpunkten ausgehen. Im rechten Bild sind alle Pfade entlang lokaler TAF-Maxima markiert, also diejenigen Pfade, zu denen andere Pfade konvergieren. Sie charakterisieren "typisches Verhalten" und können z.B. herangezogen werden, wenn Prädiktionen ohne konkrete Vorgaben gemacht werden sollen. Die TAF-Maxima stellen eine reduzierte Form der im TAF enthaltenen Informationen dar, gewissermaßen sein "Skelett".

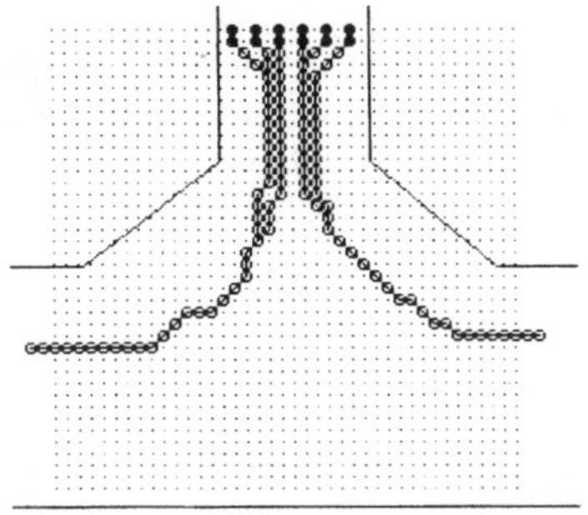
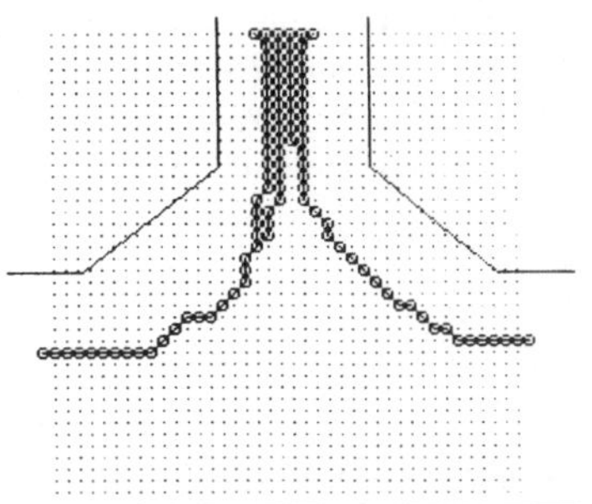

<table>
<tr><td>

Abbildung 5a:
Vorhersagen nach dreimaligem Ver-
waschen und einmaliger Anwendung
der Konvergenzoperation

</td><td>

Abbildung 5b:
Pfade entlang lokaler Maxima
stellen Ereignisprototypen dar

</td></tr>
</table>

Um ein TAF zur Visualisierung von Objekttrajektorien in verschiedenen Situationen einsetzen zu können, insbesondere auch in einer anderen Umgebung als in der Lernphase, müssen weitere Abstraktionen und Transformationen möglich sein. Beispielsweise sollte ein TAF für Abbiegeverhalten auf Straßenabzweigungen mit unterschiedlicher Geometrie anwendbar sein. Das kann in der Tat erreicht werden, indem das TAF um geeignete Merkmale erweitert und von irrelevanten Merkmalen abstrahiert wird. Diese Thematik ist allerdings noch aktueller Forschungsgegenstand.

4. Zusammenfassung

Wir haben uns in diesem Beitrag mit der Repräsentation von Ereignissen befaßt. Ereignisse sind Ausschnitte aus dem räumlich-zeitlichen Kontinuum und erfordern deshalb in erster Linie die Repräsentation zeitabhängiger räumlicher Eigenschaften von Gegenständen. Ein Ereignis ist aber auch eine begriffliche Kategorie, zu deren Repräsentation generische Ereignismodelle erforderlich sind. Es wurden zwei Repräsentationsformen für Ereignismodelle gegenübergestellt, propositionale hierarchische Modelle und analoge Modelle. Die propositionalen Modelle sind aus qualitativen Prädikaten über zeitabhängigen beobachtbaren Größen aufgebaut und erlauben eine effektive Ereigniserkennung. Ereignisinstanzen erstrecken sich über Zeitintervalle, deren Grenzen in der Regel nicht genau festliegen, sondern durch Ungleichungssysteme eingeschränkt werden.

Als analoge Repräsentationsform für Ereignismodelle wurden TAFs vorgestellt, die beobachtete Trajektorien in akkumulierter und komprimierter Form enthalten. Im Gegensatz zu den propositionalen Modellen bieten TAFs die Möglichkeit, quantitative geometrische Trajektorienverläufe aus generischen Ereignismodellen abzuleiten, so daß Visualisierungen und Aussagen über typisches Verhalten generiert werden können. TAFs machen die räumlichen Ereignisdimensionen explizit und lassen sich - anders als propositionale Ereignismodelle - nicht unmittelbar auf abstrakte Situationen übertragen. Die jeweiligen Vor- und Nachteile der gegenübergestellten Repräsentationsformen legen es nahe, beide Formen komplementär zu verwenden. Dabei kommt den TAFs als Erfahrungsträgern eine primäre Rolle zu. Über das Zusammenspiel beider Repräsentationsformen können wohl erst dann weitergehende Einsichten gewonnen werden, wenn es KI-Systeme gibt, in denen heterogene kognitive Aufgaben integriert behandelt werden, z.B. in zukünftigen Robotersystemen.

5. Literaturverzeichnis

Allen 81
A General Model of Action and Time, J.F. Allen, Technical Report 97, University of Rochester, Rochester/NY 1981

Allen und Hayes 85
A Common-Sense Theory of Time, J.F. Allen, P.J. Hayes, Proceedings IJCAI-85, 1985, 528-531

Barrow et al. 72
Some techniques for recognizing structures in pictures, H.G. Barrow, A.P. Ambler, R.M. Burstall, In: Watanabe, S. (Hrsg.) Frontiers of pattern recognition,, New York: Academic Press 1972, 1-29

Bruce 72
A Model for Temporal References and Its Application in a Question Answering Program, B.C. Bruce, Artificial Intelligence 3, 1972, 1-25

Finke 85
Theories Relating Mental Imagery to Perception, R.A. Finke, Psychological Bulletin 1985, Vol. 98, Nr. 2, 236-259

McDermott 82
A temporal logic for reasoning about plans and actions, D. McDermott, Cognitive Science 6, 1982, 101-155

Mohnhaupt und Neumann 87
Szenenhafte Modelle für zeitabhängige Ereignisse, M. Mohnhaupt, B. Neumann, Universität Hamburg, Fachbereich Informatik, FBI-HH-B-127/87, 1987

Miller and Johnson-Laird 76
Language and Perception, G.A. Miller, P.N. Johnson-Laird, Cambridge University Press, Cambridge-London-Melbourne 1976

Neumann und Novak 83
Event Models for Recognition and Natural Language Description, B. Neumann, H.-J. Novak, Proceedings of the IJCAI-83, 1983, 724-726

Neumann und Novak 86
NAOS: Ein System zur natürlichsprachlichen Beschreibung zeitveränderlicher Szenen, B. Neumann, H.-J. Novak, Informatik Forschung und Entwicklung, Nr. 1, Springer-Verlag, Berlin Heidelberg New York Tokyo, 1986, 83-92

Novak 85
Textgenerierung auf der Grundlage visueller Daten: Beschreibungen von Straßenszenen, H.-J. Novak, Dissertation, Fachbereich Informatik, Universität Hamburg, 1986

Schank 73
Identifikation of conceptualizations underlying natural language, R.C. Schank, in: Schank, R.C., Colby, K.M. (Hrsg.) Computer models of thought and language, pp. 187-247, New York: W.A. Freeman 1973

Turner 84
Logics for Artificial Intelligence, R. Turner, Ellis Horwood Ltd., 1984

Some Aspects of Knowledge Base Management Systems[*]

Kai v. Luck, Bernhard Nebel, H.-J. Schneider
Technische Universität Berlin
Sekr. FR 5-8
Franklinstr. 28/29
1000 Berlin 10

Abstract[1]

Knowledge representation and the development of suitable formalisms has always been a major concern in the history of Artificial Intelligence (AI). In the last years, the focus on this subject has increased even more, since efficient utilization of large quantities of world knowledge is regarded as the key to building intelligent systems. *Knowledge-based system* has almost become a synonym for *AI system*. In this paper some results are reported obtained by the construction of the integrated hybrid system **BACK**, which in some aspect is based on **KL-ONE**.

1 Semantic Networks and KL-ONE

One of the most common paradigms of knowledge representation in AI are semantic networks. Originally introduced by psychologists as models of human memory, they quickly became popular in AI for a number of reasons:

- Representing concepts, objects, and situations as nodes and relations between these as arcs (or links) seems to be a natural way of capturing the essence of every-day knowledge. Nets are easily visualizied graphically, and lend themselves to computer implementation via well-known record-and-pointer data structures.

- Class/subclass/element relationships are easily expressed in semantic nets by a special type of link, mostly called *IS-A* link; property inheritance from classes to subclasses and instances can thus be performed simply by following these links.

- Extracting knowledge and drawing inferences on the basis of nets may be perfomed by a set of special-purpose procedure tuned to the different kinds of nodes and links in the net.

---

[*] This work was partially supported by the EEC and is part of the ESPRIT project 311 which involves the following participants: Nixdorf, Olivetti, Bull, Technische Universität Berlin, Universita di Bologna, Universita di Torino and Universität Hildesheim.

[1] This paper is a short version of the KIT-Report No. 41, **The Anatomy of the BACK-System** , [Luck et al. 87].

Various systems were able to demonstrate the utility of the semantic network paradigm. But as part of a more general discussion concerning the foundations of knowledge representation in AI which set in around the mid-seventies severe shortcommings of the semantic network approach in vogue until then were identified. So e.g. R. Brachman pointed out in [Brachman 77, 128]:

Each implementation of a semantic net has adapted the basis node-plus-link idea to its own immediate purpose, creating virtually as many stylized "formalisms" as implementations. Procedures to operate on the structure - which are what make it meaningfull - have generally been idiosyncratic.

Based on the different approaches taken until then, R. Brachman distinguishes in [Brachman 79] five levels of representation each of which suggests a set of primitives for semantic network languages. He stresses the need for identifying these primitives because only if they are fixed and understood in advance a fixed interpreter can be build. The primitives are the elements that the interpreter 'understands' and that are not explicitly represented in the network itself. They determine together with a set of rules that are realized by the interpreter which non-primitive elements may be formed. These levels are:

implementation level:

When semantic networks are defined at the level of pointers and nodes, then they are obviously merely a kind of data structure with no claims about possibly usefull ways of structuring knowledge. Also, there are no inherent constraints for interpreters for these kinds of nets.

logical level:

Network primitives are regarded as a set of logical primitives such as $\lor$, $\land$, $\exists$ or $\forall$. In this case, an interpreter would be required to conform to the logical meanings of these primitives. A semantic network in this perspective boils down to a particular implementation of logic enriched with some kind of indexing mechanism.

epistomological level:

This level consists of a set of primitives constituting an intermediate layer between the logical and conceptual level. It is concerned with using concepts as intensional descriptions. Brachman stipulates the existence of a small set of relations relating parts of an intensional description to a whole which are not accounted for as primitives at the logical level. Furthermore, they are definitely below the level of conceptual primitives insofar they are not committed to any particular set of these.

conceptual level:

This seems to be the classical view of semantic networks. Primitives for these nets are a small set of primitive concepts (object- and action-types) and primitive conceptual relations (e.g. deep cases) thought to be language-independent building-blocks out of which all other concepts should be constructable.

linguistic level:

Network primitives are taken to be language-specific words and expressions.

Brachman's analysis of the different levels of representational primitives and his proposal of an distinct epistemological level concerned with intensional descriptions was the starting point of **KL-ONE**, which soon became a kind of paradigm sparking off substantial research efforts. Several workshops bringing together people working on this paradigm were held. A number of experimental systems were build, each focussing on different aspects of KL-ONE, but all relying on a core of basic ideas (s. [Brachman, Schmolze 85]).

Maybe the most important of these is the commitment to a radical distinction of **terminological** and **assertional** knowledge, a distinction which gave rise to the term **hybrid** knowledge representation systems. These kinds of systems provide two distinct sets of representational primitives, each of which are associated with a well-defined syntax and semantics, and a class of inferences which are at least sound and more or less complete with respect to their semantics.

The terminological level is concerned solely with a set of intensional descriptions formed by a small set of concept-forming operators (the actual representational primitives of this level) and their taxonomic relationships which are determined only by their structure properties. These taxonomic relationships have no assertional import on their own; but descriptions can subsequently be used to make assertions about the world, and, by virtue of their structure, additional inferences may be drawn. Complex descriptions can be associated with names, but these are pure definitions and carry no additional meaning beyond the descriptions they abbreviate.

The system component responsible for maintaining descriptions and their taxonomic relationships is usually referred to as **TBox**, wheras the component dealing with the facts of the world (assertional knowledge, contingent facts) is called **ABox**.

2 The BACK-System

In this chapter the **BACK-System**[2] is introduced. The *form* (the *syntax*) which is used to represent the knowledge and the *meaning* (the *semantics*) of these forms are explained. Any system dependent aspect, however, will be neglected (but see [Luck et al. 87]).

2.1 The TBox Formalism

The discussion about structural inheritance networks started off by drawing circles, little boxes and arrows between them. Because of the limited capabilities of computers in those days, the networks had to be translated into a linear form when the first implementation took place. A linear form of such networks does not only offer the opportunity to feed such networks into a computer, but it makes it possible to assign compositional semantics to such networks (if the linearization is chosen appropriately).

Semantics may be regarded as superflous, in particular from a user's point of view. However, taking a scientific perspective the specification of semantics for representation languages is inevitable. Without semantics a scientific discourse cannot take place, e.g. when comparing different representation languages.

A more pragmatic consideration is that without semantics the notion of correctness is just an empty term. For example, the development of the **classification** procedure from an intuitive-based procedure to a sound inference technique took place on the grounds of the development of the

---

[2] Berlin Advanced Computational Knowledge Representation System

semantics for KL-ONE alikes (cf. [Lipkis 82], [Scholze, Israel 83], [Brachman, Levesque 84], [Patel-Schneider 86]), which in turn was only possible because an appropriate form of network linearization, in fact, a language, had been chosen.

Such languages are commonly termed **frame description languages** or **term definition languages**. These names emphasize the fact that they are intended to be used for *defining* or *describing* categories. In the following the concrete syntax for BACK-TBox expressions is given in BNF. The language defined does not only describe the form of the represented knowledge abstractly but is also (part of) the interface language to be used in interacting with the system (s. [Luck et al 87]).

TBoxExpression	≡ TBoxDefinition | TBoxRestriction
TBoxDefinition	≡ Name = TBoxTerm
Name	≡ PrologAtom
TBoxTerm	≡ ASet | Concept | Role
ASet	≡ **attrset** (AttributeList) | Name
AttributeList	≡ Attribute | Attribute , AttributeList
Attribute	≡ PrologAtom
Concept	≡ DefConcept | PrimConcept
PrimConcept	≡ **rootconcept** | **primconcept** (CSpecList) | Name
DefConcept	≡ **defconcept** (CSpecList) | Name
CSpecList	≡ CSpec | CSpec , CSpecList
CSpec	≡ **specializes** (Concept) |
	value-restriction (Role , ConceptOrASet) |
	nrmin-restriction (Role , Number) |
	nrmax-restriction (Role , Number) |
	rvm (RvmOp , [Role] , [Role]) |
RvmOp	≡ =
ConceptOrASet	≡ Concept | ASet
Number	≡ 0 | 1 | 2 | ... | ∞
Role	≡ **primrole** (RSpecList) | Name
RSpecList	≡ RSpec | RSpec , RSpecList
RSpec	≡ **differentiates** (Role) |
	domain-range (Concept , ConceptOrASet)
TBoxRestriction	≡ DisjointnessRestriction | IndividualRestriction
DisjointnessRestriction	≡ **disjoint** (PrimConceptList)
PrimConceptList	≡ PrimConcept | PrimConcept , PrimConceptList
IndividualRestriction	≡ **individual** (PrimConcept)

Semantics for a representation formalism prove to be useful for several reasons. An important one is that it provides a communication medium for discussing and criticizing a representation formalism, because it is possible to abstract from system dependent idiosyncrasies. This, however, implies that the semantics is to be specified in a way, which is broadly accepted, as for example logic. As a matter of fact, Newell claimed that even though logic might not be the adequate representation formalism, it is *the* appropriate tool to investigate the *knowledge level* [Newell 82].

But even if we restrict ourselves to logic, there are still a lot of possibilities to specify the semantics of a TBox:

- An **axiomatic approach** (cf. e.g. [Vilain 85]) would translate a TBox into a set of axioms of first-order predicate logic (FOL) referring to the model and proof theory of FOL. That means the semantics is given indirectly. The benefit of this approach is that FOL is well understood and accepted. The disadvantage is that FOL does not meet the intention and the intuition of term definition languages (TDLs) in every aspect.

- A **model theoretic approach** (e.g. [Brachman, Levesque 84], [Schmolze 85]) would aim at describing the extensions (in fact, the structure of possible extensions) of concepts and roles. This is the most direct approach, because we just specify the TBox in terms of its extension without recurring to any other formalism. Additional, the structure of the models are open for investigation and modification, as done e.g. in [Patel-Schneider 86].

- The **denotational approach** (cf. [Schlumberger 85]) assigns meaning to the TBox terms by a denotation function mapping TBox terms to other objects, preferrable mathematical objects. An appropriate candidate would be *lambda expressions*, because they capture the intuition of definitions - of building complex functions out of other functions. Additionally, we are able to compare concepts by comparing the corresponding lambda expressions directly. However, it is still an indirect way of specifying the semantics, because we have to refer to the semantics of the lambda calculus and FOL.

In some sence the three ways of specifying semantics are all equivalent for our purpose. The only difference is that intuitions about the formalisms are more obviously mirrored with e.g. the denotational approach than the axiomatic approach and that some problems are seen more easily.

In the following we will use the denotational approach to give the semantics for BACK TBox terms. The fact that names can be used to denote concepts and roles will be neglegted and we assume that every occurrence of a name can be substituted by its associated concept or role definition, respectively.

To start off, we assume three sets of predicates (defined over some domain D):

- A set of (one-place) **root predicates** RP_i with the property that two different predicates are mutually disjoint, i.e.

$$\forall\ i, j\ :\ i \neq j \Rightarrow \forall x\ :\ \neg\ (\ RP_i(x) \wedge RP_j(x)\ )$$

and that they are disjoint from the set of all (possible) attributes.

- A set of (one-place) **primitive predicates** PP_j without any restriction,

- and a set of (two-place) **role predicates** R_k.

These are the non-logical atomic building blocks we use to create all concepts and roles. These building blocks can be viewed as the recognition functions for distinguishing individuals according to non-analytical categories.

The denotation function **F** assigns semantics to TBox terms by mapping them to functions from a domain D (for concepts and Attributes) or $D \times D$ (for roles) to truth values:

$$F\ :\ \text{TBoxTerms} \rightarrow [\ D\ \cup\ D \times D\ \rightarrow\ \{false, true\}\ ]$$

F is defined as follows:

$$F [\![\text{attrset}(a_1, a_2, \ldots, a_n)]\!] = \lambda(x) . x = a_1 \vee x = a_2 \vee \ldots \vee x = a_n$$
$$F [\![\text{rootconcept}_i]\!] = \lambda(x) . RP_i(x)$$
$$F [\![\text{primconcept}_j]\!] = \lambda(x) . PP_j(x) \wedge f [\![CC]\!] (x)$$
$$F [\![\text{defconcept}(CC)]\!] = \lambda(x) . f [\![CC]\!] (x)$$
$$F [\![\text{primrole}_k(RC)]\!] = \lambda(x,y) . R_k(x,y) \wedge f [\![RC]\!]$$

The function **f**, a mapping from concept and role specifications to predicates, is defined as follows:

$$f [\![CC_1, CC_2, \ldots, CC_n]\!] = \lambda(x) . f [\![CC_1]\!] (x) \wedge f [\![CC_2]\!] (x) \wedge \ldots \wedge f [\![CC_n]\!](x)$$
$$f [\![\text{specializes}(C)]\!] = \lambda(x) . F [\![C]\!] (x)$$
$$f [\![\text{value-restriction}(R,C)]\!] = \lambda(x) . \forall y: F [\![R]\!] (x,y) \Rightarrow F [\![C]\!] (x)$$
$$f [\![\text{nrmin-restriction}(R,n)]\!] = \lambda(x) . \exists_n y: F [\![R]\!] (x,y)$$
$$f [\![\text{nrmax-restriction}(R,n)]\!] = \lambda(x) . \neg (\exists_{n+1} y: F [\![R]\!] (x,y))$$
$$f [\![\text{rvm}(=, [\![R_1]\!], [\![R_2]\!])]\!] = \lambda(x) . \forall y: F [\![R_1]\!] (x,y) \Leftrightarrow F [\![R_2]\!] (x,y)$$
$$f [\![RC_1, \ldots, RC_n]\!] = \lambda(x,y) . f [\![RC_1]\!] \wedge \ldots \wedge f [\![RC_n]\!] (x,y)$$
$$f [\![\text{differentiates}(R)]\!] = \lambda(x,y) . F [\![R]\!] (x,y)$$
$$f [\![\text{domain-range}(C_1, C_2)]\!] = \lambda(x,y) . F [\![C_1]\!] (x) \wedge F [\![C_2]\!] (y)$$

The form $\exists_n x: P(x)$ is a short hand for:

$$\exists x_1, \ldots, x_n : P(x_1) \wedge \ldots \wedge P(x_n) \wedge x_i \neq x_j (\forall i, j : 1 \leq i, j \leq n \wedge i \neq j)$$

The TBox restrictions are responsible for generating axioms, which restrict the model. The restriction *disjoint*$(C_1, C_2, \ldots, C_n)$ creates the following axiom:

$$(\forall x: \neg (F [\![C_1]\!] (x) \wedge F [\![C_2]\!] (x))) \wedge (\forall x: \neg (F [\![C_1]\!] (x) \wedge F [\![C_3]\!] (x))) \wedge \ldots$$
$$(\forall x: \neg (F [\![C_1]\!] (x) \wedge F [\![C_n]\!] (x))) \wedge (\forall x: \neg (F [\![C_2]\!] (x) \wedge F [\![C_3]\!] (x))) \wedge \ldots$$
$$(\forall x: \neg (F [\![C_{n-1}]\!] (x) \wedge F [\![C_n]\!] (x)))$$

The individual restriction *individual(C)* results in an axiom of the form:

$$\forall x,y: F [\![C]\!] (x) \wedge F [\![C]\!] (y) \Rightarrow x = y.$$

2.2 The ABox Formalism

The ABox of the BACK-System is the part of the system where the *state of affairs* of a given domain is stored. It can be also seen as the management system for concept instances of TBox concepts. It was designed to represent **incomplete** knowledge such as the following:

- *Tom or Dick is the father of Mary* without telling who exactly is the father,

- *At least one person is a friend of Mary's* without telling who the friends are,

- *Tom is one of the friends of Mary's* without naming all the friends of Mary's.

The formalism for representing this kind of incompletenes is designed to allow the representation of incomplete knowledge for computational reasons only locally in contrast to e.g the proposals made by H.J. Levesque [Levesque 82], permitting assertions such as:

- *John is married to Mary or Tom is a teacher.*

This section gives a first overview of the ABox language and its semantics. For further information s. [Luck et al. 87].

Each concept instance consists of an unique identifier, called **unique constant** or **UC**, a reference to the concept it instanciates, and a set of role-value pairs. The role-value pairs are references to appropriate definitions of roles in the TBox and a structure called **value expression**, which expresses the actual values of the specific instance of a role for a specific instance of a concept. So the BACK-ABox is essentially an object-centered representation formalism.

The ABox of the BACK-System is designed according to the principles of balancedness between TBox and ABox and vividness dicussed later. The main attention is given to the representation of incomplete but (at least) locally consistent propositions. A syntax describing the well-formed contents of the ABox is given by the following BNF:

ABoxExpression	$\equiv$ UCId $-$ UCDescription
UCId	$\equiv$ **uc$_i$**
UCDescription	$\equiv$ Concept | Concept (RoleList)
RoleList	$\equiv$ RoleValuePair | RoleValuePair , RoleList
RoleValuePair	$\equiv$ Role = ValueExpression
ValueExpression	$\equiv$ ValueTerm | ValueTerm **or** ValueExpression
ValueTerm	$\equiv$ Value | Value **and** ValueTerm
Value	$\equiv$ **card** (Number , Number) | Attribute | UCId

Concepts, roles and attributes in the syntax refer to TBox terms as described in 2.1. Unique constants (UCs) are system defined unique names. Each unique name denotes an object different from all other objects (unique names assumption) (s. [Luck 86]). The construct *card(i,j)* stands for the role-relationship to another specific entity, without naming them. The construct *card* allows the representation of e.g.

- *John has no more than 5 friends* without naming them.

The semantics for entities in the ABox can be given by a transcription of the ABox contents in formulas of first order predicate logic with the following procedure, assuming the concepts denote one-place predicates and roles denote two-place predicates (that means we use *concept* and *role* as a shorthand for **F[concept]** and **F[role]**, respectively). The general form of an ABox expression

$$uc - concept\ (\ role_1 = value_1\ ,\ ...\ ,\ role_n = value_n\ )$$

can be transformed into

$$concept(uc) \wedge role_1(uc,value_1) \wedge ... \wedge role_n(uc,value_n).$$

The form $role_i(uc,value_i)$ can be transformed as follows:

$$role_i(uc,value_o\ \textbf{or}\ value_p)\ \text{is transformed into}\ role_i(uc,value_o) \vee role_i(uc,value_p),$$

$$role_i(uc,value_o\ \textbf{and}\ value_p)\ \text{is transformed into}\ role_i(uc,value_o) \wedge role_i(uc,value_p),$$

$role_i(uc, \textbf{card}\ (o,p))$ is transformed into $\exists o\ x{:}\ role_i(uc,x) \wedge \neg\ (\ \exists_{p+1} x{:}\ role_i(uc,x)\ )$.

Additionally it is held:

$$\forall\ i,\ j{:}\quad i \neq j \Rightarrow uc_i \neq uc_j\ .$$

3 Characteristics of the BACK-System

As it might have become obvious from the text above, there exist a lot of other systems which are similar to BACK in several respects. Therefore the questions arise, *what* are the differences and *why* do they exist? Some of the design rationales for our system were already mentioned above (but see also [Luck et al. 87]). Therefore we will concentrate here on matters concerning *complexity* and *balancedness*.

3.1 Complexity Issues

Computational complexity is an important issue when designing knowledge representation formalisms which are intended to be used not only as a kind of communication medium between researchers, but as a means for representing and applying knowledge inside of a computer. So for example, the experiences with KRYPTON (s. [Brachman et al. 85]) seems to prove that it is not a usable system because the general theorem prover which is used as the ABox is far too slow (cf. Brachman's report about KRYPTON in [Moore 86]). Although complexity has not been dealt with for a long time in Knowledge Representation, now the importance seems to be widely acknowledged. The *Computer and Thought Lecture* of IJCAI-85 by Levesque, published as [Levesque 86], elaborated on this point and gave some hints where intractibility in knowledge representation formalisms can arise and what can be done to circumvent it.

One point he focussed on was a form of representation he called **vivid**. Formally, this is a form of representation where the knowledge base is a model (in the model theoretic sence) of itself; informally, a kind of representation which comes close to representation by pictures (where e.g. disjunction or negation is hard to express). As a matter of fact, this kind of representation we find in relational database systems. It is a form where a fast answer is always guaranteed. Unfortunately, it is also a very uninteresting form of representation, because the expressiveness is very limited. However, it can serve as a reference point, i.e. one can try to achieve almost vivid representations or to reduce the representation to almost vivid forms by using logically *unsound* or *incomplete* reasoning.

The ABox language introduced in 2.2 can be regarded as almost vivid. An ABox is certainly not a model of itself, however the pictoral metaphor applies here very well. The process of filling an ABox can be interpreted as recognizing a picture in a step-by-step manner by delivering only *positive* information. Disjunctions (in role filler sets) are restricted to cases where we do not know exactly the members, a situation which can certainly occur when looking at a picture. There is no way to express disjunctions concerning categorization, but only to choose a more general description (an example for reducing non-vivid representations to vivid ones also mentioned by Levesque). In particular, one cannot express arbitrary disjunctions, which Levesque regarded as one instance of extremely non-vivid representations. Indeed, these are rarely used when describing a picture, they rather resemble the kind of logical puzzles published in newspapers. Negation is severely restricted, only the *card* operator allows to express that something does not hold. And even this is more a kind of positive information.

In making plausible that the ABox representation formalism comes close to a vivid representation we, of course, do not claim that this proves that it is tractable. However, it gave us a good starting point for the analysis of the inferences and we made at least plausible that the desired property, tractibility, holds (s. [Luck et al. 87]).

It might be worth noting, that in the first version of the ABox formalism a negation operator was present (s. [Luck et al. 85]), which has been dropped later on. One reason was that conversion to disjunctive normal form of arbitrary boolean expressions is NP-complete, without negation, however, polynomial.

Concerning the TBox, there are already a lot of papers which dealt with complexity. Starting with [Schmolze, Israel 83], which describes an abstract algorithm for subsumption and notes that the algorithm is sound but incomplete, in [Brachman, Levesque 84] it is proven that complete subsumption is intractable for languages as powerful as e.g. NIKL. Finally, in [Patel-Schneider 86] the semantics is weakened to permit complete subsumption, albeit the weak semantics does not allow for an intuitive understanding of what is subsumed.

This means that currently there is no fully satisfactory solution. Either
- the expressiveness is reduced to triviality,
- the semantics is weakened without having a good intuitive model, or
- the subsumption is incomplete.

A way out of this dilemma might be to live with incomplete inferences but try to solve easy special cases and mark others as incomplete, a solution favored by the developers of NIKL [MacGregor 86]. A similar solution is undertaken in the BACK approach (s. [Luck et al. 87]). For the sake of efficiency we sacrified completeness.

3.2 Balancedness in the BACK-System

Hybrid knowledge representation systems employ different representation formalisms in order to represent different kinds of knowledge, which are, however, somehow connected. Whether a system is really *integrated hybrid*, i.e. *one* thing made of different ingredients, and not just a diverse collection of formalisms can be decided by investigating the *glue* which holds together the different components. This should at least consist of a

- **representational theory** (explaining what knowledge is to be represented by what formalism) and

- **common semantics** for the overall system (explaining in a more abstract manner the meaning of expressions in the different formalisms).

A necessary precondition for glueing things together is that their shapes fit together, a fact we usually take for granted. And, indeed, when designing the components in one cast – as in our case – they usually do. However, systems as e.g. KL-TWO were built by using two components developed indepently – NIKL as the TBox and PENNI (an adaption of RUP to KL-TWO) as the ABox. They are in some sence *unbalanced* as has been shown in [Luck et al. 87]. The term *balancedness*, which is a little bit vague, could be defined be the following **principle of balancedness in hybrid representation systems:**

If a representation construct in a subcomponent of a hybrid knowledge representation system suggests that its usage has some impact on knowledge represented in another component (according to the common semantics), then there should be such an impact.

Even though this sounds simple, self-evident and hardly to miss, because of the common semantics, it can be easily violated. A hybrid system as for instance the one sketched below does violate this principle. The reason is that expressivness of both subsystems do not match. In the example system we can represent in one formalism the location of objects with a situation index (si), which suggests that the situation index has a certain semantic impact. In the other component, however, a situation index is not permitted, i.e. inference rules are only applied inside of one situation. The net result is that the situation index in the former component can only be regarded as a kind of comment, which has no semantic impact, however it can be used by a program using such a system.

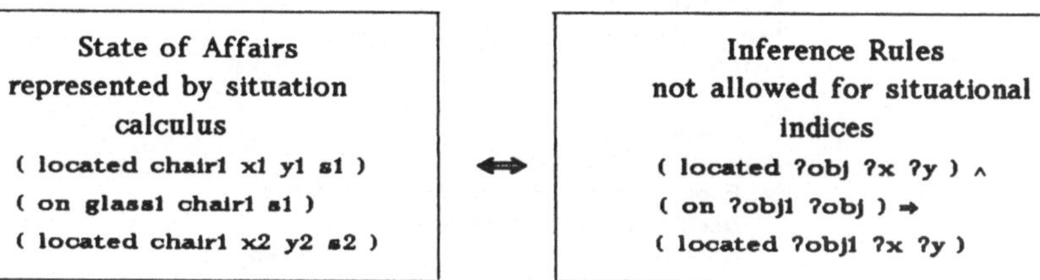

Fig. 1 A hypothetical unbalanced hybrid system

All this might be summarized under the topic *incomplete reasoning*. But a closer look reveals that this incompleteness has a principial reason, namely that the other component does not provide the necessary operations to realize the requested semantic structure. Usually, if incompleteness of reasoning is encountered, the solution is to write a more complete *inference procedure*, at least theoretically. The situation described above, however, cannot be solved in this way without changing the respective *formalisms* !

In contrast, the BACK-System was designed to be balanced in its expressiveness. We even tried to minimize the occurence of (cross-component) incompleteness in the reasoning process. The latter design goal is the reason e.g. for only permitting primitive roles and restricting the role value maps to very simple cases. But as discussed in [Luck et al. 87], this is a pragmatic decision which perhaps will change in future.

References

[Brachman 77]

R.J. Brachman
What's in a Concept: Structural foundations for Semantic Networks
Int. Journal of Man-Machine Studies Vol 9 1977 127-152

[Brachman 79]

R.J. Brachman
On the Epistomological Status of Semantic Networks
In: Associative Networks
    Findler (ed.)
    Academic Press 1979 3-50

[Brachman, Levesque 84]

R.J. Brachman, H.J. Levesque
The Tractability of Subsumption in Frame-Based Description Languages
Proc. AAAI-84 1984 34-37

[Brachman, Schmolze 85]   R.J. Brachman, J.G. Schmolze
An Overview of the KL-ONE Knowledge Representation System
Cognitive Science Vol 9 1985

[Brachman et al. 85]   R.J. Brachman, V. Pigman Gilbert, H.J.Levesque
An Essential Hybrid System
Proc. of IJCAI-85 1985 532-539

[MacGregor 86]   B. MacGregor
Personal Communication 1986

[Levesque 82]   H.J. Levesque
A Formal Treatment of Incomplete Knowledge Bases
Univ. of Toronto, Tech. Report CSRG-139 1982

[Levesque 86]   H.J. Levesque
Making Believers out of Computers
Artificial Intelligence Vol 30 1986 81-108

[Lipkis 82]   T. Lipkis
A KL-ONE Classifier
In: Proc. of the 1981 KL-ONE Workshop
    Brachman, Schmolze (eds.)
    BBN-Report No 4842 1982 128-145

[Luck et al. 85]   K. v. Luck, B. Nebel, C. Peltason, A. Schmiedel
The BACK-System
TU-Berlin KIT-Report No 29 1985

[Luck 86]   K. v. Luck
Semantic Networks with Number Restricted Roles
In: Proc. of GWAI-86
    Rollinger, Horn (eds.)
    Springer 1986

[Luck et al. 87]   K. v. Luck, B. Nebel, A. Schmiedel, C. Peltason
The Anatomy of the BACK-System
TU-Berlin KIT Report No 41 1987

[Moore 86]   J. Moore
NIKL Workshop Summary
Boston (MA) USC/ISI Draft July 1986

[Newell 82]   A. Newell
The Knowledge Level
Artificial Intelligence Vol 18 1982 87-127

[Patel-Schneider 84]   P.F. Patel-Schneider
Small can be Beautiful in Knowledge Representation
Proc. of the IEEE Workshop on Principles of Knowledge-Based
Systems 1984 11-19

[Patel-Schneider 86]   P.F. Patel-Schneider
A Four-Valued Semantics for Frame-Based Description Languages
Proc. AAAI-86 1986 344-348

[Schlumberger 85]   The Knowledge Representation Group
What is a TBox ?
Schlumberger Palo Alto Research, Draft 1985

[Schmolze, Israel 83]   J.G. Schmolze, D. Israel
                         KL-ONE: Semantics and Classification
                         BBN Anual Report, BBN-Report No 5421 1983 27-39

[Schmolze 85]   J.G. Schmolze
                         The Language and Semantics of NIKL
                         BBN Draft 1985

[Vilain 85]   M. Vilain
                         The Restricted Language Architecture of a Hybrid Representation
                         System
                         Proc. of IJCAI-85 1985 547-551

Konfigurationen als Gegenstand der Wissensrepräsentation

J. L. Encarnacao und L. A. Messina
Fachgebiet Graphisch-Interaktive Systeme,
Fachbereich Informatik, Technische Hochschule Darmstadt
und
G. Rahmstorf
IBM Fachbereich Lehre und Forschung, Darmstadt

Diese Arbeit beruht auf einem Projekt, das vom Zentrum für Graphische Datenverarbeitung ZGDV der Technischen Hochschule Darmstadt und vom Fachbereich Lehre und Forschung der IBM Deutschland gemeinsam durchgeführt wird. Es ist das Ziel des Projektes, ein Expertensystem für graphische Datenverarbeitung zu entwickeln. Dieses Expertensystem wird in doppelter Weise mit der graphischen Datenverarbeitung in Zusammenhang gebracht. Es verfügt über Expertenwissen aus dem Gebiet der graphischen Datenverarbeitung und es hat außerdem eine Schnittstelle, mit der ein graphischer Dialog zwischen Anwender und System durchgeführt wird.

Unter Konfigurationen in einem weiteren Sinn versteht man Produkte, die selbst wieder aus verschiedenen komplexen Produkten bestehen. Bei unserem Projekt ging es nicht um das physikalische Verhalten von Schaltkreisen und anderen Baugruppen, zu deren Simulation und Analyse unter dem Begriff "Qualitatives Schließen" wissensbasierte Syteme in verschiedenen Projekten entwickelt wurden (STR-86). Auch die räumliche Verteilung von Computerkomponenten auf verschiedene Einschubpositionen eines Gestells, die die primäre Aufgabe des Systems R1 war (MCD-82), war nicht unsere Problemstellung. Schließlich müssen wir unsere Fragestellung vom Stücklistenproblem, einem weiteren Untersuchungsfeld für wissensbasierte Konfiguratoren, abgrenzen. Dabei geht es um die Zusammenstellung von Bauteilen für den Produktionsprozeß und die notwendigen Bauanweisungen. Bei unserem Projekt wird dagegen eine Liste von Produkten, die z. B. als Angebot für einen Kunden verwendet werden soll, zusammengestellt. Dazu gehört eine Beschreibung, aus der hervorgeht, wie die Komponenten -Geräte und Programme- in der Konfiguration verbunden sind. Die gesamte Konfiguration muß betriebsfähig und anwendungsgeeignet sein. Das Ergebnis wird als Graphik gezeichnet.

Die Zusammenstellung von Konfigurationen für größere Datenverarbeitungsanlagen und Programmsysteme kann zu einer aufwendigen Arbeit werden, weil vielfältige Informationen über die Ausrüstbarkeit und die Verschaltbarkeit von Systemkomponenten bekannt sein müssen.

Das Ziel einer Beratung oder einer Wissensübertragung ist es, ausgehend von einer Problemstellung und einer Situationsbeschreibung Lösungen nach verschiedenen Bewertungskriterien anzubieten. Die Anwendung in dem Expertensystem stützt sich auf ein Modell für die CAD-Evaluierung (ENC-84), das in Abb. 1 zusammengefaßt wird.

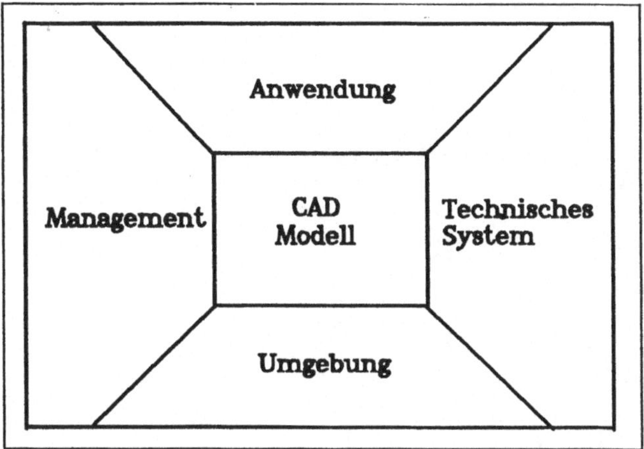

Abb.1: CAD-Modell

Da ein System jeweils für bestimmte Anwendungen geplant wird, muß der Auswahl der Komponenten ein Prozeß der Analyse der Anwendung vorausgehen. Aus der Untersuchung der Anwendung schließt man auf die erforderlichen Komponenten. Diesen Zusammenhang zwischen Anwendungsanalyse und Komponentenauswahl berücksichtigt das Konfigurationssystem bisher nur unvollständig. Bei der Implementierung des graphischen Expertensystems ging es hauptsächlich um die betriebsfähige und verträgliche Konfigurierung von Komponenten, die im Dialog zwischen Benutzer und System schrittweise ausgewählt werden.

Struktur des Konfigurierungssystems

Das Konfigurierungssystems soll Systemberater und Vertriebsbeauftragte bei Erstellung und Erweiterung von Konfigurationen für Kunden unterstützen. Die Strategie zur Konfiguration berücksichtigt Hardware und Software an Arbeitsplätzen und in einem zentralen System im Rechenzentrum.

Das hier diskutierte Expertensystem besteht aus folgenden Komponenten:

Wissensbasis

Die Wissensbasis enthält Informationen über die Produkte, Abhängigkeitsbeziehungen und Anwendungsinformationen (siehe unten).

Konfigurator

Dieses Modul des Expertensystems interpretiert das gespeicherte Wissen und bietet es ablaufstrategisch dem Benutzer über eine Dialogschnittstelle an.

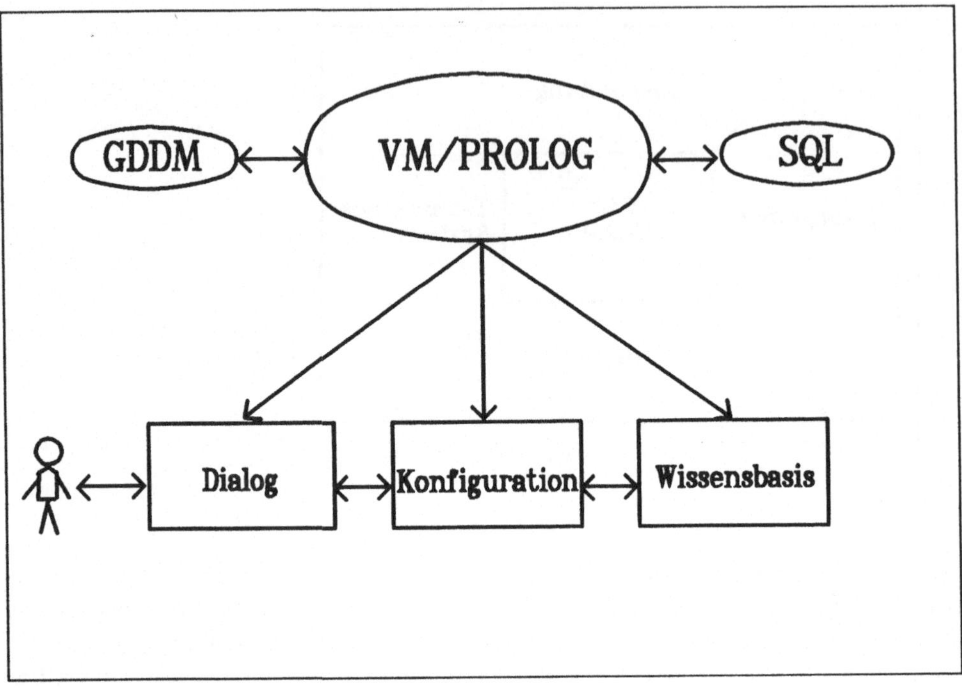

Abb. 2: Struktur des Expertensystems

Benutzerschnittstelle

Der Dialog wird mit Hilfe von graphisch-interaktiven Menüs gesteuert. Diese Menüs wurden mit der in Assembler implementierten VM/PROLOG-GDDM Schnittstelle realisiert.

Die aus der Benutzereingabe abgeleitete Hardware- und Software-Konfiguration wird graphisch dargestellt.

Interpretation des Wissens

Die Maschinen und Programme, die in den Konfigurationen vorkommen können, wurden wie folgt klassifiziert:

```
Software
    Betriebssysteme
    Dienstprogramme
    Anwendungsprogramme

Hardware
    Prozessoren
            Zentral-Prozesoren (ZP)
            Lokal-Prozessoren (LP)
            Bildschirm-Prozessoren (BP)
    Steuereinheiten (SE)
    Peripherie-Geräte (PG)
            Massenspeicher
            Bildschirm/Datenstationen
            Drucker/Plotter
            Graphik-Eingabe-Geräte
            Zusatzgeräte
```

Eine schematische Darstellung verschiedener Verknüpfungsmöglichkeiten dieser Komponenten zeigt Abb.3 (SOD-87).

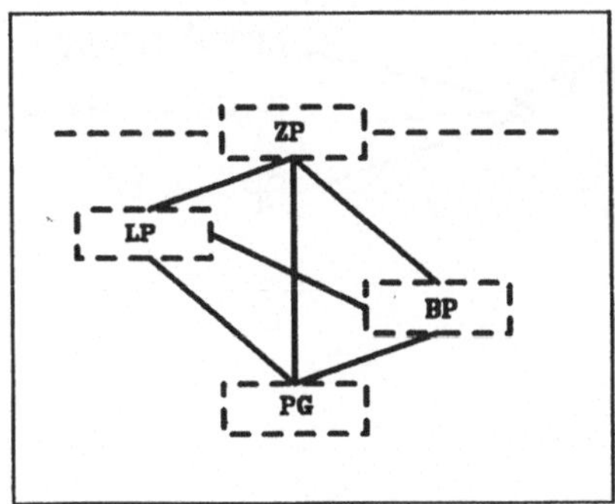

Abb. 3: Schematische Darstellung einer Zentralkonfiguration

Dabei wurden Steuereinheiten zwischen den vier Komponenten zur besseren Übersicht nicht dargestellt. Unter Lokal-Prozessoren (LP) werden Personalcomputer verstanden. Lokal-Prozessoren, Bildschirm-Prozessoren (BP) und Peripherie-Geräte (PG) können direkt oder in bestimmten Fällen auch über Steuereinheiten an einen Zentral-Prozessor (ZP) angeschlossen werden. Genauso können BP und PG an LP und PG an BP angeschlossen werden. Steuereinheiten sind nicht immer Maschinen für sich, sondern gelegentlich auch bloß Zusatzeinrichtungen eines Gerätes (z. B. 3270 Emulationsadapter).

Eine betriebsfähige Konfiguration setzt einen Lokalprozessor oder einen Zentralprozessor voraus. D.h.: BPs und PGs bilden allein keine betriebsfähige Konfiguration.

Die Instantiierung dieser allgemeinen Konfigurationsformen mit einzelnen Produkten ergeben die individuellen Abhängigkeiten, die beim Konfigurieren mit berücksichtigt werden müssen (SQD-87). Abb.4 gibt eine Orientierung über die verschiedenen Bereiche, aus denen die Wissensbasis besteht.

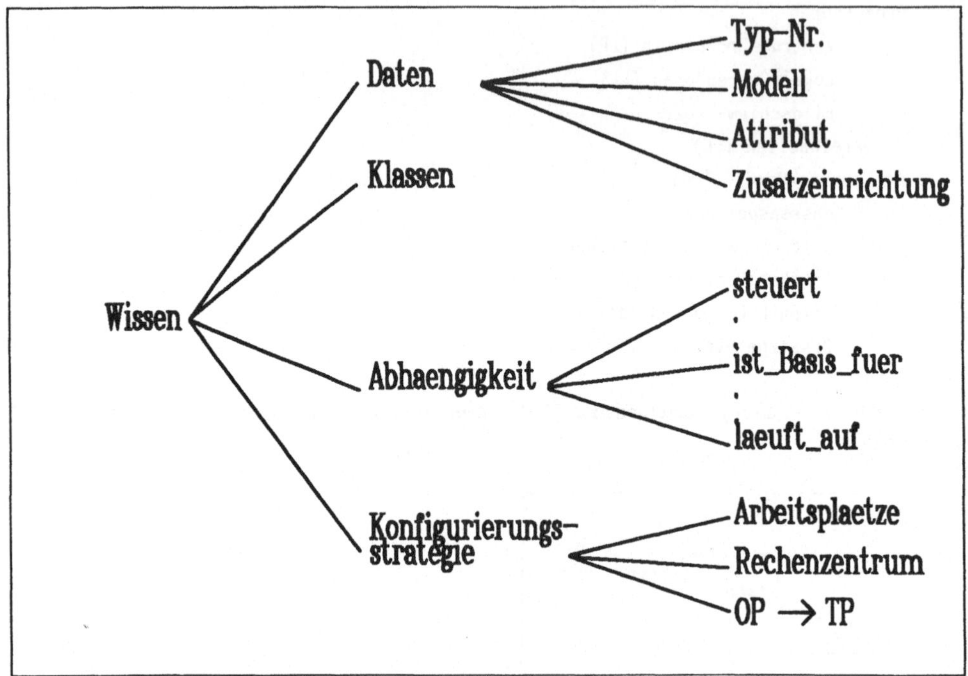

Abb. 4: Bestandteile der Wissensbasis

Maschinen und Programme werden durch eine Typennummer gekennzeichnet. Sie können in verschiedenen Modellen mit je unterschiedlicher Ausrüstung und Funktion produziert werden. Jedes Modell ist durch eine Modellnummer gekennzeichnet. Alle Produkte (Hardware oder Software) haben Standardeinrichtungen (Attribute) und können mit bestimmten Zusatzeinrichtungen (optional features) ausgestattet werden. Die Zusatzeinrichtungen werden durch eine 4-stellige Nummer gekennzeichnet. Die Klassen für die Produkte wurden oben angegeben. Sie vereinfachen den Dialog des Benutzers mit dem System und die interne Verarbeitung. Die Abhängigkeiten repräsentieren die verschiedenen Beziehungen zwischen den Produkten und den Zusammenhang mit den Anwendungen. Die Konfigurierungsstrategien steuern den Ablauf des Konfigurators. Alle Objekte des Wissens werden anschließend unter dem Kapitel "Wissensrepräsentation" näher erläutert.

Entsprechend dem eingangs erwähnten CAD-Modell können bei der Auswahl von graphischen Systemen und bei ihrer Konfiguration die Aspekte "Anwendung", "Umgebung", "Management" und "technisches System" berücksichtigt werden. Dabei verfolgt man das Ziel, aus der möglichst exakten Beschreibung des Unternehmens mit Hilfe von allgemeingültigen Regeln Konsequenzen hinsichtlich der möglichen Maßnahmen zur Verbesserung der Unternehmensausstattung mit Geräten und Programmen zu ziehen, wobei Wirtschaftlichkeit und andere wichtige Randbedingungen zu berücksichtigen sind.

Zur Kategorie "Umgebung" des CAD-Modells zählen organisatorische Parameter, z. B. Anzahl und Qualifikation der Anwender, vorhandene Rechnersysteme usw. Unter der Kategorie "Anwendung" werden Klassen wie z. B. "Maschinenbau", "Kartographie" usw. erfaßt. Das "Technische System" ist in unserem Fall die Ausrüstung mit Geräten und Programmen, die unter wirtschaftlichen Gesichtspunkten zu empfehlen ist. Abb.5 deutet einige der Regeln an, mit denen technische Parameter aus organisatorischen Parametern abgeleitet werden. "Management"-Fragen, die hauptsächlich mit der wirtschaftlichen Betriebsführung zusammenhängen, werden hier der Vollständigkeit halber genannt. (LAM-87)

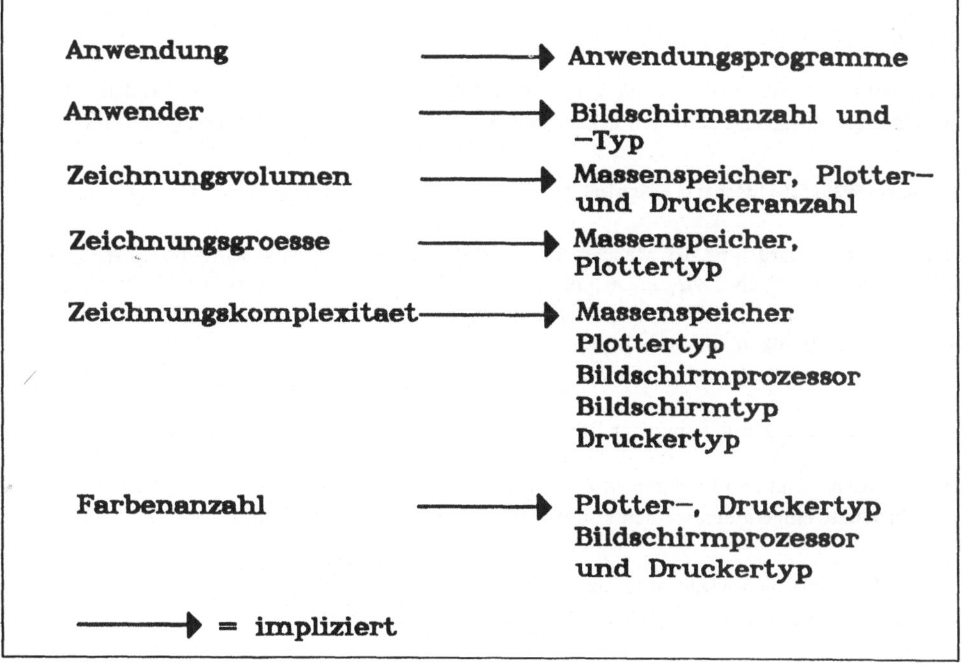

Abb. 5: Regeln zur Ableitung einer betriebsfähigen Konfiguration aus organisatorischen Parametern (OP --> TP)

Wenn der Benutzer weiß, welche Arten von Produkten zur Durchführung seiner Anwendung geeignet sind, kann er auf die Spezifizierung von Unternehmensdaten verzichten und im Dialog mit dem System die gewünschten Komponenten der Konfiguration direkt auswählen.

Eine beim Anwender schon vorhandene Konfiguration kann vom System mit berücksichtigt werden, indem der Anwender sowohl Arbeitsplätze als auch eine Zentralanlage mit Peripheriegeräten der vorhandenen Konfiguration beschreiben kann.

Im Ablauf des Konfigurierungsprozesses werden Komponenten vom Benutzer ausgewählt oder aufgrund von Eingaben des Benutzers über die Unternehmensparameter vom System abgeleitet. Aus den so aktuell vorhandenen Komponenten werden weitere Komponenten mit Hilfe von Regeln abgeleitet. Man kann hierbei zwischen rein technisch begründeten Regeln und anderen Regeln unterscheiden, die sich eher dem Erfahrungswissen des Experten zuordnen lassen.

Wissensrepräsentation

Das System wurde mit VM/PROLOG implementiert. Die Wissensbasis enthält folgende Klassen von Informationen (vgl. Abb. 4):

- Produktinformationen.

  Mit Fakten dieser Art werden Hardware- und Software-Produkte der IBM, ihre Modelle und ihre Standard- bzw. Zusatzeinrichtungen gekennzeichnet und klassifiziert. Z. B. besagt die Prologklausel

  ```
  standard(5085,*,Bildschirm_Anschluß_Anzahl,2,*,*).
  ```

  daß zur Standardausrüstung des Maschinentyps IBM 5085, in allen Modellen dieses Typs (gekennzeichnet durch den '*' als 2. Argument), die Eigenschaft 'Anzahl anschließbarer Bildschirme' gehört. Diese Eigenschaft ist hier ihrem Wert nach durch die Anzahl 2 ausgeprägt. Die beiden letzten Argumente des Prädikats, die eine Maßeinheit und eine Anzahl kennzeichnen, sind bei der Eigenschaft, die hier im Beispiel verwendet wird, nicht belegt.

- Informationen zur Klassifizierung der Produkte

  Diese PROLOG-Klauseln beschreiben den Zusammenhang zwischen den verschiedenen Klassen, in die die Produkte eingeordnet werden können. Das entsprechende Prädikat ist 'enthält', z. B.:

  ```
  enthält(Software,Anwendungsprogramme).
  enthält(Anwendungsprogramme,Graphische_Anwendungsprogramme).
  ```

  Das Prädikat 'enthält' kann auch mit 3 Argumenten verwendet werden:

  ```
  enthält(*kl,*prod,*aus)
  ```

  In diesem Fall besagt *aus, welche Ausführung (Modelle) des Produktes *prod zur Klasse *kl gehören.

- Abhängigkeitsbeziehungen.

Die Relationen und Abhängigkeiten zwischen Hardware/Hardware, Hardware/Software und Software/Software werden durch bestimmte Fakten repräsentiert. So drücken die 'Steuert'-Fakten die logische Anschließbarkeit zweier Hardwareprodukte aus. Das erste Produkt steuert das zweite.

```
Steuert(5085,*,5083,011).
Steuert(5085,*,5083,012).
```

In den 'Unterstützt'-Fakten wird das Wissen repräsentiert, daß ein Hardwareprodukt von einem Softwareprodukt unterstützt wird. Z. B. ist die folgende Klausel notwendig, wenn in der Wissensbasis festgehalten werden soll, daß das Programm mit der Typennummer 5668-840 auf dem Bildschirm IBM 5081 im Modus 'High-Performance Graphik' betrieben werden kann.

```
Unterstützt(5668,840,5081,*,High_Performance_Graphik).
Unterstützt(5668,840,5083,*,High_Performance_Graphik).
```

PROLOG-Regeln wurden u. a. verwendet, um komplexere Zusammenhänge zwischen Programmen und den Voraussetzungen zum Betrieb dieser Programme darzustellen. So beschreibt die folgende Regel, daß das Programm 5668-831 in der zu erstellenden Konfiguration betrieben werden kann, wenn es an einem bestimmten Arbeitsplatz (*ap) als Zentralsoftware (ZS) an einem zentralen System (RZ) angefordert wird und die Module 5668-760 und 5668-761 in die Konfiguration einbezogen werden.

```
Bedingung(5668,831) <--
angefordert(*ap,RZ,ZS,5668,831,*)
&
Modul(*ap,5668,760)
&
Modul(*ap,5668,761).
```

Für den Aufbau einer betriebsfähigen Konfiguration müssen die impliziten Anforderungen mit berücksichtigt werden.

- Anwendungsinformationen.

Die Repräsentation von Relationen zwischen Anwendungen und Konfigurationen sind noch in der Untersuchung. Wenn der Benutzer aus einer Spezifikation der Anwendung direkt zu einer Konfiguration geführt werden soll, müssen die Geräte aus dieser Spezifikation der Anwendung abgeleitet werden können.

In dem Expertensystem wurde zur Entlastung des Hauptspeichers ein Teil der Fakten in einer SQL/DS Datenbank abgespeichert. VM/PROLOG verfügt über eine entsprechende Schnittstelle zu SQL/DS. In TWS-87 wird dargestellt, wie die Fakten für SQL/DS umstrukturiert werden und wie der SQL-Anschluß benutzt wird.

Der Konfigurator

Der Konfigurator wird ausführlich in (HLD-87) beschrieben, wo H. Lempert auch den Anschluß an die graphische Dialogschnittstelle und an die Wissensbasis erläutert. Aufgrund der Benutzeranforderungen an Geräte werden die für eine betriebsfähige Konfiguration notwendigen Geräte abgeleitet und als Teil der Konfiguration mit möglichen Zusatzeinrichtungen übernommen. p. Für die Steuerung der Konfigurierung wird ablaufabhängiges Wissen manipuliert. Als ablaufabhängiges Wissen wird folgendes Wissen bezeichnet:

1. Wissen über den Anwender und die Teilkonfiguration (Arbeitsplatz oder Rechenzentrum), die gerade vom Anwender bearbeitet wird.

2. Wissen über die bisher erfolgte Produktauswahl für Arbeitsplätze, Rechenzentrum und Anwendergruppen.

3. Wissen über die daraus abgeleitete Konfiguration.

4. Wissen über das aktuelle Produktangebot, das aus der Produktauswahl deduziert wurde.

Dieses Faktenwissen repräsentiert daher folgende Angaben: Anwender- bzw. Anwendergruppe- und Konfigurationsbezeichnung, sortiertes Angebot von Hardware- und Software-Produkten, angeforderte Produkte der Teilkonfiguration, weitere zur Auswahl verfügbare Produkte, aktuelle Teilkonfiguration mit entsprechenden abgeleiteten Produkten usw.

Bezüglich der Repräsentation der Konfigurierungsstrategien wurde für die Ausstattung einer Teilkonfiguration eine 'Ausschluß'-Regel erstellt. Diese Regel liefert den Wert "true", wenn die aktuelle Situation der Konfiguration es nicht erlaubt, ein noch im Prinzip verfügbares Produkt in der Teilkonfiguration zu installieren. Für die Konfiguration eines Arbeitsplatzes wurden ad hoc Regeln übernommen. Z.B.: "maximal nur ein graphischer und ein alphanumerischer Bildschirm pro Arbeitsplatz"; "nur ein Bildschirmprozessor für den graphischen Bildschirm" u.s.w..

Die Strategie des Konfigurators berücksichtigt sowohl den Aufbau der Arbeitsplätze, als auch die daraus resultierende zentrale Rechenanlage mit ihren Komponenten. Bei gleichwertigen Alternativen erfolgt die Auswahl eines Produktes nach einer Preissortierung.

Die Annahme eines Produktes für die zu erstellende Konfiguration schließt die Auswahl anderer, mit diesem Produkt nicht mehr verwendbarer Produkte aus. Dadurch werden Unverträglichkeiten der ausgewählten Produkte ausgeschlossen.

Der Ablauf der Konfigurierung wird am Ende der vorliegenden Arbeit beschrieben.

Die Wissensrepräsentation und der implementierte Konfigurierungsalgorithmus wurden hier entworfen, um schnell einen Prototyp eines Expertensystems zu erstellen. Die schnelle Durchführbarkeit eines grafischen Expertensystems für Konfigurationsprobleme wurde demonstriert. Die Wissensrepräsentation wurde nicht mit dem Anspruch gemacht, generelles Muster für vergleichbare Anwendungen zu sein.

Dialogkomponente und graphische Schnittstelle

Die Dialogkomponente wird in (CSD-87) dokumentiert. Sie wurde mit Hilfe der VM/PROLOG < --> GDDM Schnittstelle erstellt (LSH-87). Außerdem wurden von C. Sänger Prädikate von allgemeinem Interesse zur interaktiven Generierung eines graphischen Dialogs unter Benutzung der VM/PROLOG < --> GDDM Schnittstelle geschrieben. Diese beziehen sich auf Menüvorbereitung und -behandlung, graphische Symbole, Texteinmittung in Kasten, usw. Das Layout der Dialogbildschirme beruht auf einer konsistenten Gliederung in einen Informations-, Verarbeitungs-, Steuerungs- und Meldungsbereich.

Über die graphische Schnittstelle kommuniziert der Anwender mit dem System und spezifiziert seine seine Anforderungen. Über sie erhält er die für ihn zu einem Zeitpunkt wichtigsten Ergebnisse des Konfigurationsprozesses.

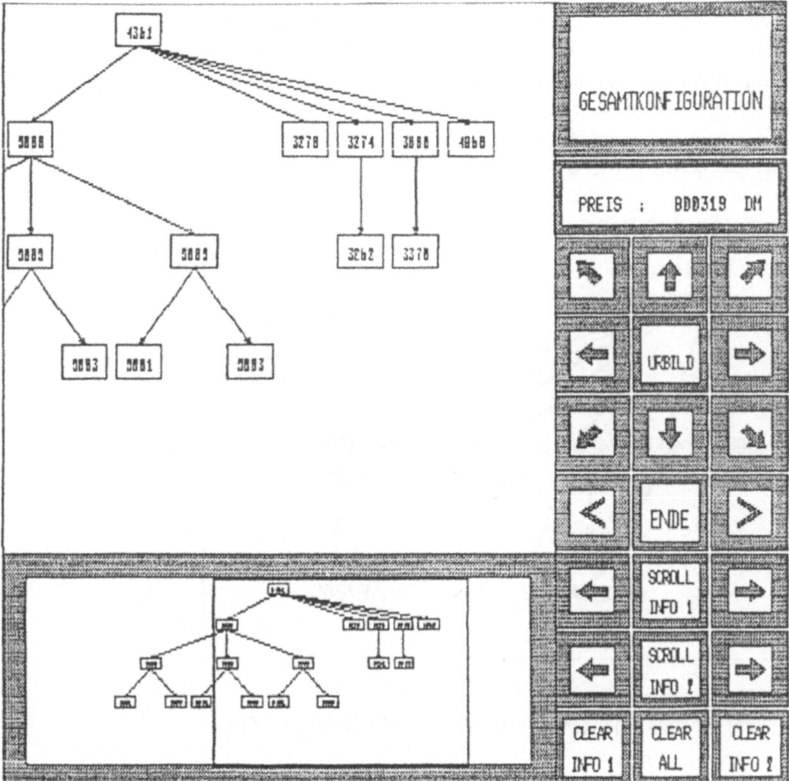

Abb. 6: Konfigurationsausgabe und Manipulationsmöglichkeiten

Der Dialog gliedert sich in zwei Teile: Die Spezifikation der Benutzeranforderungen an die Konfiguration und die graphische Darstellung der Konfiguration mit den aus den Anforderungen abgeleiteten und in die Konfiguration eingebundenen Hardware/Software-Komponenten.

Im ersten Teil des Dialogs werden Daten spezifiziert. Der Bildschirm ist graphisch gestaltet. Spezifikationen werden durch "Anpicken" ausgewählt.

Gemäß der Konfigurierungsstrategie werden Arbeitsplätze individuell spezifiziert. Das Rechenzentrum mit der notwendigen Rechenanlage und den Massenspeichern wird entsprechend angepaßt. Zentralprozessoren und an sie angeschlossene Peripheriegeräte können aber auch direkt ausgewählt werden.

Mit dieser Strategie erhält der Benutzer eine betriebsfähige Konfiguration, die dann im zweiten Abschnitt des Dialogs vom Benutzer weiter graphisch bearbeitet wird. Abb. 6 zeigt eine Konfiguration mit den vom Benutzer angeforderten und den daraus abgeleiteten Komponenten.

Die graphische Konfiguration stellt die Hardwarekomponenten dar. Der Benutzer kann Komponenten anpicken und sich dadurch die Ausrüstung dieser Komponenten (Standardeinrichtungen und die konfigurierten anzeigen lassen.

Die Graphik übernimmt hier auch Funktionen einer Erklärungskomponente. Die Erklärung, warum eine Komponente abgeleitet wurde oder welche Geräte noch auszuwählen sind, kann durch eine Graphikkomponente verständlicher gemacht werden. Abb.7 zeigt, daß ein Bildschirm-Prozessor 5085, wenn er in die Konfiguration hineingenommen wird, mit der Steuereinheit 5088 oder über seine Zusatzeinrichtungen 4805 plus Modem oder 4807 plus Modem oder 5510 plus Modem verbunden werden muß; die weiteren alternativen Anschlüsse sind: der Prozessor RT 6150 Modell A25 oder der Prozessor RT 6150 Modell 20 oder der Prozessor RT 6150 Modell 25 plus seine Zusatzeinrichtung 7860.

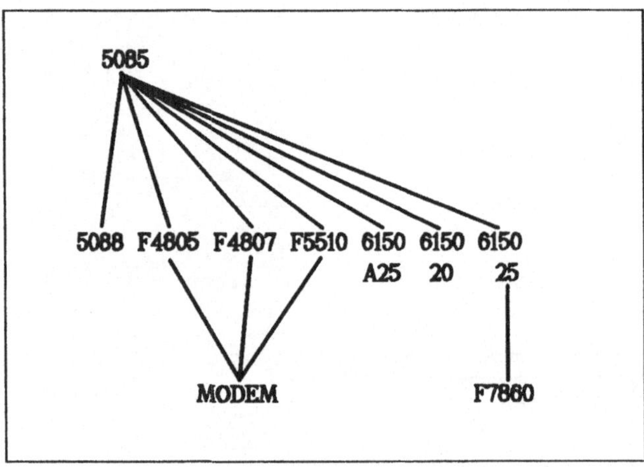

Abb. 7: Konfigurationsbedingungen des Bildschirm-Prozessors 5085

Falls die Auswahl der Hardware- und Software-Komponenten über Attribute dieser Komponenten erfolgen soll, kann dieses durch das in (MLB-87) beschriebene Verfahren des Begriffsverbandes geschehen. Ein Beispielprogramm dafür wurde auch implementiert.

Beschreibung einer Ablaufsequenz des Konfigurierungsprototyp

Die nach der Programmsitzung entstandenen Konfigurationen werden unter einer Konfigurations- und Benutzerbezeichnung für den späteren Gebrauch gespeichert.

Der Benutzer des Systems kann sich in erster Linie zwischen zwei Eingabearten entscheiden, die er auch gemischt benutzen kann.

1. Falls der Benutzer mit IBM-Geräten noch nicht vertraut ist, sie aber für eine bestimmte Anwendung verwenden will, erhält er die Möglichkeit seine Anwendungsbereiche für seine Anwendergruppe(n) mit der entsprechenden Anzahl der Mitarbeitern pro Gruppe zu spezifizieren. Diese Eingabe wird als **"organisatorische Parameter-Eingabe"** bezeichnet. Die Auswahl der Anwendungen spezifiziert die Software-Pakete, die dafür geeignet sind. Die Anzahl der Mitarbeiter bestimmt die Anzahl der Arbeitsplätze, die von dieser Software unterstützt werden.

2. Der IBM-Geräte-Kenner hat die Möglichkeit, seine Geräteauswahl bzw. seinen Konfigurationsaufbau auch direkt durchzuführen. Dies wird als **"technische Parameter-Eingabe"** bezeichnet. Hierdurch können sowohl die Hardware und Software für die Arbeitsplätze als auch für das Rechenzentrum bestimmt werden. Bei dieser Eingabe werden die Hardware- und Software-Typnummer und das Modell bzw. Modul direkt ausgewählt.

Wichtig bei der Auswahl und der Konfiguration ist, daß zu jedem Zeitpunkt und in jeder Stufe der Sitzung nur noch die anschließbare Hardware und die lauffähige Software auswählbar sind. Diese Vorgehensweise erspart dem Benutzer überflüssige Aktionen und gibt ihm einen Überblick über die Kompatibilität der Produkte.

Angenommen, es wurde die erste Eingabeart gewählt, so erhält der Benutzer nach der Angabe der Anwendung und z. B. der Angabe der Mitarbeiteranzahl schon die Möglichkeit, sich eine mögliche Konfiguration anzuschauen. Diese Konfiguration wird ihm graphisch dargestellt. Die Knoten der Baumstruktur sind die Hardwaregeräte. Sie werden durch ihre Typennummer gekennzeichnet. Durch das Anpicken eines Gerätes erscheint auf dem Bildschirm ein Fenster mit einer detaillierten Gerätespezifikation: dem Arbeitsplatznamen, der Klasse des Gerätes, der Modell-Nummer, den notwendigen Zusatzeinrichtungen für dem Konfigurationsanschluß und dem Gerätepreis.

Außerdem wird auch die Software an Lokal- und Zentral-Prozessoren gezeigt. Panning und Vergrösserungsmöglichkeiten der graphisch dargestellte Konfiguration können ebenfalls ausgeführt werden. Dies ist notwendig, falls die Konfiguration sehr groß ist.

Der Benutzer hat auf dieser Stufe schon eine betriebsfähige Konfiguration. Dies ist der Fall, weil sowohl für die Arbeitsplätze als auch für die Zentralanlage Bedingungssätze in der Wissensbasis bestehen, durch die das Ableiten der notwendigen Hardware und Software gewährleistet wird. Dadurch ist der Benutzer sicher, daß seine Konfiguration den Hardware- und Software-Aufbauregeln von IBM entspricht.

Nehmen wir jetzt an, daß der Benutzer seine Konfiguration um einen PC AT-GX erweitern möchte. Er bestimmt über die technische Parameter-Eingabe seine PC-Auswahl bzw. sein PC-Modell und erhält vom System die Möglichkeit, sich die Standards (Eigenschaften) und die Zusatzeinrichtungen zu diesem PC anzusehen bzw. die von ihm gewünschten Zusatzeinrichtungen auszuwählen. Während der Konfigurierung des Arbeitsplatzes erhält er auch zusätzlich die Information, welche Geräte wegen der Auswahl des PCs von der momentanen Arbeitsplatzausstattung ausgeschlossen werden, falls der PC für den Arbeitsplatz angefordert wird. Andere mögliche Geräte können nachträglich ausgewählt und gespeichert werden.

Die graphische Ausgabe der Konfiguration wird jetzt mit zwei Wurzeln auf dem Bildschirm gezeigt, weil für den PC keine zentrale Software ausgewählt wurde; deswegen wird der PC nicht an der zentralen Konfiguration angeschlossen. Der Anschluß des PCs am Zentral-Prozessor geschieht über die Bestimmung der Software am Arbeitsplatz. Sobald mindestens eine zentrale Software für den PC ausgewählt wurde, wird der PC zentral angeschlossen.

Zusätzlich zu den bisher angeführten Eigenschaften der graphischen Dialogkomponente werden dem Benutzer zu jeder Dialogstufe Hilfsfunktionen angeboten. Pickeingabe an Stellen, an denen sie nicht erlaubt sind, wird als Fehler erkannt und dem Benutzer angezeigt.

Zusammenfassung

Der Aufbau eines graphisch-interaktiven Expertensystems zur Konfigurierung von IBM-Hardware und -Software erforderte die Erstellung einer Wissensbasis über IBM-Produkte und über deren Abhängigkeiten sowie die Konstruktion eines Konfigurators und einer graphischen Dialogschnittstelle. Diese Komponenten wurden mit Hilfe der Sprache VM/PROLOG, des Datenbanksystems SQL/DS und des graphischen Programmpakets GDDM verwirklicht.

Die Erstellung dieser Programme, die etwa ein Jahr dauerte, zeigte, daß mit der gegebenen Systemumgebung wissensbasierte Produktkonfiguratoren mit verbesserter Funktionalität und Benutzerfreundlichkeit schneller als mit herkömmlicher Technik erstellt werden können. Die Wissensbasis ist klar vom Konfiguratorprogramm getrennt und läßt sich leicht den ständig wechselnden Produkten der Datenverarbeitung anpassen. Die graphische Schnittstelle erleichtert das Austesten der Programme und den Dialog des Benutzers mit dem System.

Literaturverzeichnis

CSD-87
Sänger C., Beschreibung der Dialogschnittstelle. TH Darmstadt, Fachbereich Informatik, Graphisch-Interaktive Systeme. 1987

EMM-85
Encarnacao J.L., Markov Z., Messina L.A., Models and Methods for decision support systems for evaluating and choosing CAD-Systems, Proceedings of IFIP W.G.5.2 Working Conference on Design Theory for CAD, Okt. 1-3 1985, Tokyo-Japan, Yoshikawa H. (ed), North-Holland

ENC-84
Encarnacao J.L., Hellwig H.-E., Hettesheimer E., Klos W.F., Lewandowski S., Messina L.A., Poths W., Rohmer K., Wenz H., GI/CAD-Handbuch Auswahl und Einführung von CAD-Systemen, Springer-Verlag 1984

HLD-87
Lempert H., Entwicklung eines wissensbasierten Konfigurators für IBM Produkte in VM/PROLOG, TH Darmstadt, FB Informatik, FG Graphisch-Interaktive Systeme, Diplomarbeit, Aug.1987

LAM-87

Messina L.A., Verfahren zur Auswahl und Evaluierung von CAD-Systemen, THDarmstadt, FB Informatik, FG Graphisch-Interaktive Systeme, Nov.87

LSH-87
Luttermann H., Schneider R. und Havemann D., Beschreibung der VM/PROLOG <--> GDDM Schnittstelle

MCD-82
McDermott J., R1: A rule based configurer of computer systems, Artificial Intelligence 19 (1982) 39-88, Amsterdam: North-Holland

MLB-87
Lutz M., Mathematische Grundlagen zum Liniendiagramm und Beschreibung des Beispielprogramms

PMM-86
Prospero M.J., Messina L.A., Towards the construction of graphical interfaces on the basis of geometric models, Proceedings of Eurographics'86, Lissabon, North-Holland.

SOD-87
Schwindt T., Oberle R., Repräsentation von Wissen in VM/PROLOG zur Konfiguration von IBM-Graphik-Hard- und -Software, Diplomarbeit, FG GRIS, FB Informatik, TH Darmstadt, März 87

STR-86
Struss, P.: A Framework for the Multiple Representation of Structure and Function in Expert Systems. In: Rollinger, C.-R. und W. Horn (Hrsg.): GWAI-86 UND 2. Österreichische Artificial-Intelligence-Tagung Ottenstein/Niederösterreich, September 22-26, 1986, Berlin, Heidelberg, New York: Springer-Verlag 1986, S. 318-331

TWS-87
Wu-Shin T., Umstellung der Wissensbasis-Fakten auf SQL/DS. TH Darmstadt, Fachbereich Informatik, Graph.-Interaktive Systeme. 1987

Wissensrepräsentation und Maschinelles Lernen

Werner Emde[1]
Technische Universität Berlin
Fachbereich Informatik
Computergestützte Informationssysteme
Projekt KIT-LERNER
Sekr. FR 5-8, Franklinstr. 28/29
1000 Berlin 10

Claus-Rainer Rollinger
IBM Deutschland GmbH
Projekt LILOG
Postfach 800880
7000 Stuttgart 80

Zusammenfassung

In diesem Aufsatz wird die besondere Problematik der Wissensrepräsentation untersucht, die durch den Einsatz maschineller Lernverfahren zur Wissensakquisition für wissensbasierte Systeme entsteht. Es wird die Notwendigkeit der multiplen Wissensrepräsentation in lernenden Systemen begründet. Ferner wird dargestellt, welche Auswirkungen die Wahl einer Repräsentationsprache bei den bekannten Generalisierungsverfahren auf das Lernergebnis haben kann. Die daraus folgenden Konsequenzen für die Architektur lernender Systeme werden erörtert und in Beziehung zum derzeitigen Stand der Kunst gesetzt.

1. Einleitung

Auf dem Forschungsgebiet des Maschinellen Lernens sind in den letzten Jahren eine Reihe von Anstrengungen zu bemerken, die sich mit der Rollen der Wissensrepräsentation beim Einsatz maschineller Lernverfahren auseinandersetzen (s. z.B. [Dietterich 1986]). Obwohl die Forschungsrichtung des Maschinellen Lernens selbst noch relativ jung ist, hatte das Ausklammern von Problemen, die in Zusammenhang mit der Repräsentation des Wissens stehen, eine lange Tradition.

Die Ursachen für die neueren Anstrengungen sind zum einen in Zusammenhang mit der Entwicklung wissensintensiver Lerntechniken (im Gegensatz zu Lernverfahren, die keinerlei Hintergrundwissen voraussetzen) zu sehen, zum anderen sind dies Folgen der verstärkten Bemühungen, Methoden aus dem Bereich des Maschinellen Lernens für die Konstruktion wissensbasierter

---

[1] Die von W. Emde verfaßten Teile dieses Aufsatzes enstanden im Rahmen des BMFT-Verbundprojektes LERNER mit dem Förderungskennzeichen ITW8501B1. Industriepartner dieses Projektes sind die Nixdorf Computer AG und die Stollmann GmbH.

Systeme und hierbei natürlich insbesondere von Expertensystemen einzusetzen.

Die Probleme der Wissensakquisition und Modellierung eines Weltausschnittes innerhalb von KI-Systemen sind wohl bekannt (s. z.B. [Gaines 1986]) und haben zu verschiedenen Lösungsansätzen geführt. Wir unterscheiden hier zwischen Ansätzen zur Unterstützung der manuellen Wissensakquisition und dem Einsatz von Methoden des Maschinellen Lernens.

Bei den Ansätzen zur Unterstützung der manuellen Wissensakquisition wird unter anderem versucht, den knowledge engineer durch "Programmierwerkzeuge" und geeignete Entwicklungsumgebungen zu unterstützten ([Davis 1979], [Smith/Winston/Mitchell/Buchanan 1985], [Neches/Swartout/Moore 1985]). Sie sollen z.B. die Eingabe von Wissen erleichtern, Inkonsistenzen erkennen oder fehlerhaftes Regelwissen lokalisieren helfen. Daneben wird an der Entwicklung von Werkzeugen gearbeitet, die aktiv Wissen vom knowledge engineer erfragen, indem sie sich Vorwissen über die Art der zu konstruierenden Modelle zu Nutze machen oder indem sie automatisierte Interviewtechniken bereitstellen. In ROGET wird beispielsweise die Konstruktion MYCIN-artiger Expertensysteme durch Rückgriff auf schon existierende Expertensysteme unterstützt [Bennet 1983]. KRITON ist ein Beispiel für ein System, in dem aus der Psychologie stammende Interviewtechniken implementiert sind [Diederich et al. 1986].

Wir wollen uns in unseren Betrachtungen zur Wissensrepräsentation auf die Problematik beschränken, die durch die Verwendung von Methoden aus dem Bereich des Maschinellen Lernens entsteht.[2]
Bei ihnen steht der automatische Wissenserwerb im Vordergrund, der nicht die explizite Eingabe von Wissen auf dem gleichen Abstraktionsnivau voraussetzt, wie es im System verlangt wird. Statt dessen wird dem System die Aufgabe übertragen, empirische oder analytische Verfahren anzuwenden. Beispiele für empirische Verfahren sind die 'Lernen durch Beispiel'-Ansätze, die aus einer Reihe von gegebenen Instanzen eines Konzeptes allgemeine Konzeptbeschreibungen generalisieren. Winston's ARCH-Programm (s.u.) ist eines der prominentesten Vertreter dieser Sparte [Winston 1975]. Bei den von Tom Mitchell propagierten 'learning apprentice systems' [Mitchell/Mahadevan/Steinberg 1985] steht die Anwendung von analytischen Verfahren im Vordergrund, die aus der normalen Benutzung eines Systems Erklärungen für die vom Benutzer verwendeten Lösungsschritte ableiten. Solche Erklärungen können vom System dazu benutzt werden, die Generalisierung von Lösungsschritten des Benutzers zu Problemlösungsmethoden zu beschränken.

Wir beschränken uns in diesem Aufsatz auf Ansätze des Maschinellen Lernens, weil gerade die zusätzliche Aufgabe des Systems, z.B. emprische Lernverfahren einzusetzen, hinsichtlich der Architektur des Gesamtsystems zu Problemen führt, die eine Konsequenz für die Entwicklung von Expertensystemen haben können (s.u.).[3]

2. Ein einfaches Modell lernender Systeme

Den meisten Arbeiten im Maschinellen Lernen liegt implizit oder explizit die Annahme zugrunde, das ein lernendes System aus einem Performanzelement und einer Lernkomponente (Abb. 1) besteht (vgl. [Dietterich et. al. 1982]). Das Performanzelement hat auf der Basis einer ihr zur Verfügung stehenden Wissensbasis eine Aufgabe zu lösen, wobei die Wissensbasis (zum Teil) Ergebnisse von Lernprozessen beinhaltet, die aufgrund von Daten aus dem betreffenden Weltausschnitt und/oder die aus Lösungsversuchen vorhergehender Performanzaufgaben hervorgegangen sind.[4]

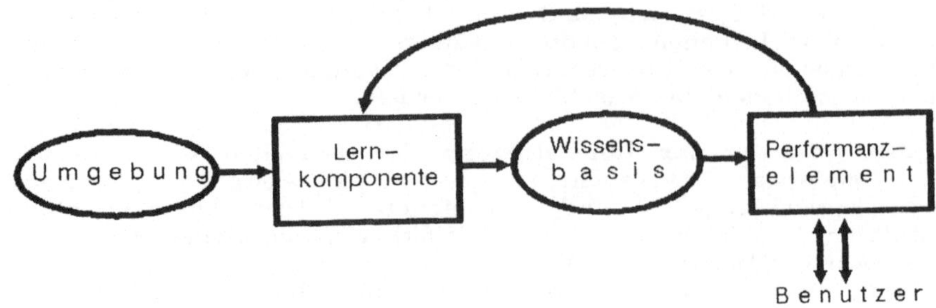

Abb. 1: Ein einfaches Modell lernender Systeme

Diese sehr abstrakte Sichtweise auf lernende Systeme entspricht auch einer von Simon aufgestellten Definition von "Lernen" als Veränderungen eines Systems, die es dem System ermöglichen ("ähnliche") Aufgaben effizienter und effektiver zu lösen, wenn sie erneut zu bearbeiten sind [Simon 1983].[5]

Von Amarel wurde auf eindrucksvolle Weise gezeigt, wie sich die Veränderung der Wissensrepräsentation auf die Effizienz von Problemlösungen auswirkt [Amarel 1968]. Er hat beschrieben, wie eine Problemlösungskomponente die Wissensrepräsentation mit dem Ziel einer effizienten Lösung verbessern kann, indem eine aufgaben-orientierte Transformation der Problembeschreibung (Reformulierung) vorgenommen wird (vgl. [Korf 1980]).

Ähnlich wie das Problemlösen, wird das induktive maschinelle Lernen häufig als heuristische Suche in einem Raum symbolischer Beschreibungen dargestellt (s. z.B. [Simon 1983]). So ist es nicht verwunderlich, daß auch beim

---

[2] Eine Einführung in das Maschinelle Lernen bzw. Überblick und Motivation liefern [Dietterich 1981 et al.], [Carbonell et al. 1983], [Simon 1983] und [Habel/Rollinger 1985].

[3] Andere Probleme der Wissensrepräsentation in lernenden Systemen wie die Frage nach Anforderungen, die von Generalisierungsverfahren an die Mächtigkeit des Repräsentationsformalismus gestellt werden könnten (z.B. hinsichtlich der Darstellbarkeit von "fuzzy concepts" oder Metawissen), werden wir hier nicht behandeln und verweisen dazu auf [Rendell 1985], [Maes 1986].

[4] Bei dieser, für das Maschinelle Lernen typischen, Darstellung lernender Systeme muß hier darauf hingewiesen werden, daß die (oft nur theoretisch vorausgesetzte) Performanzaufgabe existierender Lernprogramme in der Regel sehr einfach ist und die Komplexität von Klassifikationsaufgaben (z.B. "Ist ein formal beschriebenes Objekt ein Bogen?") selten übersteigt und nicht mit den Beratungsaufgaben eines Expertensystems zu vergleichen ist. Auf die damit verbundene Vereinfachung, daß das lernende System bei den bekannten Ansätzen nur über genau eine Lernkomponente mit einem Generalisierungsverfahren besteht, gehen wir später noch ein.

[5] s. [Scott 1984] zu einer Kritik zu dieser Auffassung (s. auch [Habel/Rollinger 1985]).

induktiven Lernen aufgaben-orientierte Transformationen von Beschreibungen sinnvoll und notwendig sein können. Je nach Lernaufgabe kann eine Transformation z.B. durch die Anreicherung einer Repräsentation mit dem Wissen über die spezielle Lernaufgabe zu effizienterem Lernen führen. Transformationen, die von einer aktuellen Lernsituation abhängen, sind z.B. von Dietterich und Michalski für das SPARC/E-Programm beschrieben worden. Eingegebene Beschreibungen von Objekten werden von SPARC/E u.a. mit speziellen "Blockungsoperatoren" umsortiert, bevor induktive Schlüsse vorgenommen werden [Dietterich/Michalski 1985]. Auf diese Weise ist SPARC/E in der Lage, einen sehr grossen Suchraum effizient zu durchsuchen, wobei allerdings die Arten möglicher Transformationen implizit fest vorgegeben sind.

3. Wissensrepräsentations-Formalismen vs. -Sprachen

Fragen der Wissensrepräsentation sind immer Fragen danach, wie ein bestimmter Weltausschnitt zu modellieren ist. Stehen wir vor der Aufgabe, von einem konkreten Weltausschnitt ein Modell in Form eines künstlichen Wissenssystems aufbauen zu müssen, dann stellt sich zunächst die Frage nach dem Formalismus, den wir dieser Arbeit zugrunde legen wollen. In der KI sind zwar eine Vielzahl solcher Formalismen entwickelt worden, aber nach wie vor werden weitere vorgeschlagen und ausgearbeitet. Auch die Prädikatenlogik stellt einen solchen Formalismus dar, der zwar nicht im Sinne der KI als Wissensrepräsentationsformalismus entwickelt wurde, der jedoch häufig und dankbar aufgegriffen und in verschiedenster Hinsicht erweitert wurde. Schmitt [1987] stellt in seinem Beitrag z.B. eine Erweiterung der Prädikatenlogik um Vererbungshierarchien vor. Die folgenden zwei Beispiele sollen deutlich machen, warum Erweiterungen vorgenommen werden, die von Logikern z.T. als - im Sinne der Logik - vollkommen trivial und überflüssig oder als unsinnig, da nicht lösbar angesehen werden.

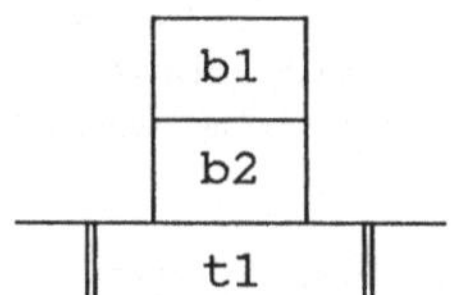

1. Version:
   block(b1) & block(b2) & tisch(t1) &
   auf(b1, t1) & auf(b2, b1) & gelb(b1) & rot(b2)

2. Version:
   inst(t1, tisch) & inst(b1, block) & inst(b2,block) &
   position(b1, t1, auf) & position(b1, b2, unter) &
   farbe(b1, gelb) & farbe (b2, rot)

Abb. 2

In Abb. 2 stellen wir zwei verschiedene Möglichkeiten vor, wie ein sehr kleiner Weltausschnitt mit den Mitteln der Prädikatenlogik dargestellt werden kann. Es ist offensichtlich, daß sich fast beliebige weitere Möglichkeiten finden lassen. Bei beiden Versionen haben wir bestimmte Vereinbarungen getroffen, was Namen und Stelligkeit von Prädikaten sowie was die Konstanten anbelangt. Diese Vereinbarungen führen dazu, daß pro Version eine Wissensrepräsentationssprache vorliegt. Beide Sprachen basieren auf ein und demselben Formalismus. Die Sprachen haben wir benutzt, um Modelle des Weltausschnittes aufzubauen.

Wenn wir diese Sprachen miteinander vergleichen, dann stellen wir fest, daß alle Prädikatsnamen von Version-1 in Version-2 als Konstanten auftreten, die Prädikatsnamen von Version-2 in Version-1 jedoch kein Äquivalent haben. Im Version-1-Weltmodell können wir nicht wissen, daß 'gelb' und 'rot' Farben sind, daß 'tisch' und 'block' Typen von Objekten sein können etc. Das Version-2-Weltmodell ist informationsreicher als das der Version-1, da wir die Dinge der Welt bereits geordnet haben und diese Ordnungsprinzipien mit der Sprache der Wissensrepräsentation zur Verfügung gestellt haben. Wir haben Wissen über die Welt in die Sprache inkorporiert und von daher ist es möglich, nicht nur Weltmodelle im Hinblick auf ihren Informationsreichtum zu betrachten, sondern auch Repräsentationssprachen. Vergleichen wir nun die Weltmodelle miteinander, dann stellen wir fest, daß die Tatsache, daß Version-2 informationsreicher ist als Version-1, es mit sich bringt, daß wir eine Klasse von Problemen feststellen können, die zwar in Version-2 behandelt werden kann, nicht aber in Version-1, z.B. (wenn wir eine geschlossene Welt annehmen) die Beantwortung der Frage: Welche Objekt-Arten haben eine Farbe?

Definition:

Wenn die auf der Grundlage eines Weltmodells WM-1 lösbaren Problemen lP-WM-1 eine echte Teilmenge der auf der Grundlage eines Weltmodells WM-2 lösbaren Probleme lP-WM-2 sind und die verwendeten Repräsentationssprachen dem selben Formalismus entspringen und sich sowohl WM-1 als auch WM-2 auf denselben Weltausschnitt beziehen, dann ist die Repräsentationssprache, in der WM-1 beschrieben wurde informationsreicher als die, in der WM-2 beschrieben wurde.[6]

Definition:

Zwei Repräsentationssprachen sind dann informationsäquivalent, wenn die sich bei der Beschreibung eines Weltausschnittes ergebenden Weltmodelle informationsäquivalent sind, d.h. wenn die Mengen der jeweils lösbaren Probleme gleich sind.

Legen wir einen Formlismus wie die Prädikatenlogik zugrunde, dann steht uns eine imens große Alternativenmenge von möglichen Repräsentationssprachen zur Verfügung. Ziel der Forschung der KI bei der Entwicklung von Repräsentationsformalismen ist es, diese Alternativenmenge so relevant einzuschränken, daß bei einem gegebenen Weltausschnitt und einem zu behandelnden Problembereich möglichst nur eine Repräsentationssprache zur Verfügung steht.

Wenn dieses gelungen ist, dann ist auch eines der wesentlichsten Probleme der KI gelöst, ein Problem, mit dem zur Zeit der Knowledge-Engeneer als Experte in aller erster Linie zu kämpfen hat.

Daß dieses Problem noch weitere Facetten hat, wird in den weiteren Ausführungen deutlich werden; eine sei hier noch aufgeführt. Wenn wir als Formalismus semantische Netze wählen, die bekanntermaßen im Gegensatz zur Prädikatenlogik durch die Blockierung des Vererbungsmechanismus

---

[6] Aus dieser Definition ergibt sich, daß WM-1 informationsreicher als WM-2 ist, vorausgesetzt, daß WM-1 und WM-2 abgeschlossen sind.

nicht-monotone Eigenschaften aufweisen, dann stehen wir zwar auch vor der Aufgabe, eine geeignete Sprache festlegen zu müssen, wir haben hier aber das zusätzliche Problem, daß bereits bei scheinbar informationsäquivalenten Sprachen es Probleme geben kann, die nur auf der Grundlage eines in der einen Sprache beschriebenen Weltmodells gelöst werden können, nicht aber auf der Grundlage eines in der anderen Sprache beschriebenen Weltmodells. Damit sind die Sprachen aber auch nicht informationsäquivalent. Sie sind "scheinbar informationsäquivalent", weil in beiden Sprachen äquivalente Konzepte enthalten sind, die nur unterschiedlich realisiert werden.

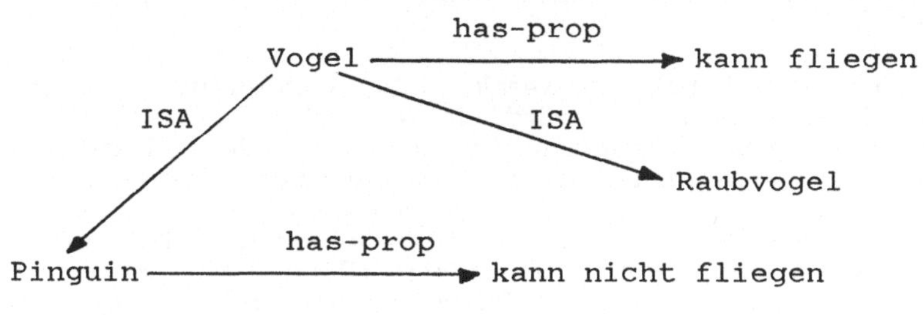

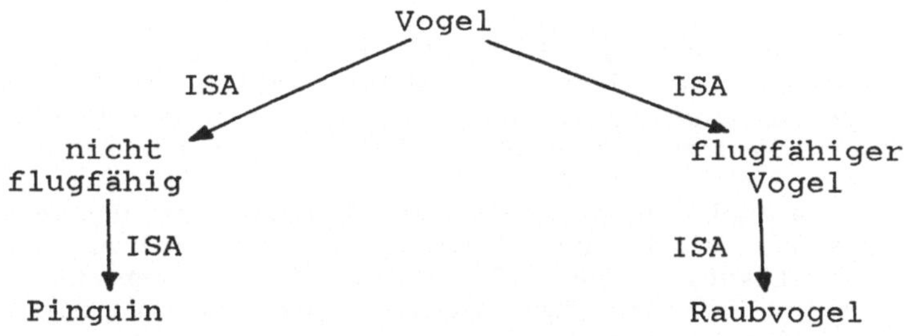

Abb. 3: Semantische Netze

Je nachdem, ob wir die Flugfähigkeit von Vögeln als Eigenschaftsknoten an den generischen Knoten Vogel anlagern und diese Eigenschaft für z.B. Pinguine blockieren, oder ob wir diese Eigenschaft in einem anderen generischen Knoten unter dem Knoten Vogel als "flugfähige Vögel" realisieren, werden wir Default-Schlüsse durchführen können oder nicht.

Wenn wir einem Weltmodell ein Performance-Element - einen Prozessor - zuordnen, dann ist die Leistungsfähigkeit dieser Komponente u.a. von dem Formalismus bestimmt, der der Sprache, in der das Weltmodell beschrieben ist, zugrunde liegt, und von den Konzepten, die in der Sprache vereinbart wurden.

Stellt man nun fest, daß ein Problem in Relation zu einem Weltmodell und des dazugehörigen Prozessors nicht lösbar ist, dann stellt sich die Frage, ob es nicht möglich ist, entweder das vorhandene Weltmodell durch eine Erweiterung/Veränderung der WR-Sprache automatisch so zu verändern, daß das Problem mit dem vorhandenen Prozessor lösbar wird, oder aber das Weltmodell in ein in einer anderen Sprache beschriebenes Weltmodell zu transformieren, für das ein Prozessor bereitsteht, der das Problem lösen wird. Hier spricht man auch von Wissenskompilation.[7]

Wie von Luck und Schneider [1987] in ihrem Beitrag richtig ausführen, ist diese Transformation dann möglich, wenn für beide Sprachen je eine formale Semantik existiert und die Beziehung diese Semantiken zueinander geklärt ist. Damit decken wir z.Z. jedoch lediglich den 'trivialen' Fall ab, da für im Sinne von Habel [1987] interessante Wissenssysteme, nämlich inkonsistente und nicht-monotone, bislang keine befriedigende formale Semantik vorliegt. Für die Forschung mag dieses eine Herausforderung sein, die auch in verschiedenster Weise angenommen wurde, für die Anwendung von KI-Verfahren z.B. im Rahmen von Expertensystemen sei an dieser Stelle gewarnt: Lösungen dieser Probleme stehen derzeit nicht in Aussicht, auch wenn sie noch so dringend benötigt werden.

Kommen wir noch einmal auf die vereinfachte Architektur eines lernenden Systems aus Abbildung 1 zurück. Wird ein lernendes System bestehend aus zwei Komponenten, dem Performanzelement und der Lernkomponente, beschrieben, so liegt der Gedanke nahe, daß innerhalb des Systems für die Performanz- und die Lernaufgabe unterschiedliche Wissensrepräsentationsformalismen "vorteilhaft" sein können. Daß dies in der Tat der Fall ist, wurde u.a. von Holte gezeigt [Holte 1986]. Er hat Beispiele dafür angegeben, daß eine "Informationsstruktur", die für die Performanzaufgabe gut geeignet ist, ein weniger effizientes Lernen zur Folge haben kann.[8]

Wir wollen auf zwei weitere Beispiele verweisen, die ein Indiz dafür sind, daß ein Hinweis auf die Effizienz, die durch geschickte Wahl einer Sprache gewonnen werden kann, nur eine Antwort auf die Frage ist, ob unterschiedliche Repräsentationen in Lern- und Performanzelement "vorteilhaft" sein können.

Setzt man die Performanzaufgabe eines lernenden Systems mit der eines Expertensystems gleich, das die Aufgabe hat, Beratungsdialoge zu führen, dann wird deutlich, daß die Lösung einer Performanzaufgabe verschiedene Wissensarten erfordern kann. Neben dem Wissen über die empirischen Regularitäten in einem Bereichsmodell, wie sie z.B. von einem Generalisierungsverfahren aufgedeckt werden können, wird terminologisches Wissen genauso benötigt wie Wissen über die Benutzer des Systems. Die Implementierung eines Beratungssystems kann es aber erforderlich machen, diese unterschiedlichen Wissensarten zusammen in einem Formalismus zu repräsentieren, so wie es von den Expertensystemen-Shells der EMYCIN-Architektur bekannt ist.

---

[7] Im eigentlichen Sinne versteht man unter Wissenskompilation die Übersetzung in eine Darstellung, die eine effizientere Problemlösung ermöglicht.

[8] Holte beschränkt sich in seinem Aufsatz auf die einfache Form des "rote-learning", einer Form des Lernens, die keine Generalisierungen erfordert und nur auf das "Erinnern" ausgerichtet ist.

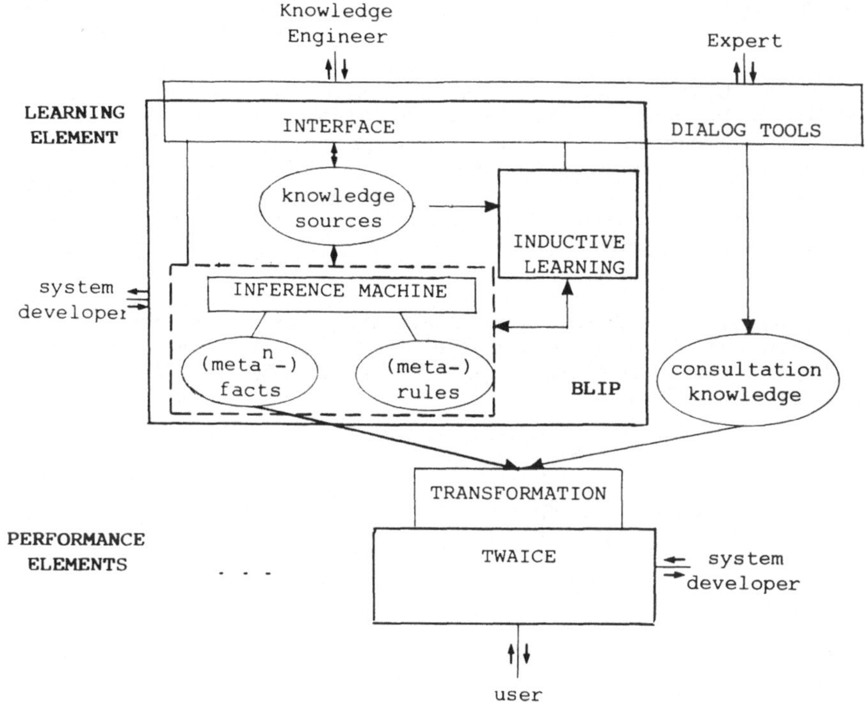

Abb. 4: Grobe Architektur von LERNER

In Systemen dieser Art hängt die Repräsentation von Wissen u.a. entscheidend davon ab, welche Konsultationsziele das System zu verfolgen hat. Um eine konsultationsziel-unabhängige Akquisition von Bereichsmodellen für die EMYCIN-artige Expertensystem-Shell TWAICE [Mescheder 1985] zu ermöglichen, wurde in [Emde/Morik 1986] eine System-Architektur (Abbildung 2) vorgeschlagen, die auf einer multiplen Wissenrepräsentation beruht. Während die Lernkomponente (BLIP) auf einer logik-orientierten Wissensrepräsentation basiert, werden im Performanzelement (TWAICE) Produktionsregeln verwendet. Dies ermöglicht die mehrfachen Verwendung von Lernergebnissen für unterschiedliche Konsultationsziele wie auch für verschiedene Performanzelemente (Expertensysteme).

Von Flann/Dietterich wurde gezeigt, daß multiple Wissensrepräsentationen auch dadurch erforderlich werden können, weil die Lernkomponente und das Performanzelement durch ihre Prozeßorientierung auf unterschiedliche Aspekte eines Konzeptes ausgerichtet sind [Flann/Dietterich 1986]. So ist in ihrem WYL-Programm das Lernelement auf eine funktionale Beschreibungen von Beispielen angewiesen, während das Performanzelement strukturelle Beschreibungen verarbeitet.

4. Der Detailliertheitsgrad und die Veränderung von WR-Sprachen

Im Maschinellen Lernen standen die längste Zeit (und sie tun dies auch heute noch) die Lernverfahren im Vordergrund des Interesses. Man hat sich also in erster Linie dem Prozessor gewidmet, der auf ein Weltmodell angewandt wird und dieses dahingehend verändert, daß weitere Fakten bzw. Regeln über den Weltausschnitt hinzugefügt werden, die es ermöglichen Probleme besser zu lösen als zuvor. Wir wollen im weiteren drei kleine Beispiele betrachten, und da die Aspekte der Wissensrepräsentation und der Ergebnisse der Lernprozesse beleuchten.[9]

Wir betrachten die Situation in Abb. 5 als zu repräsentierenden Weltausschnitt und vergleichen die Weltmodelle und die gewählten Sprachen von Winston für das Arch-System, von Dieterich und Michalski für INDUCE 1.2 und von Hayes-Roth für SPROUTER.

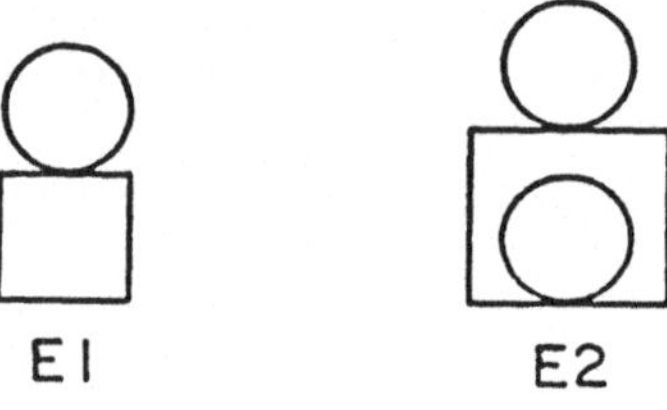

Abb. 5: E_1 und E_2

Winston wählt auf der Grundlage des Semantischen Netze Formalismus eine vergleichsweise reiche Sprache, in der Konzepte wie 'Größe' und 'Objekte' enthalten sind. Den Default-Mechanismus nutzt Winston zwar nicht aus, wohl aber den Vererbungsmechanismus.

---

[9] Eine detailliertere Beschreibung der Verfahren kann in Habel/Rollinger [1985] oder in Dieterich/Michalski [1983] nachgelesen werden.

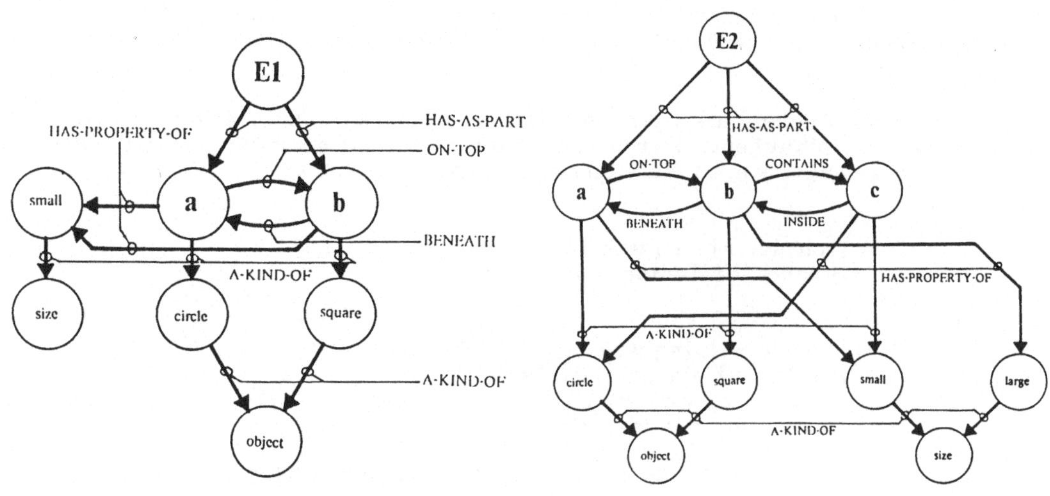

Abb. 6: Repräsentation bei ARCH

Diese Darstellungsweise ist problemlos überführbar in prädikatenlogische Ausdrücke, wobei allerdings die Transitivität von z.B. A-KIND-OF explizit gemacht werden müßte. Verallgemeinerungen können über Structure-Sharing vorgenommen werden, wobei nicht-passende Knoten zu einem leeren Knoten verallgemeinert werden müssen, um Structure-Sharing zu erzwingen. Die leeren Knoten bei Radig [1987] sind z.B. als Verallgemeinerungen interpretierbar.[10]

Dietterich und Michalski wählten für INDUCE 1.2 die Prädikatenlogik als Formalismus und nutzen dabei Funktionen für die Eigenschaften von Objekten und Relationen um strukturelle Beziehungen darzustellen.

E_1 :

    I v1, v2
        [size(v1) = small] & [size(v2) = small] &
        [shape(v1) = circle] & [shape(v2) = square] &
        [ontop(v1, v2)]

E_2 :

    I v1, v2, v3
        [size(v1) = small] & [size(v2) = large] &
        [size(v3) = small] & [shape(v1) = circle] &
        [shape(v2) = square] & [shape(v3) = circle] &
        [ontop(v1, v2)] & [inside(v3, v2)]

Abb. 7: Repräsentation bei INDUCE 1.2

Die expliziten Begriffshierarchien fehlen hier, wodurch Verallgemeinerungen

---

[10]   Eine weitere Möglichkeit der Verallgemeinerung bei semantischen Netzen, die Winston allerdings nicht nutzt; besteht darin, Eigenschaftsknoten in der A-KIND-OF Hierarchie (üblicherweise als ISA-Hierarchie bezeichnet) nach oben zu reichen.

über Größe oder Umriß nur dann möglich sind, wenn Disjunktionen als
Verallgemeinerungen erlaubt sind, und genau diese lassen Dietterich und
Michalski hier zu.

Hayes-Roth reichen als Sprache Attribut-Wert-Paare aus, mit parametrisierten
Strukturbeschreibungen. Durch konsistente Parameterbindungen zwischen den
Beispielen gelangt man zu Verallgemeinerungen.

E_1 :

       {{circle: a} {square: b} {small: a}
       {small : b} {ontop : a, under: b}}

E_2 :

       {{circle: c} {square: d} {circler: e}
       {small : c} {large : d} {small : e}
       {ontop : c, under : d}
       {inside: e, outside: d}}

Abb. 8: Repräsentation bei SPROUTER

Bei dieser Darstellung fehlen die Ordnungskriterien 'Größe', 'Umriß' und
Objektart', die die beiden anderen Repräsentationen zur Verfügung gestellt
haben. Hier dürfte also auch die informationsärmste Repräsentation vorliegen.

Nachdem wir nun Beispiele für die drei Repräsentationssprachen vorgestellt
haben, betrachten wir eine neue Szene mit drei Beispielen und die jeweiligen
Generalisierungen, die sich daraus ergeben. Wir verzichten dabei auf die
formale Darstellung sowohl der Weltmodelle als auch der Generalisierungen.

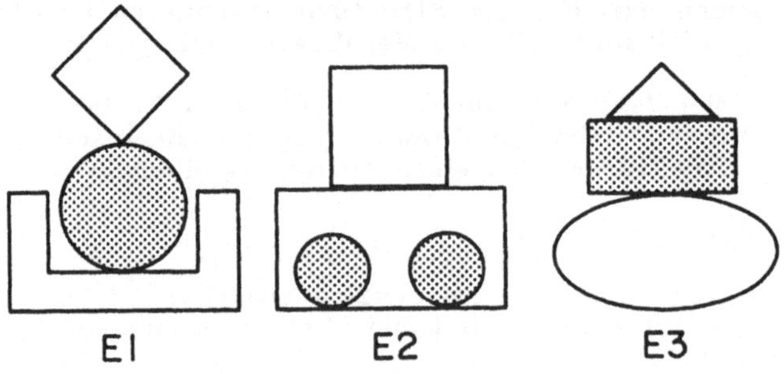

Abb. 9: E_1 - E_2 - E_3

Wir wollen zunächst eine intuitiv naheliegende Verallgemeinerung dieser drei
Beispiele geben, die von keinem der Verfahren erzeugt wird:

    Jedes Beispiel ist aus drei unterschiedlichen Teilen zusammengesetzt, von
    denen eines gerundet und ein anderes ein Viereck ist. Zwei dieser Teile
    sind farblos und eines ist schattiert.

Vielleicht wird deutlich, daß es in einer gewissen Weise mühselig ist, solche
Verallgemeinerungen zu erzeugen, mühselig deshalb, weil nicht klar oder
bekannt ist, wofür man sie erzeugen soll.

Die oben erwähnten Systeme kommen nun zu den folgenden
Verallgemeinerungen[11] :

ARCH[12]

1. Ein mittleres, farbloses Polygon ist auf einem anderen Objekt mit Größe und Textur. Es gibt ein weiteres Objekt mit Größe und Textur. [$E_3 E_1 E_2$]

2. Es gibt ein großes, farbloses Objekt. [$E_1 E_2 E_3$]

SPROUTER

1. Ein mittleres, farbloses Objekt auf irgendetwas.

2. Ein mittleres Objekt auf einem großen, farblosen Objekt.

3. Es gibt ein mittelgroßes, farbloses, ein großes, farbloses und ein schattiertes Objekt.[13]

INDUCE 1.2

1. Zwei Objekte, von denen das eine (farbloses, mittelgroßes Polygon) auf dem anderen (mittelgroßes oder großes Rechteck oder Kreis) ist.[14]

2. Zwei Objekte, von denen das eine (mittelgroßes Quadrat, Rechteck oder Kreis) auf dem anderen (große, farblose Box, Rechteck oder Ellipse) ist.

3. Ein Objekt, mittelgroß oder groß, schattiert, Kreis oder Rechteck.

Wir haben den automatisch erzeugten Verallgemeinerungen eine intuitive vorangestellt, nicht nur um zu zeigen, wie vielfältig hier Verallgemeinerungen möglich sind, sondern auch um darauf hinzuweisen, daß durch diese Verfahren jeweils nur ein Ausschnitt der möglichen Verallgemeinerungen erzeugt wird. Es ist weitgehend im Dunkeln geblieben, warum ein Verfahren gerade diese Verallgemeinerungen erzeugt und keine anderen. Klar ist, daß es einen

---

[11] Alle drei Verfahren produzieren alternative Verallgemeinerungen, die am weitesten gehende ist die erste von ARCH, die zweitbesten die von INDUCE und die informationsärmsten sind die von SPROUTER, entsprechend der Beurteilung der jeweils verwendeten Sprache.

[12] Bei dem Arch-System spielt die Reihenfolge, in der die Beispiele präsentiert werden, eine entscheidende Rolle. Dies ist nicht unbedingt negativ zu sehen, setzt aber voraus, daß, wenn ein bestimmtes Lernziel erreicht werden soll, die Lernsequenz didaktisch aufbereitet werden muß. Es ist auch erwähnenswert, daß Arch in der Lage ist, ein Quadrat und ein Dreieck zu einem Polygon zu verallgemeinern, hier spielt in die Sprache eingebrachtes Weltwissen eine Rolle. Daß Objekte sowohl eine Größe als auch eine Textur haben, ist hier hingegen trivial weil nicht diskriminierend.

[13] Bei dieser Verallgemeinerung wird das zweite schattierte Objekt von E2 unterschlagen (Dropping Condition Rule). Der Grund ist, daß nicht zwischen Objekt und Objektart unterschieden werden kann.

[14] INDUCE 1.2 soll in der ersten Verallgemeinerung ein Polygon erkennen was verwundert, da die Sprache dieses eigentlich nicht erlaubt. Den Ausführungen von Dietterich und Mickalski ist nicht zu entnehmen, wie ihnen dieser gelingt. Wichtig ist allerdings das Mittel der Disjunktion, das die Ausdruckskraft der Verallgemeinerungssprache doch wesentlich erhöht.

größeren Raum möglicher Verallgemeinerungen gibt, und daß es von dem Informationsreichtum des Weltmodells bzw. der verwendeten Beschreibungssprache abhängt, welche Verallgemeinerungen erzeugbar sind und welche nicht. Hinzu kommt allerdings das verwendete Lernverfahren, das Heuristiken benutzt, um die Menge der jeweils möglichen Verallgemeinerungen auf die der "gewünschten" zu reduzieren. Da diese Heuristiken ebensowenig wie die Repräsentationssprachen, die von ihnen festgelegt sind, ein wie auch immer geartetes Lernziel explizit reflektieren, bleibt das Lernergebnis künstlich bzw. zufällig. Erst ein explizites Lernziel etabliert die Beziehung zwischen einer zu lösenden Aufgabe und möglichen Veränderungen/Erweiterungen des zugrundliegenden Weltmodells:

> Das Lernziel besteht darin, diejenige Veränderung/Erweiterung des Weltmodells zu erreichen, die die Bearbeitung eines Problems am besten unterstützt.

Und hiermit sind wir der oben gegebenen Definition für "Lernen" von Simon [1983] sehr nahe gekommen.

Der Übergang von LEX zu LEX II, den Mitchell et al. [Mitchell 1983] vollzogen, trug genau dieser Einsicht Rechnung. Dem Generalisierer wurde explizit das Lernziel vorgegeben, nämlich Heuristiken zur Anwendung von Operationen auf Integrale zu finden, die zur Auflösung der Integrale führen. Die Sprache, die der Generalisierer verstand, beruhte dabei auf der Prädikatenlogik, wohingegen die Sprache die der Problemlöser benutzte, um die Integrale aufzulösen, aus Produktionsregeln bestand. Die Problemlösungen wurden in Ausdrücke der Prädikatenlogik überführt und die Ergebnisse des Generalisierers in Produktionsregeln.

Hier wird nun etwas deutlich, was wir oben bereits angekündigt haben und worauf auch Flann und Dietterich [1986] hinweisen: Die Repräsentationssprachen sind prozess-orientiert. Ein Problemlöser für eine bestimmte Popultation von Aufgaben braucht eine andere Sprache als ein Problemlöser für eine andere Population von Aufgaben, z.B. für Generalisierungen. Wir können grob drei Klassen von Repräsentationen unterscheiden:

- strukturelle Repräsentationen, die die Struktur der Objekte hervorheben

- funktionale Repräsentationen, die die Funktion der Objekte betonen, und

- verhaltensorientierte Repräsentationen, die das Verhalten der Objekte beschreiben.

Jede dieser Klasse von Repräsentationen eignet sich für eine entsprechende Population von Aufgaben. Wenn uns nun eine komplexe Aufgabe vorliegt, die in verschiedene dieser Aufgabeklassen hineinfällt, wie z.B. die Entwicklung eines Expertensystems, das sowohl über eine Lernkomponente als auch über eine Problemlösungskomponente verfügen soll, dann muß dieses komplexe Problem in Teilprobleme dekomponiert werden, für die sowohl eigene Sprachen als auch Prozessoren zur Verfügung stehen. Zu lösen ist dann "nur noch" das Problem, Ausdrücke der einen Sprache in Ausdrücke einer anderen Sprache zu transformieren. Daß dieses selbst dann nicht trivial ist, wenn die Sprachen demselben Formalismus entspringen, darauf haben wir bereits hingewiesen. Was aber auch klar sein sollte, ist, daß nicht alle komplexen Probleme in einer solchen Weise in unabhängige Teilprobleme dekomponiert werden können. Solche Probleme können wir mit dieser Herangehensweise auf keinen Fall lösen.

Nun gibt es aber gute Gründe für diese Vorgehensweise, die wir z.T. auch bereits erwähnt haben. Wie im Bereich des Maschinellen Lernens spezielle

Lernverfahren entwickelt wurden, so standen in anderen Bereichen bestimmte andere Populationen von Aufgaben im Vordergrund und für diese Populationen konnten Prozessoren entwickelt werden, die nun zu Verfügung stehen. Hinzu kommt, daß zwischen dem Detailliertheitsgrad einer Repräsentation oder Problembeschreibung und der Größe des Suchraumes, die der Prozessor zu durchsuchen hat, die bekannte Beziehung besteht, daß der Suchraum bei wachsender Detailliertheit exponentiell größer wird.[15]

Würden wir die drei Klassen von Repräsentationen in einer Sprache erfassen wollen, dann hätte dies zur Folge, daß der hohe Detailliertheitsgrad einen nicht zu bewältigenden Suchraum schaffen würde für Prozessoren, die noch nicht zur Verfügung stehen. Zwar würde uns dieses die Behandlung von Problemen ermöglichen, die bislang nicht behandelbar waren, andererseits würde aber der Aufwand für die Lösung einfacher Probleme entsprechend zunehmen.[16]

Diese Erkenntnisse haben nun dazu geführt, daß man Verfahren untersucht, die die Repräsentationen den zu lösenden Problemen anpassen, sei es durch Erweiterungen der Sprache, wie dies in LEX II [Mitchell 1983] oder in METAXA [Emde/Habel/Rollinger 1983] ansatzweise realisiert wurde, oder durch Einschränkungen, die den Suchraum reduzieren. Zu letzterem Vorgehen hat van Someren [1986] verschiedene Vorschläge unterbreitet, die hier nur angedeutet werden können. Zum einen schlägt er vor, sowohl unmögliche, als auch universelle Attribute aus der Sprache zu entfernen, da diese nicht diskriminierend wirken; bei den oben aufgeführten Verallgemeinerungen sind solche universellen Attribute Bestandteil gewesen. Entfernt werden können sie allerdings nur dann, wenn die Welt geschlossen ist und wir die gesamte Extension kennen, oder wenn dieses von "außen" mitgeteilt wird. Zum zweiten können korrelierende Attribute zusammengefaßt werden und abhängige Attribute aufgelöst und in die Sprache integriert werden. Mit diesen Mitteln reduziert man sicherlich die Ausdruckskraft der Sprache, was unter einem operationalen Gesichtspunkt sicherlich gut ist. Allerdings verschwindet viel Wissen im impliziten Bereich, wodurch die Klasse der lösbaren Aufgaben auch eingeschränkt werden kann.[17]

5. Konsequenzen

Wir halten fest, daß man sein Wissen in einer ganz bestimmten Art und Weise repräsentieren muß, wenn man ein bestimmtes Lernergebnis mit einem vorgegebenen Lernverfahren erzielen will, und daß es für allgemeine

---

[15] Daß bei vielen Lernsystemen und -Verfahren auf die Disjunktion in der Generalisierungssprache verzichtet wird, hat genau hierin seine Ursache - mit Disjunktion wird der Suchraum relevant größer.

[16] Es sei an dieser Stelle - wenn auch nur kurz - auch auf diejenigen Probleme verwiesen, die aufgrund einer zu mageren Repräsentation nur mit großem Aufwand zu lösen sind. Erhöht man hier den Detaillierheitsgrad, dann sinkt der Aufwand drastisch. Bei diesen Problemen handelt es sich um die Grenzfälle, die den Randbezirk der behandelbaren Problempopulation bevölkern; im Zentrum befinden sich die Probleme, die sehr effizient bearbeitet werden können.

[17] Zu einer Kritik dieses Ansatzes, insbesondere was die Behandlung abhängiger Attribute anbelangt, siehe [Rollinger 1987].

Formalismen wie Semantische Netze oder Prädikatenlogik keine Lernverfahren
gibt. Will man nun Lernverfahren bei z.B. Expertensystemen einsetzen, dann
stehen wir vor dem oben erwähnten Problem, daß der Problemlöser u. U. eine
ganz andere Repräsentation erfordert als das Lernverfahren und wir die
Sprachen respektive die Weltmodelle ineinander transformieren müssen. Hierfür
fehlen z.T. die theoretischen Grundlagen vollständig und die vorhandenen
Lösungen sind als ad hoc und rein vorläufig zu betrachten. Haben wir gar ein
hybrides System, wie z.B. BABYLON [di Primio / Bungers / Christaller 1985],
dann verschärft sich das Problem in zweierlei Hinsicht: Zum einen müssen wir
davon ausgehen, daß mehrere Lernverfahren benötigt werden und zum anderen
wissen wir, daß für die Repräsentationssprachen des Systems unterschiedliche
Formalismen Pate standen. Und mit dem nicht genug. Wir haben ausgeführt, daß
zumindest die Lernkomponenten bemüht sind, die verwendeten
Repräsentationssprachen zu verändern, durch neue Konzepte zu ergänzen oder
durch das Entfernen von Attributen zu vereinfachen. Die
Transformationskomponenten müssen somit ein Spektrum von Sprachen
transformieren können und nicht nur genau eine Sprache in eine andere.

Die Situation, die sich hieraus ergibt sei mit Abb. 10 angedeutet:

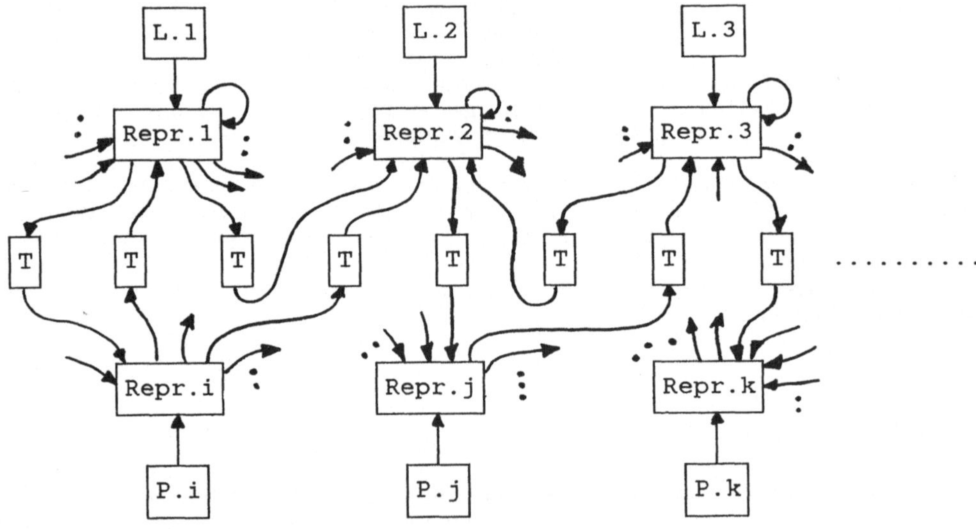

Abb. 10: Der derzeitige Stand ?

Gegeben seien drei Problemlösungskomponenten (P.i - P.k) und nur drei
Lernverfahren (L.1 - L.3) mit ihren speziellen Repräsentationssprachen, dann
benötigen wir im ungünstigsten Fall, der vorsieht, daß für alle Sprachpaare in
jede Richtung eine Transformationskomponente benötigt wird, 2*5!=30 einzelne
Komponenten! Entsprechend der Einschränkung auf spezielle Aufgabenbereiche
läßt sich diese Anzahl sicherlich verringern, der wesentliche Fortschritt wird
aber erst dann erreicht sein, wenn die theoretischen Grundlagen für derartige
Transformationen gelegt worden sind.

Der Eindruck, daß hier von der KI ein Problembereich vor sich hergeschoben
worden ist, sollte ganz bewußt erzielt werden. Die oben beschriebene Situation
erinnert nämlich sehr stark an den im EUROTRA-Projekt verfolgten Ansatz zur
Maschinellen Übersetzung. Dort werden pro natürlicher Sprache eine
Repräsentationssprache entwickelt und das Übersetzungsproblem in die
Transformationskomponenten verlagert, die die sprachbezogenen

Repräsentationen ineinander überführen sollen. Wie und aufgrund welcher theoretischer Grundlagen letzteres zu bewerkstelligen ist, weiß dabei (auch) niemand.

Die weitere Forschung wird sich sicherlich mit diesem Grundproblem befassen müssen, allein schon weil wir für bestimmte Formlismen dringend eine formale Semantik benötigen. Man muß sich aber auch fragen, ob es immer notwendig sein wird, ein Weltmodell komplett in ein anderes transformieren zu können oder ob die Aufgabe eines Tages nicht darin bestehen wird, nur die in der anderen Sprache darstellbaren Teile zu transformieren, sozusagen Transformationen innerhalb eines hybriden Weltmodells zu untersuchen, so wie Habel [1987] dies ansatzweise für räumliches Wissen und räumliche Vorstellungen vorschlägt. Dies würde aber voraussetzen, daß man sich stärker als bislang der Frage widmet, was eigentlich Wissen für eine "Materie" ist, und ob nicht aus ihr selbst heraus Repräsentationsformen abgeleitet werden können, für die dann wieder Prozessoren zu entwickeln wären. Diese Umkehrung der Forschungsstrategie könnte langfristig ebenfalls einen Beitrag zur Lösung des Transformationsproblems leisten.

Literatur

Amarel, S. (1968): "On Representation of Problems of Reasoning about Actions"; In: B. Meltzer/ D. Michie (eds.): Maschine Intelligence, Vol. 3, University of Edinburgh Press, S. 131-171.

Bennett, J.S. (1983): "ROGET: A Knowledge-Based Consultant for Acquiring the Conceptual Structure of an Expert System"; Stanford Heuristic Programming Project, October 1983

Carbonell, J.G./Michalski, R.S./Mitchell, T.M. (1983): "An Overview of Machine Learning"; In: Michalski/Carbonell/Mitchell (eds.): Machine Learning; Tioga Press, Palo Alto.

Davis, R. (1979):"Interactive Transfer of Expertise: Acquisition of New Inference Rules"; In: Artificial Intelligence 12, S. 121-157.

Diederich, J./ Ruhmann, I./ May, M. (1986): "KRITON: A Knowledge Acquisition Tool for Expert Systems"; Proceedings of the Knowledge Acquisition for Knowledge-Based Systems Workshop, Banff, Canada.

Dietterich, T.G. (ed.) (1986): Proceedings of the Workshop on Knowledge Compilation, September 1986, Inn at Otter Crest, Oregon.

Dietterich, T.G./ London, B./ Clarkson, K./ Dromey, G. (1982): "Learning and Inductive Inference"; Kapitel XIV im 3. Band von: P.R.Cohen/E.A.Feigenbaum (eds.): The Handbook of Artificial Intelligence, Kaufmann, Los Altos.

Dietterich, T.G./Michalski, R.S. (1981): "Inductive Learning of Structural Descriptions: Evaluation Criteria and Comparative Review of Selected Methods"; In: Artificial Intelligence 16, S. 257-294.

Dietterich, T.G./R. Michalski (1983): "A Comparative Review of Selected Methods for Learning from Examples". in: Michalski, R./Carbonell, J./Mitchell, T. (eds.): "Machine Learning: An Artificial Intelligence Approach". Tioga Pub.: Palo Alto.

Dietterich, T.G./ Michalski, R.S. (1985): "Discovering Patterns in Sequences of Events"; In: Artificial Intelligence 25, S. 187-232.

Emde, W./Habel, Ch./Rollinger, C.R. (1983): "The Discovery of the Equator (or Concept Driven Learning)"; In: Proc. IJCAI-83, Karlsruhe, F.R.G, S. 455-458.

Emde, W./ Morik, K. (1986): "Consultation-Independent Learning in BLIP"; Erscheint in: Y. Kodratoff (ed): Human and Machine Learning, Michael Horwood Pub.

Flann, N.S./Dietterich, T.G. (1986): "Selecting Appropiate Representations for Learning from Example"; In: Proc. AAAi-86, Philadelphia, PA, S. 460-466.

Gaines, B. (1986): "An Overview of Knowledge Acquisition and Transfer"; Proceedings of the Knowledge Acquisition for Knowledge-Based Systems Workshop, Banff, Canada.

Habel, Ch. (1987): "Darstellung räumlichen Wissens", in diesem Band.

Habel, Ch./C.-R. Rollinger (1985): "Lernen und Wissensaquisition" in: Habel, Ch. (ed.): "Künstliche Intelligenz - Repräsentation von Wissen und natürlichsprachliche System, Frühjahrsschule, Dassel, März 1984", Springer Verlag.

Hayes-Roth, F. (1976): "Patterns of Induction and Associated Knowledge Aequisition Algorithms", in: Chen, C. (ed.): "Pattern Recognition and Artificial Intelligence", Academic Press, New York.

Holte, R.C. (1986): "Alternative Information Structures in Incremental Learning Systems; Erscheint in: Y. Kodratoff (ed): Human and Machine Learning, Michael Horwood Pub.

Kahn, G./Nowlan, S./McDermott, J. (1984): "A Foundation for Knowledge Acquisition"; In: Proc. IEEE Workshop on Principles of Knowledge-Based Systems

Korf, R. E. (1980): "Toward a Model of Representation Changes"; Artificial Intelligence Journal 14, S. 41-78.

Langley, P./ Carbonell, J.G.(1984): "Approaches to Machine Learning"; Carnegie-Mellon University, Report CMU-CS-84-108.

von Luck, K./H.-J. Schneider (1987): "Semantische Netze: Erfahrungen mit KL-ONE", in diesem Band.

Maes, P. (1986): "Introspection in Knowledge Representation" In Proc. ECAI-86, Brighton, U.K., S. 256-269.

Mescheder, B. (1985): "Funktionen und Arbeitsweise der Expertensystem-Shell TWAICE", In: S. Savory (Hrsg.): Künstliche Intelligenz und Expertensysteme, Oldenbourg Verlag.

Mitchell, T. (1983): "Learning and Problem-Solving", in: Proceedings der IJCAI-83, Karlsruhe.

Mitchell, T./ Mahadevan, S./ Steinberg, L.I. (1985): "LEAP: A Learning Apprentice for VLSI Design", in: Proceedings der IJCAI-85, Los Angeles, S.573-580.

Neches, R./ Swartout, W.R./ Moore, J. (1985): "Explainable (and Maintainable) Expert Systems"; In: Proc. IJCAI-85, Los Angeles, CA.

di Primio, F./ Bungers, D./ Christaller, T. (1985): "BABYLON als Werkzeug zum Aufbau von Expertensystemen" in: W. Brauer/B.Radig (Hrsg.): Wissensbasierte Systeme, GI Kongress 1985, Springer-Verlag, S. 70-79.

Radig, B. (1987): "Wissensrepräsentation mit relationalen Strukturen", in diesem Band.

Rendell, L. (1985): "Induction, Of and By Probability"; In: Proceedings of the Workshop on Uncertainty and Probability in Artificial Intelligence, University of California, Los Angeles.

Rollinger, C.-R. (1987): "Impossible Objects and Automatic Concept Developement", in: Proceedings der EARLI-87 Konferenz, Tübingen, im Erscheinen.

Schmitt, P. (1987): "Vererbungshierarchien und Prädikatenlogik", in diesem Band.

Scott, P.D. (1983): "Learning: The Construction of a Posteriori Knowledge Structures; Proc. AAAI-83, Washington.

Simon, H.A. (1983): "Why Should Machines Learn?"; In: Michalski/Carbonell/Mitchell (eds.): Machine Learning; Tioga Press, Palo Alto.

Someren, M. W. van (1986): "Constructive Induction Rules: Reducing the Description Space for Rule Learning"; In: Proc. of the European Working Session on Learning 1986, Orsay, Paris.

Stepp, R./Michalski, R.S. (1986): "Conceptual Clustering of Structured Objects: A Goal-Oriented Approach"; In: Artificial Intelligence 28, North-Holland, S. 43-69.

Winston, P.H. (1975): "Learning Structural Descriptions from Examples"; In: P.H.Winston (ed.): The Psychology of Computer Vision; McGraw-Hill, New York.